Tomas Böhm, Suzanne Kaplan

Rache

Folgende Titel sind u. a. in der Reihe »Psyche und Gesellschaft« erschienen:

Ali Magoudi: Mitterand auf der Couch. Ein psychoanalytisches Rendezvous mit dem französischen Staatspräsidenten. 2007.
Marcus Emmerich: Jenseits von Individuum und Gesellschaft. Zur Problematik einer psychoanalytischen Theorie und Gesellschaft. 2007.
Angela Kühner: Kollektive Traumata. Konzepte, Argumente, Perspektiven. 2007.
Florian Steger (Hg.): Was ist krank? Stigmatisierung und Diskriminierung in Medizin und Psychotherapie. 2007.
Boris Friele: Psychotherapie, Emanzipation und Radikaler Konstruktivismus. Eine kritische Analyse des systemischen Denkens in der klinischen Psychologie und sozialen Arbeit. 2008.
Hans-Dieter König: George W. Bush und der fanatische Krieg gegen den Terrorismus. Eine psychoanalytische Studie zum Autoritarismus in Amerika. 2008.
Robert Heim, Emilio Modena (Hg.): Unterwegs in der vaterlosen Gesellschaft. Zur Sozialpsychologie Alexander Mitscherlichs. 2008.
Hans-Joachim Busch, Angelika Ebrecht (Hg.): Liebe im Kapitalismus. 2008.
Angela Kühner: Trauma und kollektives Gedächtnis. 2008.
Burkard Sievers (Hg.): Psychodynamik von Organisationen. Freie Assoziationen zu unbewussten Prozessen in Organisationen. 2009.
Lu Seegers, Jürgen Reulecke (Hg.): Die »Generation der Kriegskinder«. Historische Hintergründe und Deutungen. 2009.
Christoph Seidler, Michael J. Froese (Hg.): Traumatisierungen in (Ost-)Deutschland. 2009.
Hans-Jürgen Wirth: Narcissism and Power. Psychoanalysis of Mental Disorders in Politics. 2009.
Hans Bosse: Der fremde Mann. Angst und Verlangen – Gruppenanalytische Untersuchungen in Papua-Neuguinea. 2010.
Benjamin Faust: School-Shooting. Jugendliche Amokläufer zwischen Anpassung und Exklusion. 2010.
Jan Lohl: Gefühlserbschaft und Rechtsextremismus. Eine sozialpsychologische Studie zu Generationengeschichte des Nationalsozialismus. 2010.
Markus Brunner, Jan Lohl, Rolf Pohl, Sebastian Winter (Hg.): Volksgemeinschaft, Täterschaft und Antisemitismus. 2011.
Hans-Jürgen Wirth: Narzissmus und Macht. Zur Psychoanalyse seelischer Störungen in der Politik. 4., korrigierte Auflage 2011.
Oliver Decker, Christoph Türcke, Tobias Grave (Hg.): Geld. Kritische Theorie und Psychoanalytische Praxis. 2011.
Johann August Schülein, Hans-Jürgen Wirth (Hg.): Analytische Sozialpsychologie. Klassische und neuere Perspektiven. 2011.
Antje Haag: Versuch über die moderne Seele Chinas. Eindrücke einer Psychoanalytikerin. 2011.

Psyche und Gesellschaft

Herausgegeben von Johann August Schülein
und Hans-Jürgen Wirth

Tomas Böhm, Suzanne Kaplan

Rache

Zur Psychodynamik einer unheimlichen Lust und ihrer Zähmung

Aus dem Schwedischen von Stefanie Busam Golay

Mit einem Vorwort von Vamik D. Volkan

Psychosozial-Verlag

Publiziert mit freundlicher Unterstützung der Baumgart-Stiftung

Titel der Originalausgabe: »Hämnd. Och att avsta fran att ge igen«

Bibliografische Information der Deutschen Nationalbibliothek
Die Deutsche Nationalbibliothek verzeichnet diese Publikation
in der Deutschen Nationalbibliografie; detaillierte bibliografische Daten
sind im Internet über http://dnb.d-nb.de abrufbar.

2., um ein Vorwort ergänzte Auflage 2012
Deutsche Erstveröffentlichung

E-Mail: info@psychosozial-verlag.de
www.psychosozial-verlag.de

Umschlagabbildung: © Paula Kaplan Böhm, ohne Titel
Umschlaggestaltung & Satz: Hanspeter Ludwig, Wetzlar
www.imaginary-art.net
ISBN 978-3-8379-2192-2

Für Theodor, Minna, Anya, Adam, Elias, Samuel, Isac
und alle anderen Enkelkinder auf der Welt

Inhalt

Vorwort

Vamik D. Volkan

Tomas Böhm und Suzanne Kaplan legen dar, dass Rache ein wesentlicher Faktor in der psychischen Wechselwirkung zwischen Opfer und Täter ist. Eine Einzelperson oder eine Gruppe von Einzelpersonen ruft Scham, Demütigung, Hilflosigkeit und eine komplexe Trauer in einem Menschen hervor, der dadurch traumatisiert wird und sich in Rachefantasien vertieft. Manchmal begehen diese viktimisierten Menschen Taten, die von Rache motiviert sind. Die Reaktion aller Traumaopfer ist mit dem verknüpft, was in ihrer Innenwelt bereits existiert: mit ihren unterschiedlichen unbewussten Fantasien, seelischen Konflikten, ihrer Abwehr und Resilienz. Dieser Umstand ändert jedoch nichts an der Rolle, die ein äußeres traumatisierendes Ereignis – ausgelöst von einer anderen Person oder einer kleinen oder großen Gruppe von Menschen – für das Auftreten von traumabedingten Affekten, Rachefantasien oder -handlungen spielt.

Die Autoren rufen uns in Erinnerung, dass Rache auch in der Literatur ein Motiv ist – beispielsweise im antiken griechischen Drama und in Shakespeares Theaterstücken –, was nicht überrascht, da wir es fast täglich in unserem allzu menschlichen individuellen und kollektiven Verhalten beobachten. Dessen ungeachtet hat uns die Psychoanalyse keine hinreichende Auseinandersetzung mit und keine hinreichenden Erkenntnisse zu diesem Motiv geliefert. Für diese relative Vernachlässigung möchte ich einige Gründe anführen.

In seinen frühen Versuchen, psychoanalytische Theorien zu entwickeln, gab Sigmund Freud die Vorstellung auf, dass die sexuelle Verführung von Kindern aus der Außenwelt herrühre, und konzentrierte sich im Hinblick auf Entwicklungspsychopathologien stattdessen auf die Stimuli, die von den eigenen Wünschen und Fantasien des Kindes ausgingen. Da die frühen Psychoanalytiker dieser Tradition folgten, übernahm die klassische Psychoanalyse, als sie die in der Entwicklung befindliche kindliche Psyche ins Auge fasste, diese Abwertung von einer von der Außenwelt ausgehenden tatsächlichen Verführung und verallgemeinerte sie dahin gehend, dass dies auch die Abwertung von der Rolle äußerer traumatisierender Ereignisse bei allen ihren Patienten umfasste (Volkan 2006a). Diese Abwertung führte dazu, dass sich die klinische Psychoanalyse primär zu einem Untersuchungsinstrument für die Innenwelt eines Menschen entwickelte, mit Erklärungen zur Bedeutung der individuellen psychologischen Prozesse bei ihrer Herausbildung. Dies war meiner Ansicht nach ein Grund, der – relativ gesehen – die Untersuchung von Rachefantasien und -handlungen in der klinischen Praxis und die gezielte Beschäftigung mit den Verursachern der Ereignisse behinderte, die einen Patienten traumatisierten.

Mir kommt ein weiterer, dieses Mal auf gesellschaftlicher Ebene angesiedelter Grund in den Sinn, warum die Psychoanalyse zur Rache bewegende traumatisierende Ereignisse vernachlässigt. Er ist mir 2006 bewusst geworden, als Österreich turnusgemäß den Vorsitz in der Europäischen Union übernahm. Österreich erklärte dieses Jahr zum Mozart- und Freud-Jahr, und ich hatte damals die Ehre, als Freud-Fulbright-Professor der Sigmund-Freud-Privatstiftung in Wien zu sein, wozu ein einsemestriger Lehrauftrag in politischer Psychologie an der Universität Wien sowie ein Büro in der Berggasse 19 gehörten. Während der vier Monate, die ich in Freuds Haus arbeitete und während derer ich versuchte, anlässlich von Freuds 100. Geburtstag ein internationales Treffen zwischen Psychoanalytikern und Diplomaten zu organisieren, stellte ich mir Freud an genau diesem Ort vor, als die Nationalsozialisten die Macht übernahmen. Ich dachte über seine Antwort auf einen Brief von Albert Einstein aus dem Jahr 1932 nach; dem Jahr, bevor Adolf Hitler zum Diktator Deutschlands wurde. Einstein wollte wissen, ob es einen Weg gebe, die Menschen vom Verhängnis des Kriegs zu befreien, und fragte sich, wie es einer kleinen Gruppe machthungriger Menschen gelingen könne, sich den Willen der Mehrheit dienstbar zu machen und sie dazu zu bringen, einen Krieg zu erdulden (Freud 1933b [1932]). Zu dieser Zeit war Freud von Antisemitismus umgeben. War seine pessimistische Antwort an Einstein ein Versuch, die drohende Gefahr für sich selbst, seine Familie und Nachbarn zu verleugnen? Ich kam zu dem Schluss, dass dies zutreffen könnte, obwohl Freud sich natürlich bewusst war, was in Europa vor sich ging. Wie

Peter Loewenberg (1991) und Leo Rangell (2003) uns in Erinnerung rufen, erzeugen einige Aspekte der Geschichte von Großgruppen Angst.

Freuds Pessimismus bezüglich der Funktion der Psychoanalyse in Großgruppenfragen und hinsichtlich eines Eingreifens zur Vermeidung von Kriegen, der in seiner Antwort auf Einsteins Brief zutage tritt, spiegelte sich bei vielen seiner Anhänger wider. Dies war meiner Ansicht nach auch einer der wesentlichen Gründe, für lange Zeit den Beitrag zu begrenzen, den die Psychoanalyse zum Verständnis von traumatisierenden externen Massenbewegungen und Großgruppenkonflikten wie ethnischen, nationalen, religiösen und ideologischen Konflikten leisten kann, selbst wenn einige Analytiker wie Edward Glover (1947), Franco Fornari (1966), Robert Waelder (1971) oder Alexander und Margarete Mitscherlich (A. Mitscherlich 1971; Mitscherlich/Mitscherlich 1967) versucht haben, solchen Untersuchungen die Türen zu öffnen.

Diese Zurückhaltung wirkte sich zweifellos auch auf das klinische Setting aus. Melanie Klein (1961) zum Beispiel schenkte dem Krieg keine Beachtung, als sie 1941 einen Jungen namens Richard behandelte. Harold Blums Darstellung eines jüdischen Patienten, der zu einer weiteren Analyse zu ihm kam (1985), veranschaulicht das Ausmaß, in dem gegenseitige Widerstände vorherrschen, wenn sowohl der Analytiker als auch der Analysand der gleichen Großgruppe angehören, die durch ein äußeres geschichtliches Ereignis massiv traumatisiert worden ist. Der erste, ebenfalls jüdische Analytiker von Blums Patient hatte es nicht geschafft, das gemeinsame Trauma ihrer Großgruppe, das ihnen durch die Nationalsozialisten zugefügt worden war, im Material seines Analysanden zu »hören«.

Ich frage mich, wie viele jüdische Analytiker nach dem Zweiten Weltkrieg so waren wie der frühere Analytiker von Blums Patient und wie viele von ihnen – ohne sich dessen bewusst zu sein – die Anwendung der psychoanalytischen Therapie in einer Art und Weise beeinflussten, die tendenziell die Augen vor der auf den Holocaust bezogenen äußeren Realität verschloss. Ich meine, dass einige von denen, die im Bereich der Psychoanalyse sehr einflussreich waren – sowohl in den USA als auch anderswo –, ihre Befangenheit zu einer theoretischen Haltung mit dem Namen »klassische Analyse« zuspitzten, die den Schwerpunkt allein auf die Modifikation der inneren Wünsche, Fantasien, seelischen Konflikte und der Abwehr des Analysanden legte, ohne den äußeren Umständen viel Beachtung zu schenken (Volkan 2006a). Wir wissen heute, dass es nach dem Zweiten Weltkrieg auch in Deutschland einen sowohl deutschen als auch deutsch-jüdischen, von Analytikern unterstützten (unbewussten) Widerstand gegen die Erforschung der Verflechtung innerer und äußerer Kriege sowie des Einflusses von auf den Holocaust bezogenen Fragen auf die Psyche des Analysanden gegeben hat (für einen Überblick vgl. Volkan/Ast/Greer 2002).

In den vergangenen Jahrzehnten haben sich die psychoanalytischen Ansätze der von Böhm und Kaplan ebenfalls untersuchten Traumastudien und traumabedingten Affekten drastisch gewandelt, wenn es auch den Rahmen dieses Vorworts übersteigt, die von Studien zu Traumata des Einzelnen und der Gemeinschaft, ihren Folgen und zur transgenerationalen Weitergabe angeregten Entwicklungen innerhalb der Psychoanalyse während dieser Zeit zu referieren. In den vergangenen Jahrzehnten haben wir zweifellos viele Ereignisse und Umstände mit weitreichenden Folgen für Großgruppenidentitäten erlebt und erleben sie noch immer: Großgruppenkonflikte in Afrika, im Nahen Osten, in Nordirland, Indien, Südamerika, auf der koreanischen Halbinsel; den Zusammenbruch der Sowjetunion und des früheren Jugoslawien; Kriege im Irak und in Afghanistan; weitverbreiteten Terrorismus; eine Spaltung zwischen der »islamischen« und der »westlichen« Welt; Globalisierung und wirtschaftliche Probleme. Diese und andere Gegebenheiten haben viele Großgruppen gezwungen, sich zu fragen: »Wo stehen wir jetzt?« Großgruppenregression, vermehrte Externalisierungen und Projektionen, die negative Vorurteile förderten, eine verstärkte narzisstische Besetzung von Großgruppenidentitäten und Tötungen im Namen solcher Identitäten (Volkan 1988, 1997, 2006) sind inzwischen an vielen Orten der Welt verbreitet. Diese äußeren Umstände haben eine Schlüsselrolle dabei gespielt, bei einigen Psychoanalytikern eine Entwicklung in Gang zu setzen und vielleicht zu verstärken, über die Couch hinauszugehen. Böhm und Kaplan, beide Psychoanalytiker, zählen zu den Pionieren, die diesem Trend mit ihrer Arbeit und Forschung zu gesellschaftlichen Fragen, zu erwachsenen Kindern des Holocaust, extremer Traumatisierung und zu einer durch psychologische Forschung bereicherten Bildung gefolgt sind.

Gegenwärtig hält sich die Psychoanalyse nicht mehr zurück, traumatisierende äußere Ereignisse zu erforschen, die durch ethnische, nationale, religiöse oder politische Großgruppen, die sich Racheideologien bedienen, verursacht wurden. Nach der Tragödie des 11. September bildete die Internationale Psychoanalytische Vereinigung (IPV; International Psychoanalytical Association,

IPA) eine Arbeitsgruppe zu Terror und Terrorismus. Der norwegische Analytiker Sverre Varvin leitete diese Arbeitsgruppe, die mehrere Jahre Bestand hatte (Varvin/Volkan 2003). Die American Psychoanalytic Association richtete bei den Vereinten Nationen ein Komitee ein, das noch immer tätig ist. Auf dem 44. IPA-Kongress im Sommer 2005 in Rio de Janeiro zum Thema »Trauma« – das individuelle Trauma wie auch das durch geschichtliche Ereignisse hervorgerufene gemeinsame Trauma – stellten Böhm und Kaplan ihre laufende Arbeit zum Rachephänomen vor. Auch in der Forschung wurde Beeindruckendes geleistet: Raphael Moses (1982) untersuchte den arabisch-israelischen Konflikt aus psychoanalytischer Perspektive. Michael Šebek (1994) erforschte gesellschaftliche Reaktionen auf das Leben im Kommunismus in Europa. Sudhir Kakar (1996) zeichnete die racheerfüllten Auswirkungen des religiösen Konflikts zwischen Hindus und Muslimen in Hyderabad/Indien nach. Mitch Elliott, Kenneth Bishop und Paul Stokes (2004) sowie John Alderdice (2010) behandelten die Situation in Nordirland. Nancy Hollander (1997) erforschte Ereignisse in Südamerika und später (2010) das Geschehen in den USA nach dem 11. September.

Meine eigenen Studien über Großgruppenkonflikte reichen bis ins Jahr 1979 zurück, als ich über zwei miteinander im Konflikt stehende ethnische Gruppen in Zypern schrieb. Seither habe ich über die Auseinandersetzungen zwischen Arabern und Israelis geschrieben, über psychologische Prozesse in den baltischen Republiken nach ihrer Unabhängigkeit infolge des Zusammenbruchs der Sowjetunion, über die serbische Gruppenpsychologie nach dem Zerfall des früheren Jugoslawien, über die Psychologie der Albaner nach dem Tod des Diktators Enver Hoxha, über kuwaitische Reaktionen auf den Einmarsch der Truppen von Saddam Hussein, über den Konflikt zwischen Georgien und Südossetien, über die türkisch-griechischen und die türkisch-armenischen Beziehungen, über die Psychologie des extremen religiösen Fundamentalismus sowie über die Psychologie von Selbstmordattentätern (Volkan 1988, 1997, 2004, 2006; Volkan/Kayatekin 2006; Volkan/Itzkowitz 1994).

Die Beiträge von Analytikern zum Verständnis und zu den Folgen äußerer traumatisierender Ereignisse sind mit zwei weiteren Entwicklungen einhergegangen. Die erste Entwicklung ist, dass einige Analytiker ihre Couch zurücklassen und die Folgen traumatisierender Ereignisse tatsächlich in ihrer Nachbarschaft, in Frauenhäusern, Flüchtlingslagern und an ausländischen Schauplätzen untersuchen, wo Massenmorde, Vergewaltigungen und andere entsetzliche Katastrophen stattgefunden haben. Dies ist wichtig, da es vielleicht nicht möglich ist, schwer traumatisierende Ereignisse und die Entwicklung von Anspruchsideologien umfassend zu begreifen, die in Verbindung zu den mit dem Rachemotiv verknüpften Affekten, Gedanken und Handlungen stehen.

Die zweite Entwicklung bezieht sich auf das ernsthafte Interesse einiger Analytiker an der Zusammenarbeit mit Wissenschaftlern und Forschern aus anderen Disziplinen. Ich glaube, dass keine Einzeldisziplin zivilisationsbedingte, vorsätzlich herbeigeführte schwere Katastrophen, die sich derzeit in unserer globalisierten und turbulenten Welt ereignen, erklären oder versuchen kann, passende Lösungen für sie zu finden.

Diese beiden Entwicklungen sind für Psychoanalytiker recht neu. Tomas Böhm und Suzanne Kaplan erweisen sich mit diesem Buch als beispielhaft für die Ausweitung psychoanalytischer Untersuchungen über die Couch hinaus und für die Zusammenarbeit mit kundigen und erfahrenen Nicht-Psychoanalytikern, um verschiedene Typen von Traumata und Rachemotiven zu verstehen sowie Gegengewichte zur Rache durch Einzelpersonen und Gesellschaften zu erkennen. 2003 und 2004 unternahmen sie zwei Forschungsreisen nach Ruanda. Wie sie uns in Erinnerung rufen, waren 18 afrikanische Länder im Jahr 2003 entweder in bewaffnete Konflikte verwickelt oder im Begriff, ebensolche zu beenden. 1994 war es in Ruanda bereits zu einem Genozid gekommen, und im vorliegenden Buch erzählen die Autoren die bewegenden Geschichten von Menschen, die sie dort trafen und interviewten; an einem Ort, wo das Rachemotiv außer Kontrolle geraten war, wo extrem unmenschliche Taten verübt und innerhalb von 100 Tagen zwischen 800.000 und 1.000.000 Ruander getötet worden waren.

Konnte der Wunsch der Opfer nach Vergeltung als pathologisch angesehen werden? In welcher Weise? Wie konnten die Opfer wieder hergestellt werden, wie Selbstachtung und Gerechtigkeit erlangen? Wie können außenstehende Fachleute, die nach Ruanda kamen und lange Zeit dort arbeiteten – wie mein alter Freund, der Sozialpsychologe Erwin Staub, dessen Arbeit in Ruanda von Böhm und Kaplan besonders gewürdigt wurde –, mit den unglaublichen Folgen einer unfassbaren Katastrophe umgehen? Wie lernen Fachleute aus fremden Kulturen, die einheimischen Bräuche zur Hilfe für traumatisierte Menschen zu würdigen?

Liest man das vorliegende Buch, spürt man schnell die tiefe Sensibilität der Autoren für das, was sie in Ruanda nach dem Genozid beobachtet haben, wovon ihre berufliche Neugier jedoch unberührt bleibt. Sie berichten, dass ihre beiden Forschungsreisen nach Ruanda sie angeregt haben, dieses Buch zu schreiben, um das Phänomen der Rache zu untersuchen und die gebotene Aufmerksamkeit darauf zu lenken. Obwohl sie uns bewegende Geschichten aus Ruanda vorlegen, um das Rachemotiv und damit zusammenhängende Fragen zu erklären, geht es in diesem Buch nicht nur um die Ereignisse in Ruanda oder um mit Rache verbundene gesellschaftliche Traumata.

Unter Bezugnahme auf Literatur, Filme, die Geschichte, Gender-Fragen und psychoanalytische Theorien erforschen sie das Rachemotiv, teilen sie ihre Erfahrungen mit Einzelpersonen, Paaren, Jugendbanden, Schulen und »Zuschauern«, die dem Leid anderer untätig zusehen, in Schweden und andernorts. Sie nehmen Bezug auf religiösen Fundamentalismus, untersuchen den Unterschied zwischen »Traumabindung« und »generationaler Verbundenheit« unter den Menschen und behandeln das Konzept der Vergebung sowie Therapiestrategien. Ihr flüssiger Stil macht dieses Buch zu einem Lesevergnügen – nicht nur für die Fachleute, die sich mit traumatischen Affekten beschäftigen, sondern auch für ein breites Publikum, das daran interessiert ist, mehr über diese so dunklen wie hoffnungsvollen Aspekte der menschlichen Natur zu erfahren.

Mit Böhms und Kaplans *Rache – Zur Psychodynamik einer unheimlichen Lust und ihrer Zähmung* liegt uns eine umfassende Studie sowohl über das Rachemotiv als auch dazu vor, was getan werden kann, um die Folgen von Rachehandlungen zu mildern und um bereits Alternativen zu finden, noch bevor solche Handlungen in die Tat umgesetzt werden.

Übersetzung: Antje Becker

Literatur

Alderdice, J. (2010): Off the couch and round the conference table. In: Lemma, A. & Patrick, M. (Hg.): Contemporary Psychoanalytic Applications. New York, London (Routledge), S. 15–32.

Blum, H. P. (1985): Superego formation, adolescent transformation and the adult neurosis. Journal of the American Psychoanalytic Association 4, 887–909.

Elliott, M., Bishop, K. & Stokes, P. (2004): Societal PTSD? Historic shock in Northern Ireland. Psychotherapy and Politics International 2, 1–16.

Erlich, H. S. (2010): A beam of darkness- understanding terrorist mind. In: Brunning, H. & Perini, M. (Hg.): Psychoanalytic Perspectives on a Turbulent World. London (Karnac Books), S. 3–15.

Fornari, F. (1966): The Psychoanalysis of War. Übers. von A. Pfeifer. Bloomington (Indiana University Press), 1975.

Freud, S. (1933b [1932]): Warum Krieg? GW XVI, S. 13–27.

Glover, E. (1947): War, Sadism, and Pacifism: Further Essays on Group Psychology and War. London (Allen and Unwin).

Hollander, N. (1997): Love in a Time of Hate: Liberation Psychology in Latin America. New York (Other Press).

Hollander, N. (2010): Uprooted Minds: Surviving the Political Terror in the Americas. New York (Taylor & Francis).

Kakar, S. (1996): The Colors of Violence: Cultural Identities, Religion, and Conflict. Chicago (University of Chicago Press).

Klein, M. (1961): Darstellung einer Kinderanalyse. Gesammelte Schriften IV, Band 1 und 2. Übers. von W. Wagmuth. Stuttgart, Bad Cannstatt (frommann-holzboog), 2002.

Loewenberg, P. (1991): Uses of Anxiety. Partisan Review 3, 514–525.

Mitscherlich, A. (1971): Psychoanalysis and Aggression of Large Groups. International Journal of Psycho-Analysis 52, 161–167.

Mitscherlich, A. & Mitscherlich, M. (1967): Die Unfähigkeit zu trauern: Grundlagen kollektiven Verhaltens. München (Piper).

Moses, R. (1982): The group-self and the Arab-Israeli Conflict. International Review of Psychoanalysis 9, 55–65.

Rangell, L. (2003): Affects: In an individual and a nation. First Annual Volkan Lecture, 15. November, University of Virginia, Charlottesville.

Šebek, M. (1994): Psychopathology of everyday life in the post-totalitarian society. Mind and Human Interaction 5, 104–109.

Varvin, S. & Volkan, V. D. (Hg.) (2003): Violence or Dialogue: Psychoanalytic Insights on Terror and Terrorism. London (International Psychoanalytical Association).

Volkan, V. D. (1979): Cyprus: War and Adaptation: A Psychoanalytic History of Two Ethnic Groups in Conflict. Charlottesville (University of Virginia Press).

Volkan, V. D. (1988): The Need to have Enemies and Allies: From Clinical Practice to International Relationships. Northvale (Jason Aronson).

Volkan, V. D. (1997): Bloodlines: From Ethnic Pride to Ethnic Terrorism. New York (Farrar, Straus and Giroux).

Volkan, V. D. (2004): Blindes Vertrauen: Großgruppen und ihre Führer in Zeiten der Krise und des Terrors. Gießen (Psychosozial-Verlag), 2005.

Volkan, V. D. (2006a): Psikodinâmica da violência de grandes grupas e da violência de massas. Ciência & Saúde Coletiva, 11, 303–314.

Volkan, V. D. (2006b): Killing in the Name of Identity: A Study of Bloody Conflicts. Charlottesville (Pitchstone Publishing).

Volkan, V. D., Ast, G. & Greer, W. F. (2002): The Third Reich in the Unconscious: Transgenerational Transmission and its Consequences. New York (Brunner-Routledge).

Volkan, V. D. & Itzkowitz, N. (1994): Turks and Greeks: Neighbours in Conflict. Cambridgeshire, England (Eothen Press).

Volkan, V. D. & Kayatekin, S. (2006): Extreme religious fundamentalism and violence: Some psychoanalytic and psychopolitical thoughts. Psyche & Geloof 17, 71–91.

Waelder, R. (1971): Psychoanalysis and history. In: Wolman, B. B. (Hg.): The Psychoanalytic Interpretation of History. New York (Basic Books), S. 3–22.

»Wer Rache übt, zerstört sein Heim.«
(Babylonischer Talmud, Sanhedrin 102 b)

Die Autoren und ihr Buch

Für dieses Buch – eine Studie über das Phänomen der Rache – griffen wir auf ganz verschiedene Quellen zurück. Alles begann mit zwei Studienreisen nach Ruanda in den Jahren 2003 und 2004. Diese sollten uns helfen, die Folgen des Genozids von 1994 und – ganz allgemein – traumatisch bedingte Affekte besser zu verstehen. Über die Vorträge, die wir nach den Reisen hielten, kamen wir in Kontakt mit anderen Forschern, mit Lehrern und mit Fachkräften in psychiatrischen Einrichtungen und in der Flüchtlingsbetreuung sowie mit anderen Fachleuten, die sich ähnlichen Themen widmen wie wir. Bei unseren Bemühungen, übergreifende Muster zum Rachephänomen auszumachen, setzten wir uns nicht nur mit Medien, Kultur und Fachliteratur auseinander, sondern bezogen auch unsere Alltagsbeobachtungen mit ein. Gespräche mit Freunden über Rache im Alltagskontext, Interviews mit Männern, die Frauen misshandelt hatten, und Befragungen von Völkermord-Überlebenden und -Beteiligten lieferten uns ebenfalls wichtige Erkenntnisse. Beide Seiten – Täter und Opfer – vermittelten uns Erfahrungen, die unsere Fantasie überstiegen. Darüber hinaus wurden wir während unserer jahrzehntelangen klinischen Tätigkeit als Psychoanalytiker, Psychotherapeuten und Ausbilder mit Vorstellungen und Impulsen konfrontiert, die wir zur Rache im Alltagskontext alle in uns tragen.

Seit vielen Jahren ist es unser beider Anliegen, die Psychologie sowohl der Täter als auch der Opfer zu verstehen. Ich, Tomas Böhm, forsche und schreibe über Fremdenfeindlichkeit und Rassismus. Ich, Suzanne Kaplan, untersuche das individuelle Erleben extremer Traumatisierung in Genozidzusammenhängen. Das Phänomen der Rache ist zu einem gemeinsamen Schwerpunkt unserer jeweiligen wissenschaftlichen Arbeit geworden.

»Rache. Zur Psychodynamik einer unheimlichen Lust und ihrer Zähmung« ist ein Gemeinschaftswerk. Das schwedische Original »Hämnd – och att avstå från att ge igen«, das inzwischen überarbeitet wurde, erschien erstmals im Jahr 2006. Falls einer von uns bei einem Abschnitt federführend war, wird in der Einleitung des entsprechenden Kapitels darauf hingewiesen. Zunächst möchten wir aber unseren jeweiligen persönlichen Hintergrund und Ausgangspunkt für die Arbeit an dem Buch schildern.

Tomas Böhm:
Mein Ausgangspunkt ist die Beziehung zwischen Psychoanalyse und Gesellschaft – ein Themenbereich, der mich schon seit vielen Jahren beschäftigt. Bereits vor meiner psychoanalytischen Ausbildung war ich ungemein fasziniert von Wilhelm Reichs politischen Schriften wie denen zur Massenpsychologie des Faschismus und zum Klassenbewusstsein. Vermutlich suchte ich nach einer Erklärung dafür, wie die »Kulturnation« Deutschland der Völkermordpolitik der Nationalsozialisten verfallen konnte. In Deutschland wie auch in Polen und Ungarn und später in Jugoslawien und Ruanda waren ehemalige Nachbarn imstande, einander zu verraten und zu töten – ein Phänomen, das auch das Schicksal meiner Familie bestimmte. Meine Eltern – assimilierte Juden und Sozialisten – waren in Wien zuhause. Meine Mutter hatte dort eine große Verwandtschaft, aber ihre Familienangehörigen wurden während der NS-Diktatur als Flüchtlinge in die ganze Welt verstreut. Diejenigen, die überlebten, landeten in Großbritannien, Frankreich, den USA, Venezuela, China und Australien. Meine Kindheit und Jugend in Schweden waren durch das Bewusstsein geprägt, andersartig zu sein – dunkelhaarig und dunkeläugig, jüdisch, mehrsprachig – und durch das Wissen, dass wir als Verfolgte in dieses Land gekommen waren.

Suzanne Kaplan und ich leiteten eine Zeit lang psychotherapeutische Gruppen mit Nachkommen von Holocaust-Überlebenden. Diese Arbeit inspirierte mich auch zu dem Buch »Nicht wie wir! Psychologische Aspekte zu Fremdenfeindlichkeit und Rassismus« (2005).

Im Jahr 1998 erschien dann mein Buch »Att ha rätt – om intolerans, ortodoxi och fundamentalism« zum Themenkreis Intoleranz, Orthodoxie und Fundamentalismus. Auch beeinflusst von der Zusammenarbeit mit dem Psychoanalytiker Ludvig Igra, der sich von eigenen Ausgangspunkten aus mit ähnlichen Themen beschäftigte, näherte ich mich der Psychologie der Täter immer mehr an. Auf Igra werde ich mich im vorliegenden Buch wiederholt beziehen.

Während unserer Reisen nach Ruanda interviewten Suzanne Kaplan und ich Jugendliche, die den Genozid überlebt hatten, sowie Pädagogen, Traumatherapeuten und Sozialpsychologen, die in Kigalis Gefängnissen Beteiligte am Völkermord untersuchten. Nicht zuletzt wegen der Gespräche mit dem Sozialpsychologen Ervin Staub und – später – mit dem Psychoanalytiker und Forscher Vamik Volkan wurde uns das Thema immer wichtiger.

Gleichzeitig war ich hauptsächlich als Psychoanalytiker in meiner Privatpraxis tätig und schrieb Bücher wie »Kärleksrelationen – en bok om parförhållanden« (2001), in dem ich die Dynamik von Streit und Untreue in Paarbeziehungen beschreibe. Meine Romane »Wiener Jazz Trio« (2004a) und »Bortresta« (2004b) handeln gleichfalls von der Destruktivität der Individuen und Gruppen und von den damit einhergehenden Konsequenzen. Auch in meinen Prosatexten war das Phänomen der Rache ein wichtiger Aspekt.

Suzanne Kaplan:
Meine Ausgangspunkte sind meine Tätigkeit als klinisch arbeitende Psychoanalytikerin für Kinder und Erwachsene, meine Erfahrungen als Koordinatorin und Interviewerin im Rahmen des internationalen Projekts des »Shoah Foundation Institute for Visual History and Education« zur Dokumentation von Berichten Schoah-Überlebender und die darauf folgende Forschung über Kinder im Völkermord – Holocaust und Ruanda.

Im Jahr 1998 begann ich im Zusammenhang mit dem »Programme for Holocaust and Genocide Studies« der Universität Uppsala eine Forschungsarbeit an der Universität Stockholm über Juden, die die Schoah als Kinder überlebt hatten. Bei meiner Untersuchung bediente ich mich der Methode der »Grounded Theory« (Gegenstandsbezogene Theoriebildung), entsprechend der ich mich mit den Lebensgeschichten der Holocaust-Überlebenden befasste, ohne mich von etablierten Theorien steuern zu lassen (Glaser 1978). Nach Glasers Ansatz wird das Datenmaterial, von Hypothesen ausgehend, mit dem Ziel der Bildung theoretischer Modelle analysiert. Diese Arbeit resultierte in meiner Dissertation »Children in the Holocaust – Affects and Memory Images in Trauma and Generational Linking« (2002) und im Buch »Kindheit im Schatten von Völkermord. Massives seelisches Trauma in der Kindheit und seine Folgen« (2005). Diese Forschung entwickelte ich im Anschluss an Studienreisen in Ruanda weiter. Nach den Schoah-Untersuchungen war es nun mein Interesse, allgemeine psychologische Sachverhalte bei der Traumatisierung von Kindern und Jugendlichen im Zusammenhang mit Völkermord zu erkennen. Auch lag mir daran, theoretische Modelle zu entwerfen, die zum Verständnis Traumatisierter beitragen.

Ich begann meine Forschung mit der Aufarbeitung und Analyse von vierzig auf Video aufgenommenen Interviews mit Probanden, die den Holocaust als Kinder überlebt hatten. Im Rahmen einer späteren Untersuchung folgten zwölf Videointerviews mit Jugendlichen aus Ruanda. Ich befragte sieben Jungen, die nach der Ermordung ihrer Familien mehrere Jahre lang auf der Straße gelebt hatten, zu ihren Erfahrungen während nach dem Völkermord. Ein Jahr später führte ich Anschlussinterviews durch. Einige Monate vor den ersten Befragungen hatte ein in Kigali tätiger europäischer Kinderarzt den Jugendlichen eine Bleibe verschafft und dafür gesorgt, dass die Jungen zur Schule gehen konnten. Andernfalls wären die umfassenden Interviews gar nicht möglich gewesen. Als Angehörige des Völkermord-Forschungsprogramms des Instituts für Psychiatrie der »Yale University School of Medicine, Videotestimony Study of Chronically Hospitalized Holocaust Survivors/Traumatic Psychosis Reseach« führe ich meine Forschung fort.

Ich stamme aus einer jüdischen Familie, die seit mehreren Generationen in Schweden ansässig ist. Allerdings lebten meine Großmutter mütterlicherseits, ihr Mann und mehrere andere Familienmitglieder in Norwegen, das im Zweiten Weltkrieg von den Nationalsozialisten besetzt wurde. Zwei junge Männer aus der Familie wurden nach Auschwitz deportiert; einer von ihnen, Samuel, überlebte wie durch ein Wunder. Meiner Großmutter und ihrem Mann gelang – in Kisten auf der Ladefläche eines Lastwagens versteckt – die Flucht nach Schweden. Nach Kriegsende wurde ihnen ihr Haus bei Oslo zurückgegeben. Allerdings hatte das Gebäude den Nationalsozialisten als Hauptquartier gedient und trug Einschusslöcher in Decken, Wänden und einem Bild. Als Kind verbrachte ich dort die Schulferien. Ich lauschte den Erinnerungsfragmenten meiner Verwandten und entwickelte viele Fantasien über die Geschehnisse in diesem Haus, das für mich ein sehr bedeutsamer Ort war. Bei meiner gemeinsamen Arbeit mit Tomas Böhm als Co-Leiterin einer Psychotherapiegruppe für direkte Nachkommen von Holocaust-Überlebenden zu Beginn der 1980er-Jahre, bei meiner Tätigkeit als Koordinatorin und Interviewerin für das »Shoah Foundation Institute for Visual History and

Education« Ende der 1990er-Jahre sowie bei meinen Forschungsaktivitäten dienten diese Fantasien wohl als Resonanzboden. Weltweite interdisziplinäre Forschungskontakte über die »International Association of Genocide Scholars« trugen mit dazu bei, mein Interesse für die Dynamik von Gewalt und Rache zu verstärken.

Einleitung

Die menschliche Psyche scheint nicht fähig zu sein, mit den bei Frustrationen entstehenden starken Gefühlen umzugehen und diese zu verwandeln. Man kann vor den eigenen Gefühlen nicht weglaufen – aber was soll man mit ihnen machen? Wie schwer es dem Menschen fällt, mit starken Gefühlen umzugehen, zieht sich als roter Faden durch dieses Buch.

Täter und Opfer sind Akteure in einer sich ständig drehenden Rachespirale, und jedes Individuum trägt das Potenzial in sich, hierbei teilhaftig zu werden. Wir interpretieren das Pendeln zwischen den Positionen von Täter und Opfer als einen zirkulären Prozess, in dem individuelle, relationale und gesellschaftliche Faktoren zusammenwirken. Die Spirale beschreibt, wie der Täter dem Opfer Schaden zufügt, worauf das Opfer mit Rachemechanismen reagieren und damit selbst zum Täter werden kann. Mit dem Spiralmodell wollen wir zeigen, wie die Beteiligten – wenn auch auf einem anderen Niveau – wieder auf früheren Positionen landen. Es geht um Macht auf der einen und um Kränkung und Demütigung auf der anderen Seite, also um die Erfahrungen und das subjektive Erleben von Über- und Unterlegenheit. Wodurch ergeben sich diese Positionen? Wie passen wir uns an diese an? Warum nutzen die einen sie aus, und warum nehmen die anderen sie als Ausgangspunkt für konstruktive Lösungen?

Manchmal ist im Zusammenspiel zwischen Eltern und ihren Kindern sowie in ihrem zuweilen fehlenden Dialog die Brutstätte für Rache zu erkennen; darin, wie Eltern von ihren eigenen Normvorstellungen über Richtig und Falsch ausgehen, ohne ihr Kind anzuhören. Nutzen Eltern ihre Überlegenheit und die Abhängigkeit ihrer Kinder aus und bestrafen sie dafür, dass sie sich nicht an das Regelsystem der Erwachsenen anpassen? Lässt kindliche Rebellion darauf schließen, dass zuhause etwas nicht stimmt? Die Eltern-Kind-Beziehung kann von gravierender Unterdrückung gekennzeichnet sein, zum Beispiel wenn Eltern oder andere Verwandte das Kind sexuellen Übergriffen aussetzen. Von jemandem Schaden zugefügt zu bekommen, von dem man abhängig ist, hinterlässt tiefe Wunden. Bekommt das Opfer keine Hilfe und lernt dadurch, mit der Verletzung zu leben, besteht das Risiko, dass es selbst zum Täter wird.

Die Racheproblematik kann als Folge von Klassenunterschieden oder anderen Ungleichheiten in Paarbeziehungen oder zwischen Gruppen auftreten. Ehepartner können einen unterschiedlichen sozialen Status haben, entweder schon zu Beginn ihrer Beziehung oder aber nachdem einer der Ehegatten einen sozialen Auf- oder Abstieg erfuhr – was plötzlich soziale Unterschiede beim Umgang mit anderen im Freundes- und Kollegenkreis akzentuiert. Wird in der Familie nicht über eine solche Veränderung gesprochen, kann ein frustrierendes Ungleichgewicht zwischen den Ehepartnern psychische oder physische Gewalt nach sich ziehen.

Von diesem Phänomen kann auch die Ehe zweier Immigranten betroffen sein. Etabliert sich der eine Partner am neuen Wohnort schneller als der andere, kann das verletzend und demütigend sein – besonders für den Mann, wenn das Paar aus einer Gesellschaft mit einer traditionell stark patriarchalischen Struktur stammt. Aus dem Gefühl der Unfähigkeit heraus kann der Mann seine Frau »strafen«, die angeblich zu viel außer Haus ist, oder seine Tochter züchtigen, die sich dem neuen Heimatland entsprechend auf eine Weise emanzipiert, die mit den Normen des Vaters nicht vereinbar ist. Der Mann erlebt die Offenheit der Frauen für Veränderungen als Kränkung und fühlt sich dazu getrieben, seine Ehre wiederherzustellen. Mit kulturellen Unterschieden wird also idealisierend und entwertend umgegangen (»Das ist zwar ein neues tolles Land, aber du hast dich zu benehmen, wie ich es dir sage – nicht wie sie.«). In diesen Beispielen hängt die Racheproblematik vor allem mit relationalen und gesellschaftlichen Faktoren zusammen.

Es gibt auch Ungleichheiten zwischen ethnischen Gruppen, die auf Klassenunterschieden beruhen können. Gewöhnlich wird sich bei sogenannten ethnischen Säuberungen jedoch konstruierter Unterschiede zwischen verschiedenen Volksgruppen bedient: Beschreibungen, die den Angehörigen der jeweiligen Gruppe neu sind. Vielen Betroffenen ist gar nicht bekannt, dass sie einer ethnischen Minderheit angehören, bevor sie durch Verfolgung als Mitglieder einer bestimmten Gruppe identifiziert werden. Dies war bei mehreren historischen Ereignissen der Fall, so im Holocaust, im Krieg auf dem Balkan und beim Genozid in Ruanda.

Täglich haben wir Einblick in ungeheure Gräueltaten, die gegen ethnische Minderheiten in der Welt begangen werden. Wir sehen auch Gewalt in Familien sowie eskalierende Gewalt zwischen Gruppen von Jugendlichen. Wörter wie »Völkermord«, »Täter«, »Überlebender«, »Mobbing« und »Rache« gehören zu unserem Alltag. Durch die Untersuchung damit zusammenhängender Phänomene können wir lernen, offenkundige und latente Rachemotive zu erkennen. Wir können uns auch auf den einzelnen Betroffenen konzentrieren, der durch Verletzungen der psychischen Integrität traumatisiert wurde.

Wir wollen den Fokus legen auf Rache als einen unbeachteten und nicht ausreichend verstandenen psychologischen Mechanismus, auf Rache, die sich im alltäglichen Leben manifestiert oder in gesellschaftlicher Destruktivität oder im Völkermord. Oft wird Rache in der Literatur nur am Rande erwähnt und geht in Beschreibungen von Gewalt und Aggression unter. Nur selten ist das Stichwort Rache im Inhaltsverzeichnis moderner Lehrbücher der Verhaltenswissenschaften zu finden.

Gleichzeitig wollen wir zu zeigen versuchen, dass das Traumaphänomen nicht diskutiert werden kann, ohne sich mit dem Phänomen der Rache auseinanderzusetzen. Rache und Trauma, einschließlich Demütigung und Kränkung, stehen in so enger Verbindung zueinander, dass keine dieser Erscheinungen für sich betrachtet werden kann – auch wenn die Phänomene nicht immer gleich deutlich in Erscheinung treten.

Wir werden uns besonders Aspekten des Holocaust und des Völkermordes in Ruanda widmen und die Dynamik der Rache hervorheben. Natürlich kommen Gefühle, die mit Traumatisierung zu tun haben – wie Rachefantasien – bei Interviewten in Ruanda deutlicher zur Geltung als bei Schoah-Überlebenden. Das hängt damit zusammen, dass die Erlebnisse noch nicht so lange zurückliegen, sowie mit dem Umstand, dass die Überlebenden Haus an Haus mit ihren Peinigern leben müssen (Kaplan 2007, 2008).

Einige unserer Beispiele handeln von unerhört emotionsgeladenen Situationen mit unvorstellbaren primitiven Affekten, die zu erleben man sich nicht ausmalen kann (Grubrich-Simitis 1984). Das Thema des Buches mag stellenweise überwältigend wirken. Wenn man sich den Schilderungen Traumatisierter zuwendet, ist es jedoch wichtig, wirklich präsent zu sein. Man muss sich berühren lassen und gleichzeitig versuchen, das Beschriebene von außen zu betrachten. Auf diese Weise kann man sich selbst den nötigen Raum verschaffen, um über das Geschilderte zu reflektieren. Manchmal wird der Leser auch alltäglichere psychologische Phänomene wiedererkennen. Dadurch wird ihm klarer, wie er die entsprechende Situation deuten und wie er möglicherweise in dieser Situation reagieren würde. Wir werden zwischen einer praktischen und einer theoretischen Perspektive wechseln.

Wir wollen die bereits erwähnte Rachespirale durch das ganze Buch hindurch mithilfe kurzer Fallbeispiele veranschaulichen. Auf die Exempel Sara, Jean und Lotta kommen wir immer wieder zurück: auf ein fünfjähriges Mädchen, das wir in der Literatur fanden, einen Jugendlichen aus Ruanda und eine fiktive schwedische Frau. Wir werden das gleiche Phänomen oder ähnliche Erscheinungen aus unterschiedlichen Perspektiven betrachten. Und das, was wie Wiederholungen erscheinen mag, dient eben gerade der Veranschaulichung des Racheprozesses in verschiedenen Bereichen.

In Teil I wollen wir die spiralförmige Entwicklung vom Opfer zum Rächer zum Opfer aufzeigen. Wir führen alltagsnahe Beispiele an sowie Exempel aus der Welt von Film und Literatur, die vielen Lesern bekannt sein dürften. Wir beschreiben die oft unbeachteten Rachephänomene des alltäglichen Lebens und legen dar, wie die Handelnden Vorfälle mithilfe beschönigender Worte umdefinieren und dadurch versuchen, Rache- und Gewaltaspekte auszublenden.

Dann widmen wir uns theoretischen Aspekten im Hinblick auf das Phänomen der Rache und auf die Entwicklung vom Opfer zum Rächer. Sind Täter immer Rächer? Welches Zerstörungspotenzial haben »ganz normale« Menschen? Wir behandeln leitende Motive wie Vergleich, Neid, Gekränktheit und Wut. Wir widmen uns auch dem »Schatten unserer Vorfahren«, über dessen Bedeutung wir uns im Klaren sein müssen, um unsere Handlungen steuern zu können.

Die Gruppe ist von zentraler Bedeutung für Aggressionen im Alltag. Vorurteile und eine aus ihnen erwachsende Orthodoxie können in Wechselwirkung stehen mit Grausamkeit und Traumata. Klassische sozialpsychologische Untersuchungen zeigen, wie anfällig der Mensch für Gruppendruck ist – und wie wenig er sich dieser Beeinflussbarkeit bewusst ist. Ich, Tomas Böhm, entwickle ein Modell für horizontale und vertikale Beziehungen als Faktoren des psychischen Raumes.

Über Kultur und Religion ist auch die Gesellschaft an der Entstehung von Rachemotiven beteiligt. Dies gilt besonders für traumatisierte Gesellschaften, in denen massen- und großgruppenpsychologische Phänomene zusammen mit kollektiven Ideologien ihre Wirkung entfalten.

In Teil II setzen wir uns mit der Rachehandlung auseinander. Der Täter in der von Menschen gemachten Katastrophe stellt einen Pol der Rachespirale dar. Wir legen verschiedene Gewalt- und Racheszenerien dar – von der Gewalthandlung im heimischen Umfeld bis zur Gewalt in der Gesellschaft. Wir arbeiten das Phänomen der Rachespirale weiter aus und schildern die Einschätzungen anderer Forscher zum Thema Rache auf gesellschaftlicher Ebene.

Zu Beginn des Kapitels »Der Mann als Täter – Rache aus der Geschlechterperspektive« beleuchten wir den psychologischen Hintergrund der Männergewalt gegen Frauen. Dabei widmen wir dem Rachemotiv besondere Aufmerksamkeit. Dieser Buchabschnitt gründet sich auf Interviews mit Männern, die wegen ihrer Gewalttätigkeit gegen Frauen eine gruppentherapeutische Behandlung hinter sich gebracht hatten. Außerdem diskutieren wir Margareta Hydéns Interviews mit Frauen, die Opfer von Übergriffen wurden.

Im Anschluss daran beschäftigen wir uns mit dem Völkermord. Dabei beziehen wir uns auf die Überlegungen des Sozialpsychologen James Waller, der diskutierte, inwiefern »normale« Menschen lernen können, zu Mördern zu werden. Am Beispiel Ruandas beschreiben wir Rachephänomene auf gesellschaftlicher Ebene, die von Geschichte, Politik und Großgruppendynamik beeinflusst werden. Wir diskutieren anthropologisch orientierte Befragungen von Tätern in Ruanda und analysieren Gefängnisinterviews mit ruandischen Völkermördern.

Teil III handelt vom Verzicht auf Rache. Wie kann sich das Individuum den starken Racheimpulsen widersetzen, und wie kann ein psychischer Raum geschaffen werden, der andere Seiten der Identität stärkt als diejenige, Opfer zu sein? Je nach Kontext ist von Verzicht oder von Widerstand die Rede: Um verzichten zu können, muss man sich erst widersetzen. Wir wenden uns wieder Sara, Jean und Lotta zu, und zeigen, wie sich deren Selbstbilder verändern können.

Wir diskutieren Rache und Gerechtigkeit und die Vorbildfunktion von Idealisten und Helfern. Worum geht es bei Versöhnung, Vergebung und Resilienz?

Wie können Menschen mit einer schweren Traumatisierung umgehen? Wir illustrieren gesellschaftliche Beispiele anhand verschiedener Projekte. Ein Exempel sind die alten, »Gacaca« genannten Dorfgerichte in Ruanda. Sie stellen nicht nur ein juristisches Instrument dar, sondern auch einen Versuch, den Betroffenen auf beiden Seiten zu ermöglichen, auf Rache zu verzichten.

Wir beschäftigen uns mit dem Begriff des Raumschaffens (Kaplan 2007, 2008) und den damit verbundenen Reflexionsmöglichkeiten.

Schließlich kommen wir auf das Dilemma des professionellen Helfers zu sprechen. In diesem Zusammenhang beschreiben wir die Belastungen, denen Traumatherapeuten ausgesetzt sind, so zum Beispiel das Phänomen des stellvertretenden Traumas.

Das Buch endet mit einer Diskussion zwischen uns, den Autoren.

Viele Überlegungen haben ihren Ursprung in meiner, Suzanne Kaplans, Forschung über Kinder, die Völkermordgeschehen erlebten (2007, 2008). Ich erarbeitete die Problematik mittels Tiefeninterviews mit Juden, die den Holocaust als Kinder überstanden hatten, und mit jugendlichen Überlebenden des Genozids in Ruanda. Bei dieser Forschungstätigkeit schuf ich ein analytisches Instrument, mit dem die Affektregulierung eines Individuums im Verlauf eines traumatischen Prozesses erfasst werden kann – den Affektpropeller.

Die Thematik machte uns sehr betroffen, und es fiel uns oft schwer, uns gedanklich von den beklemmenden Schilderungen zu lösen. Aber unsere Triebkraft war es stets, Einblick in die übergreifenden Phänomene zu bekommen. Im Buch legen wir den Hauptfokus auf psychologische Gesichtspunkte; rechtliche, wirtschaftliche, politische und andere Aspekte werden nur am Rande behandelt. Aber wir glauben und hoffen, dass das Buch – mit dem Rachephänomen als ein Berührungspunkt für die Dynamik zwischen Täter und Opfer – einige der psychologischen Prozesse verdeutlichen kann, die wir hinter der destruktiven Kraft der Rache zu sehen glauben. Wir meinen, dass es zum Nachdenken anregt und auch mögliche Wege aufzeigt, wie man sich mithilfe eines eigenen psychischen Raums der Rachespirale entziehen kann.

Der Leser fragt sich vielleicht, was Völkermord, Verfolgung, Vorurteile und Alltagskonflikte miteinander zu tun haben. Auf der einen Seite beschreiben wir Erscheinungen auf politisch-gesellschaftlichem Niveau oder auf Gruppenebene, auf der anderen Seite schildern wir Alltagsbeziehungen, in denen die meisten Menschen leben. Der rote Faden, der sich durch das gesamte Buch zieht, ist das Phänomen der Rache. Wir bieten einen breiten Überblick, um die Universalität des Rachephänomens darzulegen. Indem wir die wesentliche Übereinstimmung der Mechanismen aufzeigen, können wir einerseits zum besseren Verständnis dafür beitragen, was uns in anderen Ländern im wahrsten Sinne des Wortes so befremdlich erscheint. Andererseits können wir die Risiken benennen, die eskalierende Gruppenprozesse in unserem eigenen Umfeld bergen.

Wir bedanken uns bei der »Bertil-Wennborg-Stiftung« für die Unterstützung unserer Arbeit an diesem Buch. Wir möchten auch dem »Shoah Foundation Institute for Visual History and Education« und dem »Programme for Holocaust and Genocide Studies« der Universität Uppsala danken. Der Sozialpsychologe und Völkermordforscher Professor Ervin Staub beteiligte sich ebenso mit wichtigen Diskussionen wie unsere Freundin und Kollegin Psychoanalytikerin Angela Mauss-Hanke und unser Kollege Professor und Psychoanalytiker Andreas Hamburger. Lena Forssén, Lennart Wolff und Tobias Nordqvist, unsere Lektoren beim schwedischen Verlag »Natur och Kultur«, lieferten wichtige Kommentare zum Text. Schließlich geht ein großes Dankeschön an Stefanie Busam Golay, die mit Sorgfalt und großem Engagement die deutsche Übersetzung unseres Buches anfertigte. Ebenso danken wir der »Baumgart-Stiftung«, die die Übersetzung mitfinanzierte, und unserer Lektorin Katrin Frank beim »Psychosozial-Verlag«. Außerdem danken wir den Jugendlichen und Erwachsenen, die extreme Traumata erlebten, sowie anderen Therapeuten – und natürlich unseren Patienten – für die wertvollen Gespräche.

Teil I: Die Rache und ihre Ursachen

Präludium – Sara, Jean und Lotta werden gekränkt

Die fünfjährige Sara geht vor dem Spiegel auf und ab. Sie zieht ein knallrosa Kleid aus dem Schrank, gleichzeitig reißt sie einen Stapel anderer Kleidungsstücke auf den Boden. Sie ist gerade dabei, das Kleid über den Kopf zu ziehen, als ihre Mutter das Zimmer betritt.

»Nein, dieses Kleid gefällt dir doch gar nicht. Schau mal, wie hübsch du in diesem hier aussiehst!« Die Mutter nimmt ein braun kariertes Kleid hervor.

»Wirklich seeehr hübsch, und dann diesen Pulli darüber!«

Sara: »Der kratzt.«

»Der kratzt doch nicht. Der ist gaaanz flauschig und weich.«

Sara wird steif, steht mit hängenden Armen und leerem Blick da. Sie fühlt sich gedemütigt, auch wenn sie ihren Gefühlen noch keinen Namen geben kann.

Die Mutter schaut zufrieden auf ihr Töchterchen.

Diese Episode mit dem Mädchen, das wir Sara nennen, ist übertragen und teilweise zitiert aus dem Buch »Små flickor och stora« (C. Wirsén/S. Wirsén 2004, S. 4; eigene Übersetzung). Sie verdeutlicht sehr anschaulich einen Machtkampf zwischen Kind und Eltern, der sicher vielen Lesern bekannt vorkommen dürfte. Die Handlung könnte so weitergehen:

Am Nachmittag sind die Mutter und Sara bei Saras Cousine eingeladen, die ihren Geburtstag feiert.

Die Mutter nimmt das Mitbringsel hervor, um es einzupacken. Sara, die für ihr Leben gern Geschenke verpackt, ruft eifrig: »Ich will die Schleife machen! Ich will die Schleife machen!«

»Nein, nicht so! Das ist doch nicht schön«, hört Sara die Mutter mit energischer Stimme sagen. Und schonungslos macht die Mutter weiter: »Ich hole eine Schere und mache Ringel in das Band. Du wirst sehen, daaas wird schön. Man kann doch kein Paket verschenken, bei dem das Band einfach herunterhängt.«

Sara versteht die Welt nicht mehr. Alles ist anders, als sie sich das vorgestellt hatte. Sie hätte so gern das knallrosa leuchtende Kleid getragen und das Paket selbst verpackt!

***

Jean, einer der von uns interviewten ruandischen Jungen, ist zum Zeitpunkt der Befragung 16 Jahre alt. Er trägt ein T-Shirt mit abgeschnittenen Ärmeln. Jean ist das Reden wichtig, zugleich sieht er aber grimmig und erregt aus, wirkt mit seinem starren Blick und seiner kraftvollen Stimme fast angsteinflößend. Auf die Frage, ob er wiederkehrende Erinnerungen und Gedanken zum Geschehenen habe, antwortet er (Kaplan/Eckstein 2004, S. 47): »Was ständig in mein Bewusstsein dringt, ist die Art, wie meine Schwester gestorben ist. Meine Schwester wurde von einem Mann mitgenommen, nachdem ich von meiner Mutter getrennt worden war. […] Sie war nicht alt, als sie starb. Wir haben immer gespielt, auf dem Weg zur Kirche. Man hat ihr mit einem Hammer auf den Kopf geschlagen und sie auf ein Motorrad gehievt. Später hat [man] ihre Leiche weit entfernt weggeworfen.«

***

Die dreiunddreißigjährige Lotta ist seit zehn Jahren mit Peter verheiratet. Lotta und Peter gingen in dieselbe Schule und wurden schon im Gymnasium ein Paar. Sie haben zwei Kinder.

Lotta hat oft darüber nachgedacht, ob sie wohl zu früh heirateten. Keiner von beiden konnte je Erfahrungen mit anderen Partnern sammeln. Aber Lotta ist auch der Meinung, dass ihr Mann und sie eine reiche gemeinsame Geschichte haben, einen sozialen Kontext. Und dann sind da natürlich auch die Kinder. Allerdings findet Lotta, dass die Liebe nicht mehr so stark ist, dass ihr Mann und sie inzwischen eher ein kameradschaftliches Verhältnis zueinander haben. Oft sehnt sie sich nach der heftigen Leidenschaft von früher. Die kann doch nicht einfach so verschwinden. Aber vielleicht, so meint Lotta auch, kann sie sich ja ablenken, indem sie Romane liest und ihre Freundinnen von ihren Liebesabenteuern erzählen lässt.

Peter merkt, dass er immer mehr auf andere Frauen achtet. Er will nicht mit Lotta darüber sprechen, dass er das für ein Symptom ihrer Beziehungssituation hält. Er hat Angst, Lotta zu verletzen.

Über Peters Innenleben können wir nur spekulieren. Aber wie viele Männer reagiert er empfindlich darauf, dass der Dialog mit seiner Frau abbrechen könnte. Das hat seine Ursache darin, dass er bei seiner Entwicklung vom Kind zum Mann in der Beziehung zu seiner Mutter früh eine Grenze setzte – um nicht so zu sein wie sie. Er brach nicht mit seiner Mutter, konnte bei seiner Entwicklung zum Mann aber nicht den Dialog mit ihr in sich bewahren. Lotta hat als Frau den Dialog mit ihrer Mutter noch immer in sich und ist deshalb toleranter gegen die größere Distanz zu Peter. Darüber sind sich beide aber nicht bewusst.

Und Peter macht etwas, womit er – wie er selbst ahnt – Lotta viel mehr verletzt, falls sie davon erfährt: Er beginnt ein heimliches Liebesverhältnis mit einer Arbeitskollegin. Peter glaubt, dass die Affäre etwas Vorübergehendes sei, wird aber immer mehr von ihr eingenommen. Die andere Frau will, dass Peter Lotta von seinem Verhältnis erzählt; sie will Peter ganz für sich haben.

Und eines Tages erfährt Lotta alles: An einem hektischen Morgen steckt Peter versehentlich das falsche Mobiltelefon ein. Lotta hat statt dem eigenen Telefon nun das ihres Mannes und entdeckt, dass Peter regelmäßig und auch spät abends SMS an ein und dieselbe Telefonnummer schickte. Sie macht ausfindig, wem die Nummer gehört. Schließlich bringt die erzürnte Lotta Peter dazu, ihr sein Verhältnis zu gestehen. Auch Peter ist aufgebracht. Er sagt Lotta, dass er ihr und der Beziehung zu ihr überdrüssig ist, dass alles aus ist. Die Kinder schlafen bereits an diesem späten Abend. Lotta ist verzweifelt. Sie hat Angst, verlassen zu werden und Peter zu verlieren. Sie fühlt sich verraten und betrogen. Lotta sprach ihre eigenen Probleme in der Beziehung nicht an, stattdessen agierte Peter. Als Peter ihr vorwirft, dass sie auf ihm herumhacke, gerät Lotta außer sich.

1 Der Begriff »Rache«

Rache gehört so selbstverständlich zum Alltag, dass ihr scheinbar keine Beachtung geschenkt wird – sie ist wie die Luft zum Atmen. Oft bekommt sie auch andere Namen: Selbstverteidigung, Rivalität und Zorn zum Beispiel. In diesem Kapitel versuchen wir, zwischen Rache und ähnlichen Phänomenen zu unterscheiden. Rache ist nicht nur im Alltagskontext, sondern auch in der Kulturwelt zu finden, und wir führen Beispiele aus der klassischen Literatur und der jüngeren Filmgeschichte an.

Gemäß Elof Hellquists (1922) etymologischem Wörterbuch geht »hämnd« (Rache) auf das altschwedische »hämna«, »hämpna« zurück. Es bedeutete ursprünglich »zum Aufhören bringen« und ist verwandt mit den schwedischen Dialektwörtern »hamna« (vermindern) und »hämma« (hemmen).

Man beachte die Bedeutung »zum Aufhören bringen«. Wohlwollend interpretiert, rächt man also, um eine Balance, eine Gleichgewichtslage wiederherzustellen. Diese Deutung halten wir aber für ebenso schönfärbend wie viele Umschreibungen des Phänomens der Rache.

Das englische »revenge« ist entsprechend »The Columbia Guide to Standard American English« (1993) ein seit 1375 bekanntes Verb, das vom älteren französischen »revengier« kommt (intensives Präfix »re-« und »vengier«), das wiederum vom lateinischen »vindicare« (beanspruchen, vergelten, bestrafen) stammt. »Avenge« ist gleichzusetzen mit »get revenge« oder »take revenge« und meint die Ausführung einer gerechten Strafe für eine kriminelle oder unmoralische Handlung. »Revenge« steht für das Rächen mit gleichen Mitteln, aber in etwas stärkerem Maß als das zu Rächende, und impliziert echten Hass als Motiv. Das Substantiv kennt man erst seit 1547. Das seit 1635 bekannte

»vindicate« ist gleichzusetzen mit »avenge«, vom lateinischen »vindicatus«, das »durch Demonstration von Zensur oder Zweifel frei gemacht« bedeutet.

Der Wortstamm des deutschen Wortes Rache ist eng verwandt mit dem Stamm der Wörter »Recht«, »rechten«, »richten« und »Gerechtigkeit«. Hier spiegelt sich eventuell sprachlich eine historische Entwicklung wider, in der das archaische Sippenrecht der Blutrache von einem öffentlichen Gerichtsverfahren abgelöst worden sein könnte, also von einem gesellschaftlich anerkannten, geordneten Vorgang der Konfliktklärung, Bestrafung und Schadensregulierung (nach http://de.wikipedia.org/wiki/Rache).

Alles in allem scheint sich das Wort »Rache« immer mehr der Bedeutung des »Büßenlassens« angenähert zu haben, was wiederum Hass als Motiv impliziert.

Rache und verwandte Begriffe

Was ist Rache? Und wofür stehen die »Rache-Verwandten« Neid, Entwertung, Rivalität, Sündenbock, Selbstverteidigung und Vergeltung?

Neid resultiert aus dem Prozess des Vergleichs zwischen dem, was man selbst hat, und dem, was der andere bekommen zu haben scheint. Neid ist oft gekoppelt mit dem Wunsch, etwas erlangen oder zerstören zu wollen, was der andere hat. Entwertung ist eine Möglichkeit, die Neid erzeugende Gegenüberstellung zu vermeiden.

Rivalität ist eine sozial mehr oder weniger akzeptable Weise, mit dem anderen um Aufmerksamkeit, Liebe, Ehre, Eigentum usw. zu wetteifern.

Ein Sündenbock ist jemand, dem man die Schuld zuschiebt, die man nicht selbst tragen will oder kann.

Selbstverteidigung kann eine kontrollierte Möglichkeit sein, den Gegner davon abzuhalten, einem Schaden zuzufügen (vgl. Boxen als »edle Kunst der Selbstverteidigung«). Selbstverteidigung kann aber auch eine Weise sein, eine Racheattacke gegen den anderen zu verschleiern, besonders wenn die Rache durch eine Kränkung ausgelöst wurde.

Der Ausdruck »Vergeltung« ist oft in Meldungen aus Unruhegebieten wie dem Irak und dem Nahen Osten zu hören. Es scheint, als wolle man damit einen genau dem Ausmaß des Erlittenen angepassten und »legitimen« Gegenangriff auf eine Attacke bezeichnen. Für uns ist diese Bezeichnung allerdings eine beschönigende Umschreibung von Rache.

Rachefantasien und Rachehandlungen

Wie schon erwähnt, unterscheiden wir zwischen Rachefantasien, die in Reflexion abklingen können, und Rachehandlungen als Möglichkeit, aktiv zu werden und nicht nachzudenken zu müssen. Beide gründen sich auf die Kraft der Wut. Alle Menschen haben Rachefantasien. Wir erleben Wut, die wir je nach Intensität als Irritation, Frustration, Unzufriedenheit oder Störung bezeichnen, und besinnen uns meist durch Gedankenarbeit und Reflexion.

Die Rachefantasie bezeichnet einen inneren Prozess: die von Hassgefühlen begleitete Vorstellung des Rächens, die (noch) nicht in Handlung umgesetzt wurde. Passive Zeugen von Gewalt können inaktiv Rache erleben und so ihre Rachefantasien ausleben, während sie anderen erklären, dem Geschehen hilflos gegenübergestanden zu haben.

Schadenfreude ist die innere Befriedigung darüber, dass ein Vergleich zu Ungunsten des anderen ausgefallen ist. Intensive Schadenfreude wird als Triumph erlebt.

Die Rachehandlung ist also eine Möglichkeit, auf Reflexion zu verzichten. Die Wut wird in Rachehandlungen überführt, das Opfer identifiziert sich mit dem Täter. Ihm ist es nicht möglich, das Erlittene zu bearbeiten oder mit der Erfahrung konstruktiv umzugehen, indem es beispielsweise versucht, die Perspektive des anderen einzunehmen.

Mehrdeutigkeiten – Rache oder Rechtfertigung

Oft werden der Rache auch andere Namen gegeben, die weniger brutal und primitiv klingen sollen. Man denke nur an »Heimzahlen« (oder das englische »pay back«), das zwar an »Zurückzahlen« erinnert, aber »Büßenlassen« meint, oder an »Abrechnen« mit der spannenden Doppelbedeutung von »eine Rechnung aufstellen und bezahlen« und »die moralische Schuld eines anderen feststellen und ihn zur Rechenschaft ziehen«. Auch der englische Ausdruck »get even« lässt zwar an die Wiederherstellung eines Gleichgewichts denken, bedeutet aber nichts anderes als »sich rächen«.

Jeder hat wohl schon erlebt, wie hitzig die Diskussion werden kann, wenn im privaten Kreis über das Thema Rache gesprochen wird. Die bei einem solchen Meinungsaustausch angeführten Situationen sind oft weniger Beispiele für Rache, als vielmehr für Revanche und Rehabilitation/Genugtuung beziehungsweise für eine Mischung aus den drei Phänomenen. »Man wird sich doch wohl mal ein bisschen rächen dürfen?«, fragt jemand – vielleicht mit dem Wunsch, auf diese Art etwas mitzuteilen, was auf andere Weise unter Umständen nicht durchdringt.

Dass Rache, Revanche und Rehabilitation/Genugtuung zuweilen schwer voneinander zu unterscheiden sind, weiß jeder aus eigener Erfahrung. Wir wollen in diesem Zusammenhang auf vier Themen näher eingehen:

1. Die Grenze zwischen Rache und Rehabilitation/Genugtuung ist manchmal verschwommen. Indem man Rache nimmt, will man dem anderen Schaden zufügen, während Rehabilitierung dazu dient, sich zu rechtfertigen und den eigenen Ruf wiederherzustellen. In unserem Verständnis geht es bei der Rehabilitierung darum, Grenzen zu setzen, um seine persönliche Integrität und seine eigenen Interessen zu schützen. Im weiteren Sinn des Wortes kann sich Genugtuung auch auf einen politischen Kampf beziehen, durch den vielleicht Gefühle des Verlustes oder des Versagens gehemmt werden können. Man tut sich und der eigenen Gruppe etwas Gutes.
Ein Beispiel:

> Eine Frau verlässt ihren Mann; er verzweifelt beinahe. Die Frau hat eine qualifizierte Arbeit, die ihr wichtig ist. Ihr Ex-Mann findet eine neue Partnerin, die – von ihm dazu ermuntert – die Chefposition am Arbeitsplatz der Ex-Frau annimmt. Dadurch dass der Mann eine neue Partnerin fand, fühlt er sich rehabilitiert. Aber was bedeutet es für ihn, dass diese Frau die Vorgesetzte seiner Ex-Frau an dem von ihr so geliebten Arbeitsplatz wird? Kann er dadurch auch so etwas wie Rache empfinden?

Und wie stellen wir uns zu folgendem Beispiel?

> Ein Mann kommt dauernd später als versprochen von der Arbeit und von Geschäftsreisen nach Hause. Schließlich reicht es seiner Frau, und sie leert die besten der Weinflaschen aus, die ihr Mann seit Jahren sammelte. Danach kommt der Mann lange Zeit pünktlich nach Hause. Die Handlung der Frau hat eindeutig Racheanteile, ist aber auch ein Versuch, sich mitzuteilen: ein deutliches »Stopp, bis hierher und nicht weiter!« nach vielen erfolglosen Kommunikationsversuchen. Der Mann scheint die Botschaft verstanden zu haben. Aber wird er nicht auf Rache sinnen?

2. »Revanche« ist mit dem englischen »revenge« (Rache) verwandt, hat aber unserer Meinung nach die Bedeutung, sich zu rehabilitieren, ohne den anderen zu schädigen. Bei einer Revanche kann es beispielsweise darum gehen, die eigene Leistung beim Sport oder bei der Arbeit zu verbessern. Die Mehrdeutigkeit ist dadurch bedingt, dass man bei der Revanche nicht in erster Linie darauf aus ist, dem anderen zu schaden, dass man aber gleichwohl vor allem auf den anderen fokussiert ist, dem man »es zeigen möchte«.

Manchmal kann man racheähnliche Handlungen im Zusammenhang mit Konkurrenz und Taktik am Arbeitsplatz feststellen. Aber hier gibt es oft Regeln, die – ähnlich wie beim Schach – destruktiven Spielarten vorbeugen (Kamras 2007, persönliche Mitteilung).

In der Welt des Sports macht Rache manchmal einen Teil des Spiels im Spiel aus (Engstrand 2005, persönliche Mitteilung). Teils findet man dort all die beschönigenden Ausdrücke wie »Ich will die Revanche!« – womit von Rehabilitierung bis Unterwerfung des Gegners alles gemeint sein kann. Teils nutzt man dort auch das Potenzial der Rache, um der eigenen Hockey- oder Fußballmannschaft Vorteile zu verschaffen: Man provoziert einen der wichtigsten Spieler des gegnerischen Teams durch hartes Rempeln. Schließlich kann dieser seinen Zorn nicht mehr beherrschen, reagiert mit einem hässlichen Foul und wird verwarnt oder vom Platz gewiesen. Routinierte Spieler sind nicht so einfach zu provozieren, aber irgendwann reagieren auch sie.

3. Man kann sich rächen, indem man von Rache absieht.
Ein Beispiel:

> Eine Sekretärin macht einen neuen Angestellten gehörig herunter. Dieser rächt sich jedoch absichtlich nicht: Er verliert bei seinen Kollegen, die die Szene mitbekamen, kein böses Wort über die Sekretärin und ist auf einen normalen, korrekten Kontakt mit ihr bedacht. Die Sekretärin wird dem Angestellten gegenüber freundlich, ist aber auch bedrückt oder vielleicht sogar erschüttert von seiner Reaktion des Verzichts auf Rache. Der Angestellte ist also auf scheinbar paradoxe Weise auf die Sekretärin fokussiert, indem er so tut, als ob nichts vorgefallen wäre – was ihm das Gefühl gibt, der Stärkere zu sein. Diese Situation birgt allerdings die Möglichkeit der Aussöhnung.

4. Machtlosigkeit: In manchen armen Ländern mit niedrigem Bildungsniveau erlernen Kinder und Jugendliche vielleicht keine anderen Taktiken als durch Rache für ihre Interessen aufzustehen und sich nicht demütigen zu lassen. Man stelle sich eine allgemeine Situation der Machtlosigkeit respektive Machtausübung vor. Der Machtlose kommt in Kontakt mit seiner Wut, und das Reflexionsvermögen bestimmt über den weiteren Verlauf: Vorausgesetzt, es handelt sich nicht um ein kleines Kind oder einen akut frustrierten oder psychisch gestörten Menschen, kann der Machtlose entweder direkt Rache ausüben, also den Gedanken schnell in eine Handlung umsetzen, oder aber sich sublimierter Formen der Verteidigung seiner Integrität bedienen wie Humor oder Schlagfertigkeit. Wir sind der Auffassung, dass es keine positive Rache gibt, dass mit Ausdrücken wie »sich ein bisschen rächen« oder »positive Rache« vielleicht eine gesunde Aggressivität gemeint ist, mit deren Hilfe man Grenzen markiert und das Gleichgewicht wiederherstellt.

Wenn wir in diesem Buch von Rache sprechen, beziehen wir uns meistens auf Verhalten, also auf Handlungen – und nicht auf im Inneren angesammelte, teils als erregend, teils als unbequem empfundene Hassgefühle und Rachefantasien. Wir halten die Rachehandlung für eine mehr oder weniger primitive Kraft, die zwar verständlich sein kann, aber nie moralisch zu rechtfertigen ist. Hingegen wird Rache in der Alltagssprache häufig so gebraucht, als ob es sich dabei um eine moralisch legitime Handlung handle – um eine »angemessene« Gegenattacke. Bei Diskussionen bekamen wir sogar zu hören, dass »es doch eine positive Rache geben muss«, dass Rache also durchaus berechtigt sein kann und sogar Entwicklungsmöglichkeiten berge. Hin und wieder ist im Zusammenhang mit ersehnter Revanche die Rede davon, dass Rache süß sei (Jonstoij 2004). Und mit eleganten und kernigen Ausdrücken wie »mit gleicher Münze heimzahlen« kann man manchmal brutal aufrichtig sein. Wir glauben, dass Rache in solchen Fällen mit anderen psychischen Phänomenen wie Grenzen setzende Integrität oder Rehabilitation beziehungsweise mit Gerechtigkeit oder anderen moralischen Begriffen vermischt wird.

Im Präludium beschrieben wir mit Sara, Jean und Lotta Beispiele für Demütigung in der Kindheit, in der Jugend und in der Paarbeziehung. Der Teenager Jean erlebte Kränkungen und Verluste in Ruanda, wo seine ganze Familie ausgelöscht wurde. Können wir ähnliche Phänomene im Zusammenhang mit

Demütigung und Rache bei schwedischen Jugendlichen erkennen, die keinen Völkermord miterleben mussten? »Brottsförebyggande Rådet« (Schwedischer Beirat für Kriminalitätsverhütung) meint, dass das Ausrauben in Schweden gebürtiger junger Männer ein Mittel für junge im Ausland geborene Männer sein kann, sich an einer Gesellschaft zu rächen, die sie weder respektiert noch um ihre Integration bemüht ist (http://www.bra.se). Dabei wird Bezug genommen auf eine soziologische Studie über junge Männer, die Raubüberfälle verüben. Für den Titel der Publikation wurde ein Zitat gewählt, das die Thematik treffend zusammenfasst: »Wir führen Krieg gegen die Schweden« (Åkesson 2005; eigene Übersetzung).

Rache im Alltagskontext

Man ist so an die stille Gegenwart der Rache im Alltagsleben gewöhnt, dass man ihr kaum Beachtung schenkt. Manchmal kann sie in roher, unverfälschter Form hervorbrechen (»Verdammt, dem werd' ich's zeigen!«), wird aber auch dann damit entschuldigt, dass sie berechtigt, verständlich und vielleicht sogar das einzig Richtige sei.

Damit Rache nicht als etwas allzu Inakzeptables empfunden werden muss, wird sie üblicherweise im Sinne berechtigter Wut uminterpretiert. Häufig ist ein Gefühl von Legitimität, Gerechtigkeit, Pflicht und Engagement charakteristisch für das Phänomen der Rache und scheint den Hass begreiflicher zu machen.

Dass man sich zur Selbstverteidigung rächt, ist eine typische Erklärung. Mit dieser Auslegung versucht man, die Rache als etwas Berechtigtes erscheinen zu lassen.

Der zwölfjährige Frank erzählt von einem Vorfall im Schulbus:

> »Manchmal werde ich ja sauer. Aber gestern hat John mich provoziert. Er hat mich die ganze Zeit aufgezogen. Und er hat mich am Kragen gerissen. Es war keiner da [kein Erwachsener, der hätte helfen können]. Und er hat am Kragen gerissen [geringschätzig]. Aber dann hab' ich's ihm gezeigt. Ich war wirklich nicht besonders erhitzt. Das war reine Selbstverteidigung! Ich hab' ihn fest gegen die Wand gedrückt. Glück für ihn, dass die Wand aus Holz und nicht aus Stein war. Mensch, wie ich gedrückt habe. Gnadenlos.«

Hier wird der Racheaspekt wohl anhand der Entwertung und des Ausmaßes der Wut deutlich. Aber oft sind wir uns nicht bewusst, inwiefern sich Racheaspekte unter dem Deckmantel der sogenannten Selbstverteidigung verbergen.

Ähnliches kennt man von Konflikten zwischen Geschwistern: Das süße Schwesterchen provoziert ihren eifersüchtigen großen Bruder, ohne dass die Eltern dies bemerken. Rächt der Bruder sich schließlich mit einer versteckten Bosheit, fängt die kleine Schwester in höchsten Tönen an zu weinen, und der Bruder wird von den Eltern gescholten (»Wie konntest du nur?!«).

Rache ist viel häufiger, als wir glauben, oder als wir vielleicht glauben wollen. Sie ist in überschaubaren alltäglichen Situationen ebenso zu finden wie in unübersichtlicheren Situationen des gesellschaftlichen und politischen Lebens, bei denen sich schwerwiegende Konsequenzen für alle Beteiligten ergeben können. Da Rache eine primitive psychische Kraft ist, kann sie auch zu primitiver Brutalität beitragen – sei es in Beziehungsdramen oder bei kollektiven Tragödien. Rache kann, wie einleitend beschrieben, auch eine Spirale in Gang setzen, bei der das Opfer selbst zum Täter wird. Da Opfer und Täter von der primitiven Kraft verblendet werden, ist der Sog der Spirale kaum zu hemmen.

Rache in Literatur und Film

Schon die alten Griechen schufen Mythen über die Rache. Zwar handelt der bekannteste Teil des Ödipusmythos davon, wie Ödipus – nicht ahnend, wer der Kontrahent ist – seinen Vater ermordet und dann unwissentlich seine Mutter heiratet. Dieser Abschnitt war es auch, den Sigmund Freud in seiner Diskussion des Ödipuskomplexes verwendete. Aber ein anderer, mindestens ebenso wichtiger Teil der Sage handelt davon, dass Ödipus von seinen Eltern als Säugling mit zusammengebundenen Füßen im Wald ausgesetzt wurde, nachdem ihnen von einem Orakel vorausgesagt worden war, dass der Sohn seinen Vater umbringen werde (wegen seiner geschwollenen Füße bekam das Findelkind von seinen Adoptiveltern den Namen Oidipus [Schwellfuß]). Beim Ödipusmythos geht es also letztlich auch um Rache: Ödipus rächt sich an seinen Eltern für deren Versuch, ihn auszusetzen und zu töten – und der Mord am Vater, die Liebesbeziehung zur Mutter und die

Strafe für den Inzest können als tragische Konsequenzen der Rachespirale aufgefasst werden. Auch der Medea-Mythos und der Trojanische Krieg sind Sagen der griechischen Mythologie, in denen Rachemotive eine wichtige Rolle spielen.

Natürlich sind auch William Shakespeares Tragödien gute Beispiele für das Thema Rache in der Literatur. So wird Hamlets Rachgier von einem primitiven und unerbittlichen Gewissen gebremst, das ihn mit Skrupel einschüchtert (Shakespeare 2008b). Shakespeares »Romeo und Julia« ist eine Tragödie über eine junge Liebe, die wegen Rache und uralter Feindseligkeiten zwischen rivalisierenden Familien zum Scheitern verurteilt ist (Shakespeare 2008a).

Weitere bekannte literarische Beispiele für Rache sind in den Romanen von Honoré de Balzac und Victor Hugo sowie in Alexandre Dumas' »Graf von Monte Christo« und Heinrich Kleists »Michael Kohlhaas« zu finden: Rache, die wie in Dumas' Roman als rechtmäßig und nachahmenswert beschrieben wird (Dumas 2007), misslingende Rache wie in Kleists Roman (Kleist 2008) oder Rache, die auf besonders böse, primitive Personen gerichtet wird. Hierauf kommen wir später zurück.

Der Volkskundler Bengt af Klintberg untersuchte, warum viele moderne Sagen von Rache handeln. Af Klintberg meint, dass Rachegefühle wegen ihrer Primitivität oft verdrängt werden, und ist der Auffassung, dass Erzählungen über die Rache machtlosen Menschen als Waffe dienen. In manchen Kulturen wie beispielsweise bei den Inuit gilt Rache als begründete Pflicht aller, die respektiert werden wollen. In den abendländischen Kulturen stellen hingegen Sagen eine sozial akzeptable Weise dar, Rachegefühle auszudrücken, ohne dabei Schuld empfinden zu müssen – besonders dann nicht, wenn der Rächer »unabsichtlich akzidentiell« handelt, wie es in solchen Erzählungen oft der Fall ist. In modernen Sagen findet Rache häufig als symbolische Kastration statt – durch das Abschlagen einer Hand beispielsweise –, und Racheerzählungen thematisieren oft einen Statuskonflikt, bei dem um Dominanz gekämpft wird (Klintberg, af 1996).

> Ein Beispiel: Eine Frau fährt in ihrem Auto nach Hause und muss vor einer roten Ampel anhalten. Neben ihr stoppt ein Wagen mit kriminellen Jugendlichen. Ein junger Mann springt aus dem Auto und schlägt mit einer Kette auf das Gefährt der Frau ein. Bei Grün fährt die Frau mit Vollgas weg. Zu Hause angekommen, stellt sie fest, dass sich die Schlagkette in der Stoßstange verfangen hat – mitsamt der Hand des Mannes.

Das Musical »West Side Story« ist ein modernisiertes »Romeo und Julia«, das in New York stattfindet: Wieder macht die Rache der Liebe ein Ende. Auch in der Welt des Films sind zahllose Beispiele zu finden, die einerseits von »rechtmäßiger« Rache beziehungsweise von Grenzsetzung handeln – wie »Die sieben Samurai«, in dem die Helden ein Bauerndorf gegen grausame Räuber verteidigen –, andererseits von eiskalter, blindwütiger Rache – wie »Basic Instinct«, in dem die abgewiesene Liebhaberin immer grausamere Ideen realisiert. In klischeehaften Actionfilmen mit offenkundigen Schurken – wie in den Terminator- und James-Bond-Filmen – bekommen wir zu sehen, wie vom Bösewicht erwartet wird, sogar auf die geringste Niederlage mit Rache zu reagieren. Die Grausamkeit des Schurken ist ganz selbstverständlich mit einem Rachebedürfnis verbunden: Grausamkeit hat Rache als primitiven Begleiter im Gefolge.

Der Graf von Monte Christo

Der Roman-Klassiker »Der Graf von Monte Christo« (Dumas 2007) ist eine Modellerzählung zum Thema Rache. Seine Rache gestaltet sich als systematische Heimzahlung mit gleicher Münze.

Der junge Edmond Dantès, Seemann auf einem Frachtschiff, ist mit Mercedes verlobt. Auch sein Freund Fernand Mondego, der seit Kinderjahren neidisch auf Dantès ist, liebt Mercedes. Danglars – Zahlmeister auf dem Schiff – findet, dass er von der Reederei vernachlässigt, Dantès hingegen begünstigt wird. Er schmiedet Rachepläne. Indem sie ihn als Spion verleumden, sorgen Danglars und Mondego dafür, dass Dantès wegen Hochverrats verhaftet wird. Auch Untersuchungsrichter Villefort hat seine Gründe dafür, Dantès loszuwerden: Dantès hat nämlich durch Zufall Dinge erfahren, die Villefort kompromittieren könnten. Der völlig unschuldige Dantès landet schließlich auf der Festungsinsel If, in deren Gefängnis die Inhaftierten lebenslänglich verwahrt werden – isoliert, misshandelt und hungernd. Mercedes wird mitgeteilt, Dantès sei wegen Mordes hingerichtet worden. Dantès Vater stirbt an Hunger und Gram.

Nachdem Dantès mehrere Jahre im Gefängnis von If eingesessen hat, findet Abbé Faria, der einen Fluchttunnel gräbt, sich aber in seinen Berechnungen irrte, den Weg in Dantès Zelle. Der ehemalige Soldat und Priester lehrt Dantès bei heimlichen Treffen Lesen, Rechnen und Fechten. Kurz bevor der alte, von den Entbehrungen der Haft gezeichnete Abbé stirbt, gibt er Dantès eine Karte. Auf dieser ist der Ort auf der Insel Montecristo gekennzeichnet, an dem einst ein sagenhafter Schatz vergraben wurde. Farias Leichnam wird von den Wärtern in einen Leichensack eingenäht, um in die See geworfen zu werden. In einem unbeobachteten Moment kann Dantès statt der Leiche den Platz im Sack einnehmen. Er wird ins Meer hinabgeworfen und kann nach vierzehn Jahren Kerkerhaft in die Zivilisation zurückkehren. Dantès findet den Schatz, nimmt den Namen »Graf von Monte Christo« an und beginnt – wie er es sich in der Haft selbst geschworen hatte – seinen Rachefeldzug.

Er muss feststellen, dass Mercedes und Mondego schon kurze Zeit nach seiner Inhaftierung geheiratet hatten. Graf Mondego lebt mit seiner Frau in Paris. Villefort ist inzwischen königlicher Prokurator und Danglars Bankier in Paris. Dantès sorgt dafür, dass die drei Männer an Einfluss verlieren, bloßgestellt und gefangen genommen werden. Sie »einfach nur« zu töten, kann seine Rachgier nicht befriedigen. In der Verfilmung des Romans verheiratet Mercedes sich schnell mit Mondego, weil sie mit Dantès Sohn schwanger ist und das Kind nicht ledig zur Welt bringen will; aus diesem Grund hegt Dantès ihr gegenüber weniger Rachegefühle.

Die meisten Leser des Buches »Der Graf von Monte Christo« sehen in Dantès ein Symbol der Gerechtigkeit. Dantès zu verstehen, fällt nicht schwer. Was blieb ihm schon übrig? Ihm wurde unglaubliches Leid angetan; ihm widerfuhr schreckliches Unrecht. Besonders junge Menschen anerkennen die Entschlossenheit, mit der Dantès seine bösartigen Feinde aufspürt, und die Beharrlichkeit in seinem »legitimen« Rachefeldzug. Auch viele Erwachsene bewundern die Hauptfigur, zweifeln jedoch, ob es richtig ist, einen Rächer zu verherrlichen.

Der moralische Höhepunkt in Dumas' Buch besteht darin, dass – entgegen aller Schwierigkeiten, die das Schicksal der Hauptfigur in den Weg legt – »Richtig« über »Falsch« siegt. Der Held ist sich seiner Sache ganz sicher, was ihm die Kraft gibt, sich über alle Schwierigkeiten hinwegzusetzen. Schließlich darf er (und der Leser) auskosten, dass der Gerechtigkeit Genüge getan wird und dass keiner der Verräter ungestraft davonkommt.

»Der Graf von Monte Christo« ist ein Roman über Grausamkeit und Rache, in dem der kleine, unschuldige Mann Oberhand über die mächtigen Schuldigen gewinnt, die schließlich unbedeutsam werden (Castelnuovo-Tedesco

1974, in: Beattie 2005). Dass sich der Leser mit der Ohnmacht der Hauptfigur identifizieren kann, verleiht der Rache einen Zug von Legitimität. Dank seines Vermögens verfügt der Protagonist über unbegrenzte Mittel für seinen Rachefeldzug. Er verhängt auf eigene Faust Strafen in Form von Rache, sorgt also durch Rache für Gerechtigkeit.

Die folgenden Auszüge stammen aus Kevin Reynolds Verfilmung des Romans von 2002.

> Im Gefängnis fragt Abbé Faria Dantès: »Was ist an Gottes Stelle getreten?«
>
> Dantès antwortet: »Rache!«
>
> »Vielleicht dienten Ihre Rachegedanken ja Gottes Absicht, Sie […] am Leben zu erhalten?«, fragt Faria.

Man kennt den Wortlaut »Gott wird mir Gerechtigkeit verschaffen« als klassisches Motto der Rache. Mit dem Willen Gottes, Gerechtigkeit walten zu lassen, entschuldigen nicht nur Rächer in Religionskriegen, sondern auch Rächer in Völkermordereignissen und in Beziehungsdramen ihr Begehren. Wir kommen bald auf den Begriff der Gerechtigkeit zurück, der leicht mit dem der Rache vermischt wird.

> Später ergänzt Abbé Faria, der weiß, dass Dantès von Rache erfüllt ist: »Lass dich nicht dazu verführen, das gleiche Verbrechen zu begehen, weswegen du hier bist.«
>
> Als Mercedes den Grafen von Monte Christo sieht, erkennt sie ihn schnell als Dantès. Mercedes versucht, Dantès dazu zu bewegen, keine Rache zu nehmen. Aber Dantès, der seinen Feinden das gleiche Leid antun will, das ihm zugefügt wurde, antwortet:
>
> »Wenn du mich je geliebt hast, dann nimm mir nicht meinen Hass. Er ist alles, was ich noch habe!«

Anstatt zu nehmen, was er eigentlich will – Mercedes und ein bequemes Leben –, rächt Dantès sich für die Jahre, die ihm geraubt wurden. Er stellt kein Gleichgewicht her oder sorgt für Gerechtigkeit, sondern rächt sich, indem er sich die Überlegenheit verschafft, die einst seine Feinde hatten.

In der Endauseinandersetzung sagt der neidische Mondego: »Ich könnte nicht leben in einer Welt, in der du alles hast und ich nichts.« Aber Dantès ist gezwungen, Mondego zu töten, der zum Werkzeug des Neides wurde.

»Alles, was der Rache diente, soll von nun an für immer dem Guten dienen«, sagt Dantes, als ob man begrenzt und zielgerichtet rächen könnte und die Rache dann ein Ende finden würde.

Krieg der Sterne

Die sechs Star-Wars-Filme, die philosophische Gedankengänge über die böse und die gute Macht (»The Force«) in Form einer modernen Weltraum-Saga dramatisierten, begeisterten Millionen Kinobesucher. Vielleicht erlebt das Publikum gerade die ewige Rache zwischen den Welten als besonders attraktiv? In der Episode »Das Imperium schlägt zurück« (1980) wird der junge Luke Skywalker von Jedi-Meister Yoda über die Macht und deren dunkle und helle Seite belehrt:

> Yoda: »Die Kraft fließt einem Jedi von der Macht zu, aber hüte dich vor der Dunklen Seite der Macht. Zorn, Furcht, Aggressivität. Die dunklen Seiten der Macht sind sie. Besitz ergreifen sie leicht von dir [...]«
>
> »Ist die Dunkle Seite stärker?«, fragt Luke.
>
> Yoda antwortet: »Nein, nein, nein. Schneller, leichter, verführerischer.«
>
> Luke: »Aber wie kann ich die gute Seite von der schlechten unterscheiden?«
>
> »Erkennen wirst du es, wenn du Ruhe bewahrst. Frieden. Passiv. Ein Jedi benutzt die Macht für das Wissen, die Verteidigung, niemals zum Angriff.«

Im Film geht es auch um die gute und die schlechte Seiten innerhalb eines Individuums und um die Unterschiede zwischen guten und schlechten Menschen.

Yoda sagt, dass die Macht nur zur Abwehr und nie zum Angriff benutzt werden darf. Die Dunkle Seite der Macht handelt von Aggressivität, Leidenschaft, Wut, Hass, Neid – und erinnert an die Todsünden. Gibt man sich der verführerischen Dunklen Seite hin, gerät man in die Spur des Bösen. Als seine Schwester bedroht wird, beginnt Luke Skywalker, die Mächte der Dunklen Seite zu nutzen. Aber als er seinen bösen Vater im Kampf verletzt, wird ihm siedend heiß klar, wie ähnlich er ihm geworden ist. Ein wichtiger Wendepunkt liegt darin, dass Luke von der Existenz seiner Zwillingsschwester erfährt.

Diese kann vielleicht als Symbol für die Helle Seite der Macht in Luke gesehen werden.

Lukes Vater – vom Sohn immer idealisiert – wurde einst von der Dunklen Seite der Macht verführt. Luke versucht, die Geschichte ungeschehen zu machen und seinen Vater, Darth Vader, aufs Neue der Hellen Seite zuzuführen. Am Ende tritt Darth Vader tatsächlich wieder zur Hellen Seite über. Kurz vor seinem Tod rettet er Luke das Leben. Er bittet Luke, seiner Schwester zu sagen, dass es in ihm wirklich noch eine gute Seite gegeben habe: »Du hattest recht. Du hast dich nicht in mir geirrt, mein Sohn. Sag deiner Schwester, […] dass du recht hattest.«

Luke wächst bei Stiefeltern auf, die von Darth Vader ermordet werden. Luke weiß, dass er der Hellen Seite angehört, aber trotzdem treibt die Rache ihn dazu, nach Vader zu suchen. Sein Lehrer Yoda sagt, dass es fahrlässig sei, voreilig den Kampf zu suchen. Er sei noch nicht reif, weshalb die Rache ihn beherrschen könne. Wäre er reifer, könnte er mit der symbolischen Tatsache, dass Darth Vader sein Vater ist, anders umgehen. Aber Luke begeht eine Reihe tragischer Fehler; seiner Rachsucht entspringt nichts Gutes (Jorjani 2006, persönliche Mitteilung).

Wir fragten den Studenten Shams, einen echten Star-Wars-Fan, nach der Wirkung der Geschichte von Luke Skywalker (Jorjani 2006, persönliche Mitteilung). Hilft sie, Gewalt zu verarbeiten, oder schürt sie Gewalt? Shams war neun Jahre alt, als er »Krieg der Sterne« zum ersten Mal sah. Am meisten beeindruckte ihn, dass Luke ein Vorkämpfer des Lichts werden will und dass er sich im letzten Film so entwickelt, dass er Handlungen durch Worte ersetzen kann, weil er die Macht jetzt besser versteht. Nachdem er die Filme in der Schule gesehen hatte, identifizierte sich Shams mit Luke und betrachtete seine Umwelt ruhig und besonnen. Außerdem wurde ihm »The Force« zu einer wichtigen geistigen Kraft mit dunklen und hellen Seiten.

In der Vorgeschichte von »Star Wars« wird beschrieben, wie Anakin Skywalker zur Dunklen Seite der Macht verführt und damit zu Darth Vader wird: Hilflos muss der junge Anakin erleben, wie seine Mutter in Gefangenschaft stirbt. Er will ihren Tod rächen. Und er will sich auch dafür rächen, dass andere Jedi-Ritter ihn daran hindern wollen, was in seinen Augen bedeutet, dass er sein Potenzial nicht ausnutzen darf. Als verheirateter Mann hat Anakin Angst, seine schwangere Frau zu verlieren. Der hinterlistige Imperator Palpatine verführt Anakin zu bösen Taten, mit denen er seine Frau angeblich retten kann. Anakin glaubt, dass alle anderen Jedis eifersüchtig seien und verhindern wollen, dass er seine Frau behalten kann. Der Imperator manipuliert Anakin so, dass er glaubt, er sei gut und alle anderen Jedi-Ritter seien böse.

Die Geschichte beschreibt also die typische Opfer-Täter-Opfer-Verwicklung – und mit Luke Skywalker ein Opfer, das darum kämpft, nicht selbst zum Täter zu werden.

2 Die Rachespirale

Das destruktive Potenzial »normaler« Menschen hat seine Ursache in Neid, Gekränktheit und Wut. Aber können »ganz normale« Menschen zu Tätern werden? Ist der Mensch ein potenzieller Rächer? Wir alle haben ein destruktives Potenzial in uns, das sich bei fehlenden Gegengewichten ausdrücken kann. Dieses Potenzial gehört zu unseren Affekten und Gefühlen. Psychoanalytiker haben bisher relativ wenig zum Thema Rache geschrieben. Um dennoch die heutige Sichtweise der Psychoanalyse auf die Racheproblematik zu verdeutlichen, berichten wir über ein Forum, in dem das Thema im Jahr 2004 diskutiert wurde, und kommen auf einige Fachartikel zu sprechen.

Neid, Gekränktheit und Wut

Die Rachespirale wird hauptsächlich durch Kränkung und Demütigung genährt. Darauf werden wir in diesem Buch immer wieder zurückkommen. Ebenso werden wir mehrmalig behandeln, auf welche Weise man einen psychischen Raum schaffen kann, einen Ort, von dem aus man sich hinterfragen und auf Rache verzichten kann.

Eine Kränkung ist eine Verletzung des Selbstwertgefühls und eine Bedrohung der Integrität. Die meisten kennen dieses Gefühl. Man ist erregt, fühlt sich unverstanden. Eine Kränkung tut im wahrsten Sinne des Wortes weh. Man hat den Eindruck, dass der andere »es auf einen abgesehen hat«, auch wenn es sich angeblich um Fürsorge, Engagement und Freimütigkeit handelt. Hat man ein schwaches Selbstwertgefühl, ist man leicht zu kränken. Dann fühlt man sich schnell schlecht behandelt, auch wenn der andere das Gegenteil beabsichtigte. Die Rachefantasie nimmt Gestalt an. Nicht nur Individuen, auch Gruppen können sich gekränkt fühlen. In den Medien werden oft unbesonnene Äußerungen öffentlicher Personen aufgeblasen, sodass die Betroffenen sich gekränkt fühlen – und die gesteigerte Dramatik die Zeitungsauflage in die Höhe treibt.

Wir alle missverstehen die Äußerungen anderer häufig auf eine Weise, die uns Kränkung empfinden lässt. »Das war doch schon ein bisschen abwertend, was sie da sagte?!«, denken wir, oder: »Was sollte denn sein Tonfall?«. Auch wenn man »Lunte gerochen« haben mag, sollte man immer erwägen, ob man sich nicht täuscht. Deshalb benötigen wir einen potenziellen Raum, um die Interaktion zwischen uns und dem anderen hinterfragen zu können. Der britische Psychoanalytiker Donald Winnicott beschreibt diesen Raum wie einen Übergangsbereich – mit Übergangsobjekten wie Kuscheltuch, Teddybär oder Daumen – zwischen dem kleinen Kind und der Mutter (Winnicott 2006). Es handelt sich um einen Bereich, der einerseits sowohl Kind als auch Mutter, andererseits weder Kind noch Mutter ist, um einen dritten Bereich also, in dem Spiel, Denken, Kultur und später Mentalisierung entstehen.

Rachehandlungen sind viel seltener als Rachefantasien, gleichzeitig aber – wie in diesem Buch gezeigt wird – viel häufiger als oft angenommen. Wenn wir Ereignisse nicht bearbeiten und konstruktiv angehen können, bietet die Rachehandlung also die Möglichkeit, der Wut in der Handlung und in der Identifikation mit dem Täter mehr oder weniger freien Lauf zu lassen.

Rache führt gleichsam in einen geschlossenen Raum (wir kommen im Abschnitt über Vorurteile hierauf zurück). Scheuklappen verhindern, dass außer Handlungen, die die Rachespirale weiter antreiben, keine anderen Optionen in Betracht gezogen werden.

Trauma

Ein psychisches Trauma impliziert grundsätzlich, dass der Betroffene hilflos wird und große Angst und Unruhe empfindet. Seine persönlichen Ressourcen sind geschwächt, und er kann mit seinen Gefühlen nicht umgehen. Er hat das Bedürfnis, wieder Kontrolle über sein Dasein zu gewinnen. Der Betroffene sieht keinen Sinn in den Ereignissen, alles erscheint ihm bedeutungslos. Primitive Verteidigungsstrategien wie Rachefantasien können die Folge sein.

Extreme Traumata können in diesem Zusammenhang beschrieben werden als Lebensereignisse, die so intensiv sind, dass der Betroffene nicht auf adäquate Weise mit ihnen umgehen kann. Seine psychische Struktur wird während eines langen Zeitraums geschwächt. Sigmund Freud (1923b) und viele seiner Nachfolger ziehen beim Traumaprozess den Vergleich zu einer schützenden Hülle, die durch die psychische Überlastung durchbohrt wird – von einer Barriere zwischen der Außenwelt und dem inneren psychischen Leben, die durchbrochen wird. Vermutlich werden auch die Zeitwahrnehmung und das Zeitgedächtnis beeinträchtigt: als ob das Trauma nicht in der Vergangenheit geschehen wäre, sondern sich jeden Tag aufs Neue ereignete.

Die traditionelle Auffassung zur Traumaproblematik wurde in den letzten Jahren in neurowissenschaftlichen Zusammenhängen diskutiert (van der Kolk/McFarlane/Weisaeth 2000). Man glaubt, dass extrem traumatische Erlebnisse auf solche Weise im Gedächtnis eingeprägt sind, dass sie sich jenseits der psychischen Repräsentation befinden, dass der Betroffene sie also nicht in innere Bilder und Wörter übersetzen kann. Der Betroffene wird in das traumatische Szenario hineingezogen. Dies bildet möglicherweise den Ausgangspunkt für Prozesse wie den der Identifizierung mit dem Aggressor. Das Ergebnis kann eine traumatische Neurose sein. Eine andere mögliche Folge ist, dass der Betroffene psychisch und vielleicht sogar physisch gelähmt wird – quasi neben sich steht – und Symptome der Unbeweglichkeit, des Rückzugs und manchmal der Depersonalisierung erlebt. Die zuvor erwähnte schützende Hülle entwickelt sich allmählich nach der Geburt. Damit man im traumatisierten Zustand funktionieren kann, muss das Reflexionsvermögen zumindest teilweise erhalten bleiben. Die Chancen hierfür sind umso besser, je weiter der Betroffene in seiner Entwicklung fortgeschritten ist. Ein Erwachsener kann gewöhnlich intensive Affekte (inklusive Rachefantasien) aushalten, ohne von ihnen überwältigt oder allzu sehr verwirrt zu werden.

Es ist das Bewusstsein – das Vermögen, über Gefühle zu reflektieren –, das die Entwicklung einer Kultur ermöglicht und uns befähigt, ein besseres Lebens für uns und andere zu schaffen (Damasio 2002).

Alle Beschreibungen von Traumaerfahrungen beinhalten eine Affektstörung, auch wenn man sich noch nicht ganz klar über deren Bedeutung ist (Krystal 1988). Menschen, die gedemütigt wurden, können sowohl Scham- als auch Schuldgefühle haben. Manchmal fällt es den Betroffenen schwer, zwischen diesen Gefühlen zu unterscheiden. Bei der Scham geht es um das subjektive, persönliche Erleben seiner selbst. Scham ist ein Gefühl, das den ganzen Menschen betrifft und erfasst. Die meisten Schamkonflikte haben traumatische Ursachen; das Trauma oder die Abwehr des Traumas werden im Schamsymptom immer wieder von Neuem durchgespielt (Wurmser 1997). Schuld hingegen ist das schmerzvolle Gefühl, das ausgelöst wird, wenn man bemerkt, dass man auf eine Weise agiert hat, die anderen schadet. Schuld handelt von Taten und Regeln (Nathanson 1994).

Affekt und Bindung

Sucht man nach dem Ursprung der Angst, nach dem Ursprung der Affekte überhaupt, verlässt man den Bereich der reinen Psychologie und betritt das Grenzland zur Physiologie (S. Freud 1923b). Affekte inklusive Angst und anderer elementarer Emotionen haben eine erblich gegebene neurohormonelle Basis. Während der Evolution haben sich die Affekte zu Signalen entwickelt, die den eigenen Organismus auf Gefahr aufmerksam machen. Sie haben aber auch eine kommunikative Funktion. Unreife Individuen wie Kinder und Tierjunge haben noch keine eigene Affektregulierung ausbilden können. Sie sind in Bezug auf ihr physiologisches und psychisches Gleichgewicht auf die mentalen Funktionen der Mutter/der Pflegeperson angewiesen, auf deren Reflexionen und Beurteilungen sowie auf deren Einfühlungsvermögen und Fähigkeiten, die kindlichen Signale zu interpretieren. Die Affekte werden durch das Bindungssystem des Kindes geschaffen, sind aber auch abhängig von einem einigermaßen intakten Fürsorgesystem der Bezugsperson.

Einkapselung von Gefühlen

Die menschliche Psyche scheint nicht fähig zu sein, mit den bei Frustrationen entstehenden starken Gefühlen umzugehen und diese zu verwandeln. Dieses Phänomen zieht sich wie bereits gesagt wie ein roter Faden durch dieses Buch. Die menschliche Psyche kann sich nur harmonisch entwickeln, wenn Sorge für sie getragen wird; gleichzeitig führen Störungen in ihrer Entwicklung zu Symptomen wie unbeherrschtem Verhalten statt tieferem Nachdenken (Ferro 2005).

Das, was manchmal Todestrieb genannt wird, könnte man auch als eine Tendenz bezeichnen, die sich aus dem grundlegenden Dilemma zwischen den Affekten und der Art und Weise der Verarbeitung, der Integration dieser Affekte entwickelt. Das Seelische des Menschen ist gleichsam paradox gebaut: Wie insbesondere bei Neugeborenen deutlich zu beobachten ist, können in der Psyche durch unvermeidliche Erlebnisse unerträgliche Affekte entstehen. Der Mensch versucht dann, diese Affekte zu verdrängen oder gar seine Affektivität selbst zu zerstören (Mauss-Hanke 2008, persönliche Mitteilung). Der Mensch wird also sowohl durch innere unausweichliche Gefühlsreaktionen als auch durch äußere Traumata seelisch verletzt – und geprägt.

Weil Wut sich oft als starkes Gefühl ausdrückt, ist es schwierig zu integrieren und zu bearbeiten. Das menschliche Vermögen zur Rachebearbeitung scheint nicht immer auszureichen, um mit der Stärke des Affekts umgehen zu können. In der Abbildung auf S. 58 zeigen wir, dass Wut eine Einkapselung dieser starken Gefühle mit sich bringen kann. Unbewusst auf Rache zu sinnen, kann einen psychischen Rückzug zur Folge haben (Steiner 1996): Der Betroffene behält die Wut in sich, wird sich ihr vielleicht erst nach langer Zeit bewusst und explodiert dann möglicherweise in Rachehandlungen. Die eingekapselten Gefühle können auch zu einer Depression oder zu einer von Schuld geprägten Selbstdestruktivität führen, bei der der Betroffene sich mit toten oder verletzten Nahestehenden identifiziert. Die Rachehandlung wird lange in Schach gehalten – nicht durch reflektierende Bearbeitung, sondern indem die Wut sozusagen hinter geschlossene Türen verbannt wird. Dies kann hemmende Konsequenzen für die Persönlichkeit haben.

Verletzlichkeit

Manche Menschen sind wegen ihrer narzisstischen Überempfindlichkeit leichter zu kränken als andere. Ihr Selbstwertgefühl wurde in einem frühen Lebensabschnitt beschädigt, und sie schützen sich mit einem grandiosen, aufgeblasenen Selbstbild. Sie wirken egozentrisch, brauchen ständige Bestätigung durch ihr Umfeld, neigen dazu, andere zu idealisieren und sind gleichzeitig ohne Empathie und können sich kaum in ihre Mitmenschen einfühlen (Böhm 2001). Aber wir alle können in kritischen Situationen, wenn unser Selbstwertgefühl bedroht ist, zeitweise ähnliche Neigungen an uns erleben. Wenn jemand einem den Parkplatz vor der Nase wegschnappt (»So ein Mistkerl, das war doch *mein* Platz!«), oder wenn jemand langsam im Auto vor einem herfährt, und die Ampel – gerade »rechtzeitig« für einen selbst – auf Rot springt. Auch bei Konflikten in Partnerschaften geht es nicht selten um eine Kränkung des Selbstwertgefühls (Böhm 2001). Der Ärger zu Beginn einer Streitigkeit endet oft mit verletzten Gefühlen und mit Wut.

Der Begleiter der Gekränktheit ist die Wut. Sie kann als Mischung aus Angst, impulsiver Abwehrreaktion und dem Versuch der Wiederherstellung des inneren Gleichgewichts gesehen werden. Angezweifelt zu werden oder nur das Gefühl zu haben, infrage gestellt zu werden, kann beim Selbstwertschwachen heftige Wut hervorrufen. Manchmal wird seine Wut schon dadurch ausgelöst, dass man die grandiosen Ansprüche anzweifelt oder sich nicht anerkennend äußert.

Was kann als Kränkung bezeichnet werden? Die Ethikforscherin Ann Heberlein (2008) schrieb über Kränkung, Verzeihen und die Bedeutung dessen, für seine Handlungen Verantwortung zu übernehmen. Sie betont, wie wichtig es ist, das Forscher möglichst objektive Kriterien finden, sodass der Begriff der Kränkung nicht missbraucht oder verwässert wird. Heberlein meint, dass es sich um eine Kränkung handelt, wenn Interessen oder Rechte eines Individuums behindert werden, die angemessen und wichtig sind und eine Art generelle Legitimität haben. Natürlich geht man in der Forschung vom subjektiven Erleben der Kränkung aus. Gleichzeitig sollte der Gekränkte aber versuchen, sich von der Kränkung nicht in Beschlag nehmen zu lassen und stattdessen über kritische Einwände reflektieren.

Der Grad an Rachsucht kann häufig mit der Schwere der Kränkung des Selbstwertgefühls in Verbindung gebracht werden, die kontrollierende, egozentrische Eltern/Erziehungsberechtigte verursachten. Gegen diese richtet der Rachelüsterne seine Rachefantasien letztlich nämlich – und versucht so seine Würde wiederzugewinnen.

Ein Kind, dessen Eltern es nicht gelungen ist, ein Gleichgewicht zwischen den eigenen und den kindlichen Bedürfnissen herzustellen, kann begründeten Zorn darüber empfinden, dass man ihm nicht gerecht wurde. In den meisten Fällen bemüht sich der Betroffene um Anpassung. Er versucht zu verdrängen, dass er psychisch ausgenutzt wurde, indem er die Bedürfnisse der Eltern befriedigen musste, indem er vernachlässigt oder aber zu stark kontrolliert wurde. Durham (2000) bezeichnet den Betroffenen, der seine Scham über die misslungene Verteidigung hinter übertriebener Anpassung verbirgt, als ausgenutzt-verdrängende Persönlichkeit. Die Rachsucht dieser Persönlichkeit ist unbewusst und drückt sich indirekt in psychischen Symptomen wie übertriebener Abhängigkeit aus. Der Betroffene versucht auf unterschiedliche Weise, seine Würde wiederzuerlangen, Angstgefühle loszuwerden und wieder zu Ausgeglichenheit zu finden. Er richtet seinen Fokus darauf, Genugtuung zu bekommen, auch wenn die Rehabilitation nur schwer gelingen kann.

Manchmal ist die elterliche Unterdrückung deutlicher ausgeprägt, und die Eltern behandeln ihr Kind auf gefühllose und dominante Weise. Der Betroffene wächst mit zunehmender Rachsucht auf, die er auf den Unterdrückenden konzentriert. Anstatt seine Rachegefühle zu verdrängen oder zu verbergen, will der Betroffene sie in Handlungen überführen – den Unterdrücker schädigen oder sogar beseitigen. Durham charakterisiert den Betroffenen als rachsüchtige Persönlichkeit.

Der allgemeine Negativismus der rachsüchtigen Persönlichkeit wird manchmal auch dadurch verstärkt, dass der Betroffene von seinen Eltern zur Rache aufgefordert wurde, dass ihn Rache als eine Art abstraktes Gerechtigkeitsprinzip gelehrt wurde. Anstatt sich einzufühlen und ihr Kind zu unterstützen, fertigen manche Eltern ihr Kind auch mit einer Aufforderung zur Rache ab und verachten alles andere als Schwäche.

Wenn solche Persönlichkeiten eine Psychotherapie machen, wird der Therapeut vor verschiedene Probleme gestellt. Durham unterstreicht, dass der Patient mit einer ausgenutzt-verdrängenden Persönlichkeit sich vom Therapeuten ausgebeutet fühlt, während der Patient mit einer rachsüchtigen Persönlichkeit den Therapeuten so erlebt, als wolle er sich rächen. Der Prozess der Befreiung von der eigenen Rachgier geschieht aber bei beiden Persönlichkeiten über Trauerarbeit, mit deren Hilfe der Betroffene die wohlige, aufwühlende, beängstigende oder süchtig machende Rache hinter sich lassen kann. Bei der Trauerarbeit geht es darum, dass der Betroffene einsieht, was ihm widerfuhr, und dass er sich von den damit zusammenhängenden Einstellungen verabschiedet. Was diesen Prozess manchmal erschwert, ist die Scham darüber, ausgenutzt worden und hilflos ausgeliefert gewesen zu sein – beschmutzt worden zu sein, wie viele Betroffene das Gefühl beschreiben.

Schwer gestörte oder gefährliche Menschen wie manche Mörder erfuhren oft extreme Kränkungen. Barbro Roslund, Chefpsychologin an einer schwedischen Klinik, erstellte 1989 das Täterprofil eines Kindermörders.

Ihre Analyse passte gut auf den später verurteilten Mann (Roslund 2004). Er erlebte in seiner Kindheit Grausamkeiten wie Prügel mit dem Teppichklopfer durch die Mutter und Schläge auf den Kopf durch den Vater; oft wagte er sich nicht nach Hause, sondern schlief im Wald und aß Kartoffeln von den Feldern. Roslund beobachtete, dass er quälen will. Es befriedigt ihn, seine Opfer zu peinigen – Gefühle, die auch Inzestopfer kennen, die häufig selbst zu Tätern werden. Sie müssen sich für das rächen, was sie selbst erlebten. Dass dabei die falschen Personen in Mitleidenschaft gezogen werden, berührt sie nicht.

Vergleich und Neid

Nun kommen wir zu einem anderen grundlegenden menschlichen Potenzial: der Verletzlichkeit, die ihren Ursprung im Bedürfnis hat, sich mit der Umwelt zu vergleichen. Der Mensch strebt unter anderem danach, zu sein wie die anderen, und das Gleiche zu haben wie die anderen. Der Vergleich mit dem anderen und die Entwertung des anderen kann als Wurzel des Neides betrachtet werden. Man versucht, sein eigenes Selbstbild zu retten, indem man den anderen entwertet. Klein (1975) unterstreicht, dass starker Neid Schuldgefühle verursacht, und sie betont den Unterschied zwischen Dankbarkeit, mit der Schuldgefühle überdeckt werden, und Dankbarkeit, die wahrer Liebe entspringt. Neid ist also ein Versuch, einen demütigenden Vergleich zu vermeiden (Alberoni 1991). Neidgefühle können mit starkem Unbehagen einhergehen. Man fühlt sich verletzt, vergiftet, gewürgt.

Ein Beispiel:

> Zwei Freundinnen telefonieren miteinander. Die eine erzählt von ihrer neuen großen Wohnung im Grünen, mit der sie so viel Glück hatte. Sogar das Telefon wurde schnell installiert. »Und dann haben wir auch eine ganz einfache Telefonnummer bekommen, 22 30 40«, berichtet sie begeistert. »Was du nicht sagst«, antwortet die Freundin am anderen Ende der Leitung. »Da hast du aber nicht viel davon, schließlich wird doch bald auf siebenstellige Nummern umgestellt.« Die eben noch fröhlich Schwärmende verstummt, ihr geht bei dieser subtilen Neidbekundung förmlich die Luft aus.

Neid führt dazu, dass der Missgönner den Beneideten entwertet, was dieser als Demütigung und Aggression wahrnimmt. Ein besonderer Aspekt des Neides ist die soziale Verurteilung, meint der italienische Schriftsteller und Soziologe Francesco Alberoni (1991). Man spricht sozusagen im Namen der Gesellschaft: Ein Schauspieler sagt zum Beispiel über einen Kollegen: »Er ist ein schlechter Schauspieler«, und nicht: »Ich finde, er ist ein schlechter Schauspieler.« Ein wichtiger Punkt ist, dass der Beneidete keine Handlung ausführt, keinen Übergriff begeht. Die innere Katastrophe beim Neider entsteht vielmehr durch den Vergleich, den er anstellt. Neid ist als Gefühl vorhanden. Daran ändert auch die Norm nichts, nicht zu Gewalt greifen zu dürfen, wenn man entdeckt, dass jemand mehr von dem hat, was man selbst haben will. Neid und Entwertung können als primitive Verteidigungsstrategien betrachtet werden. Bei schnellen Veränderungen gesellschaftlicher Regeln kann Neid zu offener politischer Rivalität zwischen verschiedenen kollektiven Bewegungen werden. Alberoni pointiert, dass Neid kein erstrebenswertes Gefühl ist, dass der Neider sich vielmehr gequält fühlt. Rachegefühlen frönt man, Neidgefühlen aber nicht. Allerdings entspringt die Rache der Entwertung des anderen, und der Neider kann das quälende Gefühl der Missgunst vorübergehend in befriedigende Rache verwandeln und es genießen, der Überlegene zu sein.

Menschen haben ein inneres Neidpotenzial, das auf ihrer früheren Verletzlichkeit im Zusammenhang mit ihren vergleichenden Sinneseindrücken basiert. Darüber hinaus gibt es Kränkungen durch die Umwelt. Manche Individuen und Gruppen sind weniger verletzbar und brauchen eine stärkere Kränkung, um mit Rachefantasien zu reagieren. Andere sind infolge früherer Erfahrungen verletzlicher, bei ihnen löst schon eine schwache Kränkung Rachefantasien aus. Die Fantasien können in destruktive Rachehandlungen übergehen oder aber mithilfe des Raumschaffens akzeptiert werden und zu langfristig entwicklungsfähigen Beziehungen führen.

Natürlich gibt es auch gewöhnlichen, berechtigten Zorn, der von Kränkungen von außen unabhängiger ist. Er kann signalisieren, dass der Betroffene überfordert ist (Lerner 2001) oder dass ihm etwas aus der Hand genommen wird, das er selbst bewerkstelligen wollte. Der Zorn bewacht unsere Integrität und gibt uns die Kraft, Forderungen anderer zurückzuweisen und innere Gebote zu beachten.

Die folgende Abbildung gibt unsere Vorstellung der Rachespirale wieder.

Bis jetzt sind wir auf die Aspekte Verletzlichkeit, Neid, Vergleich, Kränkungen und Wut eingegangen. Wir fahren gleich mit der Erläuterung der anderen Teile der Abbildung fort.

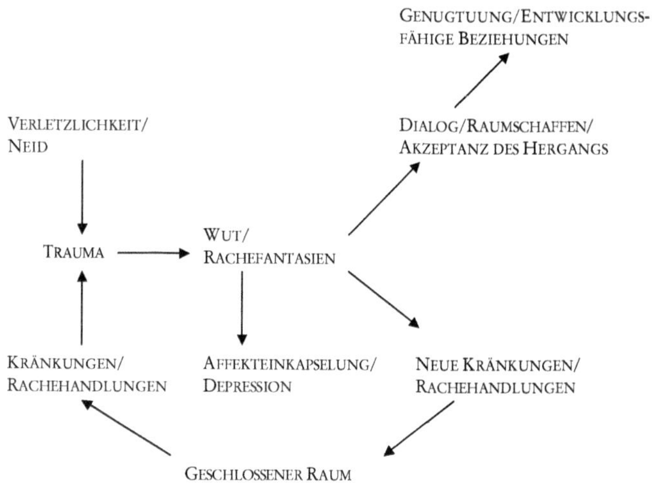

Abb.: Rachespirale

Dialog und Genugtuung

Die Abbildung verdeutlicht, wie die Wut zu Rachefantasien führt. Aber sie zeigt auch, wie der Betroffene, statt mit Offenheit für die Perspektive des anderen einen Dialog zu wagen, am Rand eines Teufelskreises wiederholter Racheaktionen steht. Obwohl die Notwendigkeit eines besonnenen Dialoges eigentlich selbstverständlich ist, scheint es doch sehr schwer zu sein, einen Dialog zu eröffnen. Eine Schwierigkeit kann darin liegen, dass man sich in der Frage danach verstrickt, wer »mit allem« angefangen hat. Jemand muss ja begonnen haben, muss die destruktive Entwicklung in Gang gebracht haben, auch wenn daraufhin zwei Beteiligte zanken und gemeinsam für den Streit verantwortlich sind. Derjenige, der angefangen hat, kann sich an etwas beim anderen gestoßen haben, das auch seine eigenen empfindlichen Punkte reizte. Der andere reagiert auf der Grundlage seiner verletzlichen

Punkte. Offenheit in Bezug auf die eigene Verletzlichkeit und Rücksichtnahme auf die Empfindsamkeit des anderen erleichtert eine konstruktive Entwicklung.

Ein Beispiel:
Kalle und Mia sind frischverheiratet.

Kalle (enttäuscht): »Ich würde es schätzen, wenn du aufschreiben würdest, wer versucht hat, mich telefonisch zu erreichen.«

Mia (aufgebracht): »Und wie das, bitte schön?! Das Telefon läutet doch ständig, und ich hab' schließlich auch was zu tun! Schrei mich nicht an!«

Kalle: »Ich schrei' überhaupt nicht, ich hab' doch nur einen Wunsch ausgedrückt.«

Mia: »Natürlich hast du geschrien, und genau das geht mir an dir so auf die Nerven.«

Plötzlich handelt die Auseinandersetzung davon, ob Kalle schrie oder nicht (etwas, auf das Mia überempfindlich ist), statt von Kalles Bedürfnis, bei seinen Freunden nicht in Vergessenheit zu geraten (einer von Kalles empfindlichen Punkten).

In Gruppen und bei politischen Konflikten ist die Durchführung eines Dialoges angesichts der Komplexität des Geschehens natürlich umso schwieriger.

In Teil III dieses Buches entwickeln wir, wie mit Wut und Rachefantasien konstruktiv umgegangen werden kann. Dort behandeln wir auch die Bedeutung kontinuierlicher stabiler Beziehungen. Bearbeitung bedingt, die Traumatisierung zu akzeptieren. Ein Trauma kann nicht durch Rache weggezaubert werden, wie auch unser junger Freund Jean einsehen wird. Mithilfe eines inneren Dialogs oder durch Gespräche mit anderen wird ein psychischer Raum für diese Bearbeitung hergestellt. Man kann vielleicht die Perspektive des anderen einnehmen und Genugtuung finden – und dadurch weiteren Schaden verhindern.

Können »ganz normale« Menschen zu Rächern werden?

Über uns allen liegt ein evolutionspsychologischer Schatten, das Erbe unserer Vorfahren, das uns zu Rächern machen kann (Waller 2002). Damit dieser Schatten nicht uns kontrolliert, sondern wir ihn, müssen wir uns seiner bewusst sein. Die Rache in der Gesellschaft wird außerdem weitgehend von Gruppenphänomenen gesteuert. Diese können uns unter normalen Umständen verborgen bleiben, werden aber deutlicher, wenn die Gruppenmitglieder ihr Gewissen zugunsten der Gruppe oder eines Gruppenführers aufgeben. In seinem Buch »Becoming Evil – How Ordinary People Commit Genocide and Mass Killing« überprüft der amerikanische Sozialpsychologe James Waller (2002) unzureichende Erklärungen für die Bösartigkeit »ganz normaler« Menschen. Anstatt unser aller destruktives Potenzial zu erkennen, versuchen wir uns mithilfe solcher Erklärungen von vermeintlich Verrückten zu distanzieren.

Ähnliche Gedankengänge beschreibt der schwedische Psychoanalytiker Ludvig Igra (2004). Nach dem Zweiten Weltkrieg suchte man nach dem »Wahnsinn« des Nationalsozialisten und nach einer »typischen Persönlichkeit«. Man legte den Fokus auf die »autoritäre Persönlichkeit«. In seiner sorgfältigen Sichtung der Literatur zeigt Waller aber, dass besonders bösartige Verbrecher nicht ihre Anomalität, sondern vielmehr ihre Normalität verbindet. Der Soziologe Zygmunt Bauman (1989) untersuchte die Massenmörder des Holocaust. Er unterstreicht die Bedeutung des Modernismus und meint, dass Grausamkeit eher sozial als charakterlich begründet ist, dass also die Situation die Handlung stärker bestimmt als die Person des Täters. Hierauf könnte man allerdings einwenden, dass die Persönlichkeit Einfluss darauf hat, wie gut jemand dem Sog der destruktiven Situation standhält. Auch die Schriftstellerin Hanna Arendt, die unter anderem über den Prozess gegen den Nationalsozialisten Karl Adolf Eichmann schrieb, betonte, dass »ganz normale« Menschen in ungewöhnlichen Situationen ungewöhnliche Grausamkeiten begehen können (Arendt, in: Waller 2002). Der Sozialpsychologe Stanley Milgram (1995) erforschte mit seinen bekannten wissenschaftlichen Versuchen, wie Individuen sich von angeblichen Autoritäten dazu bewegen lassen, andere zu misshandeln. Die sogenannten Milgram-Experimente verdeutlichten die Bereitschaft des Menschen zu Gehorsam und seinen Drang, Gruppennormen zu entsprechen. Der Psychiater Robert Jay Lifton (1999) untersuchte unter anderem die Persönlichkeitsspaltung einiger Nationalsozialisten – tagsüber Mörder, in der Freizeit gewöhnliche Familienmitglieder. Waller sieht eine solche Spaltung aber eher als Folge der Grausamkeit denn als deren Voraussetzung. Wir möchten ergänzen, dass in allen Menschen eine Spaltung angelegt ist, die sich in Extremsituationen ausbilden kann. Wir kommen später darauf zurück, inwiefern das Spaltungspotenzial dazu beiträgt, dass man sich infolge bestimmter Situationen – wie dem Erleben von Traumata oder dem Ausführen von Grausamkeiten – nicht als ganze Persönlichkeit mit Urteilsvermögen im Hinblick auf Gut und Böse des eigenen Verhaltens erhalten kann.

Zusammenfassend meint Waller, dass nicht ein einzelner Umstand, sondern das Zusammenspiel mehrerer Faktoren wie Gruppen- und Ideologieeinflüsse, Persönlichkeitstyp, Spaltung und Psychopathologie einen Menschen zum Täter macht. Waller zeigt einen Prozess auf, durch den sich der Täter – sowohl bei der Vorbereitung als auch bei der Ausführung der Tat – verändert. Er ist dann keine »normale« Person mehr, und die außergewöhnliche Grausamkeit wird zu einem Teil von ihm. Der Prozess beginnt, wenn die Voraussetzungen in ausreichendem Maße gegeben sind und Gegengewichte fehlen. Selbst wenn Waller sich auf Täter in Völkermordzusammenhängen bezieht, ist es denkbar, dass dieser Prozess auch in »individuellen« Zusammenhängen vorkommt, beispielsweise bei eskaliertem Gewaltverhalten, bei Übergriffen auf Frauen oder bei der Entwicklung einer psychopathischen Persönlichkeit. Ein Ausgangspunkt dieses Prozesses ist auch das Phänomen, das Waller den »Schatten unserer Vorfahren« nennt (Waller 2002, S. 19; eigene Übersetzung).

Der »Schatten unserer Vorfahren«

Aus evolutionspsychologischer Perspektive kann man das menschliche Verhalten als von einer Sammlung sukzessiver Anpassungen gesteuert verstehen, die sich durch natürliche Selektion ausgebildet haben. Jede Tierart hat typische Lösungen entwickelt, so zum Beispiel das Gehen oder die Ausbildung der weiblichen Brust zum Stillen. Die Anpassungen sind nicht immer optimal, erwiesen sich aber unter gewissen entwicklungsgeschichtlichen Umständen als die besten Lösungen (Cosmides/Tooby/Buss, in: Waller 2002). Die natürliche Selektion ist der wichtigste Steuerungsfaktor bei der Entstehung von Problemlösungsmechanismen. Das Gehirn löst Probleme mittels Informationen aus der Umwelt.

Während 99 Prozent der bisherigen Menschheitsgeschichte lebte der Mensch in kleinen Nomadengruppen als Jäger und Sammler. Nicht einmal 10.000 Menschenalter liegen zwischen dem heutigen Menschen und seinen nomadischen Vorfahren – aus der entwicklungsgeschichtlichen Perspektive eine kurze Zeit. Die Entwicklung ist träge. Wir sind noch nicht an das moderne Leben angepasst und gewissermaßen immer noch Steinzeitmenschen. Wir können mit Problemen, die sich in der Savanne stellen, besser umgehen als mit den Schwierigkeiten, mit denen wir in einer heutigen Schule oder Stadt konfrontiert sind (Cosmides/Tooby/Buss, in: Waller 2002). Heute sterben zum Beispiel viel mehr Menschen durch Autounfälle als durch Spinnen- oder Schlangenbisse. Aber der Mensch hat deutlich größere Angst vor Schlangen und Spinnen als vor Autos! Spinnen und Schlangen stellten während der ganzen Menschheitsgeschichte im Hinblick auf Überleben und Fortpflanzung eine große Bedrohung dar – Autos gibt es erst seit ein paar Generationen. Nach Waller basiert das menschliche Verhalten in der Gegenwart auf universellen Anpassungen, die sich in der Vergangenheit bei der Problemlösung als nützlich erwiesen.

Beispiele für das destruktive Potenzial »ganz normaler« Menschen

Zurück zur Rache im Alltagskontext und zu Beispielen für unser individuelles Rachepotenzial. Wir befragten einige unserer Freunde darüber, wie gewöhnlich Rache in ihrem Familienleben ist:

> Lennart erinnert sich, dass er sauer auf Solveig war, weil sie zu spät zum Auto kam, als sie weg wollten. Sie habe ihn zu lange warten lassen, fand er. Er fasste seine Enttäuschung zwar in Worte, rächte sich aber auch, indem er zu schnell fuhr und während der gesamten Fahrt kein Wort sprach.

Hätte es keiner Rache bedurft, wenn Lennart seine Gefühle ausführlicher beschrieben hätte? Wir können Lennarts Reaktion eigentlich nicht als »gesunde Rache« betrachten, denn sie nährt eher die Rachespirale als Versöhnung zu ermöglichen.

Eriks Vater stirbt, und sein langjähriger Freund Gustav kommt nicht zur Beerdigung. Als Erik ein halbes Jahr später seinen Geburtstag feiert, lädt er Gustav nicht ein.

Tobias hat gekocht, aber seine Ofenkartoffeln sind ein wenig zu hart ausgefallen. Stella weist darauf hin, dass die Kartoffeln nicht ganz durch seien, aber trotzdem gut schmeckten. Tochter Jenny findet die Kartoffeln auch zu hart. Der subtile Alltagsrächer Tobias meint, dass diejenigen, die freche Kommentare gemacht hätten, keine Nachspeise bekommen sollen. Jenny antwortet, dass das nicht lustig sei. Sie sagt, dass sie als Dessert auch Kartoffeln essen könne. Tobias entgegnet, dass das genauso unlustig sei. Stella weist darauf hin, dass Tobias die Kommentare über sich gegen andere verwende, dass er sich vom Unterlegenen zum Überlegenen mache.

Dies genügt wohl, um zu illustrieren, dass Rache viel häufiger ist, als man glaubt. Oft kommt sie in Form subtiler, versteckter Handlungen daher und als ebenso subtile, vermeintlich berechtigte Reaktion auf diese Attacken. Die Rachespirale wird angetrieben, ohne dass sich einer der Beteiligten dessen rechtzeitig bewusst ist. Weil Regression auf primitivere Stadien häufiger vorkommt als allgemein vermutet, ist aber auch die offensichtlichere Rache üblicher, als man meint. Sowohl die versteckte als auch die offenkundige Rache wird durch die entsprechende Gruppendynamik intensiviert.

Die frühere psychoanalytische Sichtweise auf die Racheproblematik

An dieser Stelle wollen wir uns den Standpunkten einiger früher psychoanalytischer Autoren zuwenden, die sich für das Thema Rache interessierten. Charles Socarides (1966) ist der Auffassung, dass Rachegefühle Teil eines komplexen emotionalen Zustands sind, der sich aus den Schmerzen und dem Zorn bei einem Verlust ergibt. Aber statt Trauer und Depression wird die Wut nach außen, auf einen angeblich Schuldigen gerichtet. Dies kann mit Schuldkonflikten oder mit Scham über ein Misslingen zusammenhängen. Socarides weist auf den »pseudo-mutigen« Zug des Rächers hin. Er fühlt keine Schuld, ist jedoch empfindlich gegen eventuelle neue Kränkungen. Das unbewusste

Ziel des Rachsüchtigen ist es, mithilfe Rache eine schwere Verletzung des eigenen Selbst und die damit zusammenhängenden Ängste zu verdecken. Bei der Verletzung – dem Betroffenen oft schon in der Kindheit zugefügt – kann es sich um einen frühen Verlust handeln. Socarides meint, dass auf Rache zielende Individuen oft Personen sind, die vormals unbewusst ihre Kindheit idealisierten, um ihre Verletzungen zu verbergen.

Die aktuelle psychoanalytische Sichtweise auf die Racheproblematik

John Steiner (1996) beschreibt einen psychischen Rückzug, in den sich manche Menschen begeben, um ihre Racheimpulse in Schach zu halten. An ihrem inneren Zufluchtsort werden die Betroffenen einsam und verbittert. Die inakzeptable Rache wird in nachtragende Erbitterung umgeformt. Steiner weist auch auf das Gefühl des Rechthabens, der Gerechtigkeit, des Pflichtgefühls und des Engagements für die Sache hin, das der Rachsüchtige typischerweise hat. Fühlt der Betroffene sich falsch behandelt, verschwinden Schuld und Angst. Steiner ist der Auffassung, dass das berechtigte Bedürfnis, auf eine Kränkung zu reagieren, oft vom Gutartigen ins Bösartige kippt. Wie in Heinrich Kleists Roman »Michael Kohlhaas«, wo eine zunächst berechtigte Abrechnung wegen eines falschen Urteils den Protagonisten schließlich dazu bringt, eine ganze Siedlung niederzubrennen und unschuldige Dorfbewohner zu ermorden (Kleist 2008). Steiner meint auch, dass das Gegenteil von Rache Vergebung ist, die allerdings für den im komplexen Zustand der Rache Gefangenen unvorstellbar ist.

Wenn das Individuum seinen psychischen Rückzugsort verlassen soll, muss es versuchen, die psychische Realität zu erobern. Es muss sich also einen psychischen Raum schaffen, in dem es über das Bedürfnis nach sofortiger (Rache-) Handlung reflektieren kann. Mentalisierung ist eine andere Bezeichnung für diesen psychischen Raum, der auch Berührungspunkte mit dem Raumschaffen hat (Kaplan 2007, 2008). Um das Raumschaffen wird es in diesem Buch immer wieder gehen. Der Begriff der Mentalisierung wurde in den vergangenen Jahren auf interessante und wirkungsvolle Weise vom britischen Psychoanalytiker und Forscher Peter Fonagy (2005) hervorgehoben. Eingeführt hatten den Ausdruck französische Psychoanalytiker im Zusammenhang mit ihrer

Arbeit mit psychosomatischen Patienten (Luquet sowie Marty/de M'Uzan, in: Fonagy 2005). Sie bemerkten bei diesen Patienten eine mangelnde Fähigkeit zu symbolisieren und frei zu assoziieren. Die Patienten hatten eine charakteristische Denkweise, die von früheren Sinneswahrnehmungen und kindlich unbewussten Fantasien bestimmt war.

Die frühe Bindung des Kindes an einen Elternteil ist eigentlich die ideale Grundlage für die Entwicklung der Mentalisierungsfähigkeit. Diese Bindungsperson stellt normalerweise eine sichere, »nicht rivalisierende« Basis dar. Aber was passiert, wenn von der Person, die eine sichere Basis sein soll, Bedrohung ausgeht? Die Kombination des frühen Bedürfnisses der Mentalisierung durch Bindung und der Hyperaktivierung des Bindungssystems infolge von Bedrohung ist verhängnisvoll. Das traumatisierte Kind versucht der traumatisierenden Bezugsperson physisch näherzukommen, hält aber sicherheitshalber mentalen Abstand und wird von der misshandelnden Person abhängig (Fonagy 2005). Mentalisieren kann als eine vorbewusste mentale Aktivität definiert werden, bei der man die Handlungen von Menschen als subjektiv geprägt auffasst (Fonagy 1999). Mentalisieren zu können, bedeutet, sich in andere Menschen einfühlen und sie als von sich getrennt wahrnehmen zu können, als Menschen mit eigenen Perspektiven und Motiven. Die als Mentalisierung beschriebenen psychischen Phänomene haben unseres Erachtens große Bedeutung dafür, inwiefern jemand auf Rache verzichten und seine Gefühle der Demütigung oder des Verlustes bearbeiten kann. Über Hass und Genugtuung nachzudenken und zu fantasieren, ist auch ein Schritt dazu, die Rachebereitschaft hinter sich zu lassen.

Im Jahr 2004 wurde in New York in einem Forum die aktuelle psychoanalytische Sichtweise zur Psychologie der Rache diskutiert (Beattie 2005). Die beteiligten Psychoanalytiker stellten fest, dass der Rache trotz ihrer Bedeutung in Politik, Geschichte und Literatur in der psychoanalytischen Literatur nicht viel Platz eingeräumt wird. Die Diskussionsgruppe erörterte, dass Rache sich auf unterschiedlichen Ebenen und in vielen Formen ausdrückt und oft in frühen Konflikten, Traumata und Demütigungen wurzelt. Man merkte aber auch an, dass Rache sublimierte Aspekte haben kann, dass sie also auch zu sozialen Zwecken als Anpassung ausgeführt werden kann. Das erinnert allerdings an eine angeblich »positive Rache«, die wir infrage stellen, weil dabei nicht genügend zwischen Rache und berechtigter Rehabilitierung beziehungsweise Streben nach Gerechtigkeit differenziert wird. Genugtuung folgt einem anderen Weg als Rache.

Rache ist gewöhnlich ein Ausdruck für die Abwehr von Gefühlen der Scham, des Verlustes, der Schuld, der Machtlosigkeit, der Angst und der Trauer. Durch Rache richtet man den eigenen Zorn nach außen, weg von schmerzlichen Gefühlen. Gleichzeitig wird über Neid, Missgunst, Trotz und Schadenfreude die Verbindung zum anderen aufrechterhalten.

In einer Radiosendung schilderte Lena Einhorn die Arbeit mit dem Buch und dem Film »Ninas Reise« (Schwedischer Rundfunk 16.11.2006). Die vom Nationalsozialismus betroffenen Eltern der Autorin hatten nie von Rache gesprochen. Einhorn kehrte Rache als Substitut für Trauer hervor, als Handlung, die sich in Ermangelung innerer Bearbeitung nach außen richtet. Einhorns Eltern bearbeiteten ihre Trauer durch das Schreiben von Büchern.

Munder Ross ist der Auffassung, dass die offene, hemmungslose Rache charakteristisch für narzisstische und perverse Persönlichkeiten ist, die sich auch selbst strafen können, indem die Rache auf die eigene Person zurückschlägt (Beattie 2005). Neurotische, gehemmte Persönlichkeiten hingegen ähneln Hamlet, indem sie darum kämpfen, ihre Rachsucht nicht zugestehen und nicht in Rache umsetzen zu müssen.

Die amerikanische Psychoanalytikerin Nancy Chodorow weist auf geschlechterrelevante Aspekte hin. Sie ist der Auffassung, dass Frauen Rachegefühle, die sie auf ihre Mütter beziehen, gegen den eigenen Körper richten können (Beattie 2005). Eine Jugendliche mit Essstörungen kann sich an ihrer Mutter rächen, die sie in Bezug auf ihren Körper und ihr Gewicht als zudringlich wahrnimmt. Söhne können intensive Rachegefühle gegenüber demütigenden Vätern haben. Frauen können enttäuscht über ihre Väter sein, die während der Adoleszenz den Kontakt zu ihnen aufgaben, und wütend über ihre Mütter, die ihnen zu wenig Aufmerksamkeit schenkten. Rache drückt sich also bei Frau und Mann unterschiedlich aus.

Ein wichtiges Rachemotiv, über das im New Yorker Forum diskutiert wurde, ist das psychische Überleben im Zusammenhang mit Verlust oder Verrat. In diesem Zusammenhang soll die Rache möglichen Schaden gegen das Ich abwehren, indem Personen, die als bösartig wahrgenommen werden, beherrscht oder ausgeschaltet werden. Die Fähigkeit, Schuld zu empfinden – ein schlechtes Gewissen zu haben –, ist wichtig für die Bearbeitung und Kontrolle der Racheimpulse und für die Trauerbearbeitung ohne Bedürfnis nach Rache.

Sogar im Diskussionsforum in New York neigten mehrere Teilnehmer dazu, nicht zwischen Rache und Rehabilitierung zu unterscheiden, obwohl Letzteres zweifellos erstrebenswert ist und zu einem Anspruch auf Gerechtigkeit werden kann (Beattie 2005).

Wir wollen in diesem Zusammenhang an die Rachespirale erinnern, die auf dem bekannten psychischen Phänomen der Identifikation mit dem Aggressor beruht, das die Kinderpsychoanalytikerin Anna Freud bereits 1936 beschrieb (A. Freud 1994). Bei dieser Identifikation geht es um die Neigung, Stress und extreme Traumata zu meistern, indem das Individuum aktiv wird – wie der Aggressor wird –, anstatt passiv und hilflos zu bleiben. Das Phänomen der Identifikation mit dem Aggressor kann im gewöhnlichen Alltag wie in der großen Politik beobachtet werden, in der Kindesmisshandlung wie im Terrorismus (Beattie 2005).

Kürzlich erschienen die Veröffentlichungen zweier anderer Psychoanalytiker zum Thema Rache. Lansky (2007) betont die Bedeutung der Scham. Er ist der Auffassung, dass Rache unter ganz verschiedenen Deckmänteln daherkommt, so zum Beispiel als Selbstdestruktivität und Trotz, als Impotenz und Frigidität. Lansky meint, dass die Scham, die durch verletzten Selbstwert oder Demütigung entsteht, der Ausgangspunkt für Rachsucht ist. Rache schützt davor, Scham empfinden zu müssen. Lansky ist der Meinung, dass nicht erträgliche Scham den Racheprozess in Gang bringt. Bei unerträglicher Scham weicht die aktuelle Selbstwahrnehmung zu stark vom selbst aufgestellten Ideal ab. Wenn Scham unbewusst bleibt, wird sie zu Wut. Das ist bei Beziehungskonflikten zu beobachten, bei denen »Abwehr die beste Verteidigung« ist, nach dem Motto: »Wenn ich dich mit Scham belege, brauche ich meine eigene Scham nicht zu empfinden.« Wenn Scham aber durch psychologische Bearbeitung und Verbalisierung erlebbar wird, kann das Rachebedürfnis abnehmen und die Fähigkeit zur Versöhnung (zurück-)gewonnen werden.

In seinem Artikel beschreibt Rosen (2007) das ganze Spektrum der Rache. Er schildert, wie gewöhnlich Rache – nicht zuletzt in der Literatur – ist. Rosen meint, dass Rache in nicht weniger als zwanzig Stücken Shakespeares ein zentrales Motiv darstellt. Wie Lansky hebt auch Rosen hervor, wie eng Neid und Rache beieinander liegen. Je stärker die Idealisierung – die Erhöhung – des anderen, desto größer der Neid und der Wunsch nach Rache. Rosen beschließt seine Veröffentlichung mit einer persönlichen Äußerung über seine eigenen inneren Motive, sich für das Thema Rache zu interessieren: Der Verlust seines von ihm idealisierten Vaters weckte in ihm eine Fülle an Neid- und Rachegefühlen gegenüber Freunden und Kollegen, die mehr Glück hatten als er.

Im Jahr 2007 kamen wir in Kontakt mit der britischen Psychoanalytikerin Caroline Garland, die sich in einem Vortrag über Traumata auch Rachemechanismen widmete. Aussagen wie »jemand/etwas hat mir das angetan« oder »jemand hat es unterlassen, etwas gegen das Unheil zu unternehmen« hält Garland für typische Sätze Traumatisierter. Wenn man nicht über das Trauma nachdenken, es nicht bearbeiten kann, kehrt es in Form ständiger Rückblenden wieder. Anstatt zu reflektieren, agiert man ausgehend von den sich dauernd wiederholenden Erinnerungen. Dann, so Garland (1998), flüchtet man sich in verschiedene Identifikationen, um zum Beispiel so zu werden, wie derjenige, der einem Schaden zufügt hat. Auf diese Weise wandelt sich der Betroffene vom Rächer zum Opfer. Eine andere Identifikation besteht darin, wie Tote oder Verletzte zu werden, also mit der Hilfe von Leblosigkeit und Niedergeschlagenheit das Gefühl der Scham über das eigene Überleben zu vermeiden. Hier bezieht sich Garland auf Sigmund Freuds »Trauer und Melancholie«. In dieser klassischen Abhandlung beschäftigte sich Freud mit dem Unterschied zwischen der Trauer über einen Verlust und der Identifikation mit der verlorenen Person, bei der sich der Betroffene in eine pathologische Trauer, eine Depression versetzt (S. Freud 2003). Aber unabhängig davon, ob der Betroffene sich mit dem Täter oder mit dem Opfer identifiziert, ersetzt die Identifikation das Reflektieren. In der Rachesituation empfindet der Betroffene die Handlung als berechtigt, da er wegen seiner Trauer, seinem Verlust oder seiner Kränkung nicht klar denken kann. Das Gefühl der Berechtigung entspringt der Wut. Der heftige Zorn des Betroffenen organisiert sein Inneres und schenkt ihm Leben in einer Situation der Bedrohung und Verletzung.

Garland bezieht sich auch auf eine andere Schrift Sigmund Freuds, in der er schilderte, wie Kinder eine schmerzvolle passive Erfahrung (wie das Verlassenwerden) in ein aktives Spiel umformen können und Gefühle auf diese Weise bewältigt werden können (S. Freud 1923b). Allerdings kann der Wunsch nach Rache wach werden und, statt an der Mutter selbst, an einem symbolischen Ersatz für die Mutter ausgelebt werden. Das Trauma wird gewendet und der andere rachgierig zum passiven Adressaten der unangenehmen Erfahrung gemacht. Dies ist ein Modell für die Bearbeitung schwerer Traumata. Die Umkehrung des Traumas braucht nicht nur ein Ausdruck für Rache zu sein oder für den Wunsch, psychisches Chaos zu vermeiden, wie Garland unterstreicht.

Sie kann auch Hoffnung dafür ausdrücken, dass andere damit umgehen können. Es ist eventuell die einzige Möglichkeit, die der traumatisierten Person zur Verfügung steht, das Ausmaß des Leides wortlos zu kommunizieren. Dies erinnert an unsere frühere Diskussion des Grenzbereichs zwischen Rache und Rehabilitation.

Die Analyse von Interviews mit Jugendlichen, die den Völkermord von 1994 in Ruanda überlebt hatten, zeigte einerseits, wie starker Zorn zur Planung von Rache beitragen konnte, und andererseits, welche Faktoren Anteil daran hatten, dass die Jugendlichen von Rachehandlungen absahen. Die Äußerungen der ruandischen Jugendlichen und die Interviews mit jüdischen Schoah-Überlebenden liegen dem sogenannten Affektpropeller zugrunde, einem theoretischen Modell der Bearbeitung von Affekten im Zusammenhang mit Traumatisierung. Der Affektpropeller ist ein nützliches analytisches Instrument für alle, die mit traumatisierten Menschen arbeiten oder in der Traumaforschung tätig sind (Kaplan 2007, 2008). Die Befragungen und das theoretische Modell zeigen auch, wie schmal die Grenze zwischen Opfer und Täter sein kann. Die Interviews mit den Jugendlichen und die Studien über die Täter in Ruanda (Böhm 2006) bildeten den Ausgangspunkt unseres Interesses am Phänomen der Rache und an der Ausarbeitung der Rachespirale.

3 Die Gruppe – eine Brutstätte für Rache

Gruppenphänomene sind auch im Zusammenhang mit der Feindlichkeit im Alltag zentral. Sie zeigen sich in Vorurteilen und in der Orthodoxie, die sich aus den vorgefassten Urteilen entwickeln kann. Im Hinblick auf Grausamkeit, Trauma und Gegengewichte stehen verschiedene Ebenen in komplexer Wechselwirkung zueinander. Klassische sozialpsychologische Untersuchungen und Forschung über den sogenannten Bystander-Effekt liefern Aufschluss hierüber. Wie die Kräfte wirken, die den mentalen Raum schließen und die Gruppe auf Rachehandlungen vorbereiten, veranschauliche ich, Tomas Böhm, mit meinem Modell über horizontale und vertikale Beziehungen.

Feindlichkeit im Alltag

Jeden Tag bearbeitet der Mensch Vorstellungen und Vorurteile auf eine Art und Weise, mit der die Feindlichkeiten im alltäglichen Leben meistens ausreichend kontrolliert werden können. Vorurteile erleichtern und erschweren das Leben gleichermaßen. Als Anwältin der Toleranz leistet die Vernunft den vorgefassten Urteilen Widerstand und beschränkt sie (Böhm 2005). Wir alle neigen dazu, die Welt in eine heimische und in auswärtige Mannschaften einzuteilen, und können den anderen nicht immer mit neutraler Gleichgültigkeit begegnen. Anstatt uns der Verschlossenheit und Starrheit unserer eigenen Welt bewusst zu werden, erleben wir den Fremden als lästigen oder bedrohlichen Unruhestifter, der unser System von Gewohnheiten in Unordnung bringt. Zur Feindlichkeit im Alltag gehört auch, dass man »sauer« wird, um Kränkung und Rachebereitschaft zu demonstrieren. Im Abschnitt über die vertikalen Beziehungen werden wir ausführlicher auf die Tendenz eingehen, Positionen der Über- und Unterlegenheit einzunehmen. Bei der Feindlichkeit im Alltagskontext geht es um Besserwisserei, Neid und andere menschliche Reaktionen, die mit der Racheneigung verwandt sind, die aber oft als natürliche, nicht vermeidbare Aspekte des alltäglichen Lebens betrachtet werden.

In seiner Schrift über die Massenpsychologie befasste sich Sigmund Freud unter anderem mit der regressiven Verletzlichkeit der Gruppe (S. Freud 1923a). Seine Überlegungen bildeten die Grundlage für spätere psychoanalytische und sozialpsychologische Studien. Da Freud »Massenpsychologie und Ich-Analyse« bereits 1921 verfasste, brachte er ausschließlich Erfahrungen mit dem Wahnsinn des Ersten Weltkrieges ein; der nationalsozialistische Völkermord geschah nach seiner Zeit.

Viele Psychoanalytiker nach Sigmund Freud, so Loewenstein, Arieti, Chasseguet-Smirgel und Grunberger (Böhm 2005) sowie Volkan (2005), stellten zur Erklärung von Rassismus und Fremdenfeindlichkeit eine Synthese aus psychoanalytischen und sozialpsychologischen Faktoren her. Aber der Aspekt, wie man verschiedene Perspektiven unter ein Dach bringen kann, berührt unsere Frage, warum »ganz normale« Menschen zu Rächern werden können, nur am Rande. Die übergreifende Frage ist die, wie Vorurteile entstehen. Wir erinnern noch einmal an unseren roten Faden, nämlich an die begrenzten Fähigkeiten des Menschen, mit starken Gefühlen umzugehen. Die Gruppendynamik verstärkt diese Gefühle noch, was Gruppen dazu bringt, grausamer zu agieren als es die zur Gruppe gehörenden Individuen selbst akzeptieren würden.

Vorurteile

Unserer Meinung nach entstammen Vorurteile einer besonderen Position der Ich-Spaltung, mit der der Mensch das Leben beginnt und in die er bei Krisen zurückzufallen droht. Vorurteile sind unbewusst. Dies bedeutet aber nicht, dass wir Menschen uns grundsätzlich nicht bewusst sein können, dass wir Vorurteile haben, sondern nur, dass wir uns unserer eigenen spezifischen Vorurteile häufig nicht bewusst sind. Insofern unterscheiden sich Vorurteile nicht von anderen unbewussten Vorstellungen, sind aber rigider und weniger leicht zu hinterfragen.

Die der Position der Ich-Spaltung entspringende Vereinfachung ist verlockend: Quälende Unsicherheit und Ambivalenz entfallen damit ebenso wie Zweifel bei der Unterscheidung zwischen Richtig und Falsch. Auch der mentale Übergangsbereich, in dem die Unsicherheit bearbeitet wird, ist überflüssig. Auf der einen Seite lockt also die omnipotente Vereinfachung. Auf der anderen Seite steht die von Unsicherheit und Komplexität gekennzeichnete Situation, in der das Individuum verschiedene Aspekte integriert und den aus dem Inneren wirkenden regressiven Kräften oder der Großgruppenregression widersteht. Aber wenn sich die von innen kommende, aus eigener Frustration, Identifikation mit hassenden Bezugspersonen oder Gruppenregression resultierende feindliche Gesinnung zu sehr ausbreitet, nimmt die Toleranz gegenüber der Unsicherheit ab. Der offene Mentalisierungsraum schließt sich, und Vorurteile entstehen. Um den Zusammenhang zwischen Gruppe und Rache nicht aus den Augen zu verlieren, kann man sich an dieser Stelle die Bedeutung des geschlossenen Raumes in der Rachespirale vergegenwärtigen, die in der Figur im vorigen Kapitel dargestellt wurde.

Vereinfachung und Schwarzweißdenken gehen mit einem Bedürfnis nach Reinheit einher (Volkan 2005). Die meisten extremen politischen und religiösen Bewegungen drücken ein solches Bedürfnis aus. Als ob sie der utopischen Fantasie erlägen, böse Selbstanteile vollständig projizieren und dann ausrotten zu können und damit eine Art paradiesische Harmonie zu erlangen. Die Nationalsozialisten projizierten alles Böse auf die Juden und andere »Nicht-Arier«, und auch angesichts des Risikos, den Krieg zu verlieren, wollten sie Projektion und Vernichtung zu Ende bringen. Die Hutu-Faschisten verfuhren bis zum letzten Tag ihrer Gewaltherrschaft ebenso mit den Tutsi.

Die Verwandlung von unbewussten und auch von bewussteren Vorstellungen in Vorurteile verändert deren Qualität: Statt …

- … persönliche Vorstellungen zu sein, werden sie zu unpersönlichen, auf die Wirklichkeit projizierte Vorstellungen;
- … beweglich zu sein, werden sie rigide und weniger empfänglich für Beeinflussung und Dialog;
- … Vorstellungen oder Werturteile zu bleiben, werden sie zu scheinobjektiven Fakten (»Was auch immer du sagst: Es geht nicht darum, was ich glaube, sondern darum, wie es ist«).

Wir nehmen also an, dass Vorurteile die Basis für die Entwicklung der vom Täter ausgeübten Gewalt darstellen und damit auch für Rachehandlungen, die möglicherweise nicht einmal als solche wahrgenommen werden. In demokratischen Ländern werden Vorurteile von der umgebenden Kultur, in der komplizierte Phänomene reflektiert werden, unter Kontrolle gehalten. Aber sobald Regierungen und Behörden die Komplexität ausräumen, wird einer Großgruppenregression Vorschub geleistet; Vorurteile treten dann unmittelbar in Erscheinung (Volkan 2005). Vorurteile sind auch Instrumente, die im sozialen Machtkampf die narzisstischen Bedürfnisse bestimmter Gruppen nach Wahrung ihrer Überlegenheit unterstützen (Weintrobe 2005). Vorurteile tragen zur Vereinfachung bei, indem sie scheinbar Probleme im Zusammenhang mit Schuld, Konflikten und moralischen Fragen lösen.

Vorurteile und Orthodoxie

Wie hängen Orthodoxie und die von Vorurteilen geprägte Gesinnung mit Rachehandlungen von Gruppen zusammen? Wir meinen, dass der geschlossene Raum – das eingefahrene Denken von Menschen mit extremen Einstellungen – einhergeht mit dem Hang zu einfachen Konfliktlösungen und dem Risiko, Rachehandlungen auszuführen. In Gruppen werden auch reife Individuen regressiv und primitiv, was extreme Einstellungen begünstigt. Orthodoxie kann zu fundamentalistischem Denken führen. Zwischen den Vorurteilen des geschlossenen Raumes und Orthodoxie und Fundamentalismus besteht eine assoziative Verknüpfung.

Vor einigen Jahren befragten wir drei orthodoxe Gläubige – einen Moslem, einen Juden und einen Christen – und stellten verblüfft fest, dass die drei mehr miteinander gemein hatten als mit Menschen ihrer jeweiligen Glaubensgemeinschaft. Ihre orthodoxe Denkweise, also die von absoluten Wahrheiten gekennzeichnete Gedankenstruktur, schien die drei zu einen (Böhm 1998). Man hatte den Eindruck, dass sie eine gewisse Verachtung für den Relativismus ihrer nichtorthodoxen Glaubensbrüder empfanden. Auf der anderen Seite begegnen manche liberal Religiöse den orthodoxeren Gruppen mit einer gewissen Bewunderung und anerkennen deren klare und entschiedene Stellungnahmen. Dieses Phänomen ist nicht nur auf religiösem Gebiet zu beobachten, sondern auch in der Welt der Psychoanalyse, in der von Unsicherheit geplagte Kollegen die radikale Sicherheit orthodoxerer Analytiker bewundern und beneiden, und bei Juristen, Ärzten, Chorleitern usw.

Der geschlossene Raum ist ein Ausdruck für relativ primitive Abwehrmechanismen zum Schutz vor der Bedrohung durch das Unbekannte. Deshalb ist es ebenso schwer, Personen mit radikal orthodoxer Haltung zu beeinflussen wie Personen mit Vorurteilen. Primitive Abwehrmechanismen wie Verleugnung und Projektion sind nicht durchlässig für Unsicherheit. Reifere Abwehrmechanismen wie Reaktionsbildung und Verdrängung sind dagegen für die Unsicherheit der Integration durchlässig, weshalb die Neugier auf das Unbekannte erhalten bleibt. Die primitiven Abwehrmechanismen verhindern auch Selbstreflexion und damit zugleich Scham- und Schuldgefühle. Die reifen Abwehrmechanismen ermöglichen hingegen die Schaffung eines mentalen Raumes und das Nachdenken über sich selbst, auch wenn damit unbehagliche Gefühle wie Scham und Schuld einhergehen.

Die Orthodoxie scheint sich aus einer Grundideologie oder einer ethisch-religiösen Sichtweise zu entwickeln, die wegen ihrer Erhabenheit oder anderweitigen Absolutheit nicht hinterfragt werden darf. Aus dem Schwarzweißdenken (»Was nicht richtig ist, ist falsch!«) resultiert die Abneigung gegenüber einer Vielfalt an Auslegungen und Meinungen. Schließlich werden andere Interpretationen als ketzerisch und deren Bekämpfung als legitim und jeglicher sonstigen Ethik übergeordnet wahrgenommen.

Wie unter anderem von Waller (2002) und Volkan (2005) beschrieben, ist bei Völkermordgeschehen respektive der Großgruppenregression eine destruktive Entwicklung der Betroffenen zu beobachten. Der Orthodoxe wird immer radikaler und intoleranter gegenüber anderen Meinungen. Er sieht sich von den eigenen Ansichten und Schriften, die er als konkret und eindeutig auffasst statt als abstrakt-symbolisch und vieldeutig, zur Abwehr von Widersachern aufgefordert. Schließlich lässt der Betroffene seine Gedankenwelt von einer autoritären, fundamentalen Sichtweise dominieren; vorgebliche Reinheit und Eindeutigkeit ersetzen den Facettenreichtum der komplexen Wirklichkeit.

Vorab kann aus dem Zusammenspiel des Autoritären und Orthodoxen – und Traumatischen – folgender Schluss gezogen werden (Böhm 1989): Wenn man keine Möglichkeit hatte, eine Vaterfigur zu bewundern und diese dann allmählich zu desillusionieren, und wenn einem außerdem keine genügend empathische Mutterfigur zur Seite stand und man deshalb das Bild der eigenen Allmacht nicht schrittweise zu desillusionieren vermochte, kann man sich nicht vom Bedürfnis befreien, andere und sich zu idealisieren. Die abgespaltene Aggressivität, die aus dieser Traumatisierung folgt, fördert die Entwicklung einer autoritär geprägten Ungeduld und den Drang zu einfachen und schnellen Problemlösungen. Ein System, das mögliche Autoritäten präsentiert, befriedigt das Bedürfnis nach autoritärer Idealisierung. Da wir alle in irgendeiner Form traumatische Erfahrungen gemacht haben, sind wir immer mehr oder weniger empfänglich für die Versprechen verführerischer Scharlatane.

Unsicherheit aushalten zu können bedeutet, einen offenen, flexiblen Kontakt zu den eigenen mentalen Bildern zu haben. Es entsteht ein subjektiv erlebter mentaler Raum, eine Offenheit gegenüber Pluralismus (»Ich weiß, was ich glaube, aber ich weiß nicht genau, wie die Wirklichkeit aussieht.«). Das Individuum kann zwischen Gefühlen und Handlung unterscheiden. Bei einer psychoanalytischen Therapie kann dies wohl erst gegen Ende erreicht werden, auch wenn die Menschen unterschiedlich flexibel sind. Bei der Technik der Psychoanalyse geht es weitgehend darum, eben dann einen genügend offenen reflektierenden Raum zu schaffen, wenn geschlossene Teile der Persönlichkeit beginnen, zugänglich zu werden.

Zusammenspiel verschiedener Ebenen

Was haben also Völkermord, Verfolgung, Vorurteile und Alltagskonflikte miteinander zu tun? Wir wollen nochmals betonen, dass uns daran gelegen ist, die generellen Phänomene, die allgemeinen Mechanismen der Rache zu beschreiben, auch wenn sich diese nicht immer gleich ausdrücken: Indem wir tragische Phänomene auf politischer Ebene oder Gruppenniveau und Extremsituationen wie Verfolgung und Genozid beschreiben, können wir die psychologischen Muster besonders deutlich herausarbeiten. Indem wir für jeden nachvollziehbare, vertraute Situationen und Alltagsbeziehungen beschreiben, können wir die Muster besonders gut verständlich machen.

Der norwegische Psychoanalytiker und Traumaforscher Sverre Varvin schreibt, sowohl von der Freud'schen Tradition als auch von sozialpsychologischen Erkenntnissen ausgehend, über die Bedeutung der Großgruppendynamik (Varvin/Volkan 2003). Auf Gruppenebene ist Gewalt oft an die Bedrohung der Identität oder des Zusammenhaltes der Gruppe geknüpft. Das kulturelle Niveau der Gruppe ist wichtig dafür, wie gut das Individuum schwere Affekte ertragen, mit Konflikten umgehen und existenziellen Sinn finden kann.

Auf individueller Ebene ist nachvollziehbar, wie entwertete, gedemütigte Selbstanteile auf andere projiziert und diese Anteile schlimmstenfalls durch Gewalthandlungen abgespalten werden. Die Projektion nimmt zu, wenn der Zusammenhalt der Großgruppe durch Gruppenregression verloren geht. Auf gesellschaftlicher Ebene wird das Gleichgewicht durch fundamentalistische Ideologien gestört, deren rechtgläubige Anhänger die Wahrheit für sich beanspruchen. Persönlichkeitsspaltung und Projektion können also auf allen Ebenen vorkommen, und die Mechanismen führen zu geistiger und emotionaler Verarmung.

Varvin betont, dass alle Ebenen miteinander verbunden sind. So kann man zum Beispiel beobachten, wie Verzerrungen auf gruppenkulturellem Niveau zu Problemen der Emotionsregulierung auf individueller Ebene beitragen können. Die persönlichen Symbole verlieren den Kontakt mit der kulturellen Praxis und werden privat und damit nicht übertragbar.

Die Demütigung auf Gruppen- oder Gesellschaftsebene kann mit destruktiven Konsequenzen zu einer Regression der Individuen und der Gruppe führen. Eine Konstellation aus Demütigung, Regression, Scham, Wut, Externalisierung, Selbstidealisierung und Projektion böser Anteile kann organisierte Gewalt allerdings nicht hinreichend erklären. Damit die primitiven Rache- und Verzerrungsmechanismen angetrieben werden, müssen auch bestimmte ökonomische, staatliche und soziologische Faktoren gegeben sowie eine bestimmte Art von demagogischen Führern vorhanden sein. Für die Prävention von Gewalt ist es allgemein wichtig, dass Individuen und Gruppen nicht gedemütigt und dass narzisstisch verletzliche Gruppen am Rächen gehindert werden. Dies erfordert Gegengewichte, Opposition und klar geregelte demokratische Prozesse.

Varvin (2004) pointiert, dass komplexe Phänomene wie Terror und Gewalt in der Gesellschaft nur mithilfe interdisziplinärer Forschung verstanden werden können. Untersuchungen zum Charakter eines einzelnen Täters, beispielsweise eines Selbstmordattentäters, beleuchten individuelle Aspekte der rächenden Gewalt. Die Erforschung der prädisponierenden sozialen Dynamik – Terroristenmentalität, Religion, politische Konflikte – kann Erkenntnisse darüber bringen, wie die Individuen von kollektiven psychologischen Phänomenen beeinflusst werden. Die Analyse von Großgruppen kann den Druck erklären, der von noch größeren Gruppenzusammenhängen ausgeht.

Individuelle Ebene, Gruppen- und Gesellschaftsebene wirken immer aufeinander ein. Die Rachespirale sieht aus verschiedenen Perspektiven unterschiedlich aus. Von innen erscheint die rächende Gewalt legitim und gerecht. Von außen sind Destruktivität und Sackgassencharakter der Spirale zu erkennen. Im Rahmen der utopischen Fantasie zählt nur der totale Sieg. Friedliche Kompromisse gehören nicht mehr zum mentalen Rüstzeug der rächenden Parteien, und die Gewalt wird zum Selbstzweck. Wenn Terror herrscht, soll die Gewalt spürbar sein und die Seelen vereinnahmen. Revolutionäre werden selten zu guten Verhandlungspolitikern oder Demokraten, wie an Beispielen aus Russland, China, Nordirland, Kuba, Sri Lanka, dem Nahen Osten und Simbabwe zu erkennen ist.

Grausamkeit, Trauma und Gegengewichte

Varvin (2004) hebt hervor, dass nicht alle Täter selbst Opfer waren. Wir alle haben inhumanes Potenzial. Man muss also nicht Opfer gewesen sein, um an einem destruktiven Prozess teilzunehmen – wenngleich die Opferidentität bei manchen Individuen oder Gruppen doch sehr wohl zur Racheneigung beiträgt. Die Großgruppendynamik allein scheint Regression und Identifikation mit despotischen Führern bewirken zu können. Die Idealisierung der eigenen Gruppe trägt in diesem Zusammenhang zur abgespaltenen Projektion der eigenen Schuld und Demütigung anderer Gruppen bei.

Früher trafen die Nomadengruppen auf andere, ihnen fremde Gruppen. Sie wetteiferten um die begrenzten Ressourcen und versuchten, die Konkurrenten loszuwerden. Mitglieder der fremden Gruppe zu schädigen, diente also Anpassungszwecken. Konflikte mit anderen Gruppen gehörten zum Alltag unserer Ahnen. Insofern verdanken wir unseren »siegreichen« Vorfahren die Existenz. Heute folgen die meisten Entwicklungsbiologen den Prinzipien in Darwins Evolutionstheorie und meinen, dass die natürliche Selektion besonders auf individueller Ebene und weniger auf Gruppenniveau wirkt. Aber in jüngster Zeit wird der Gruppenselektion immer mehr Bedeutung beigemessen. Sich daran anzupassen, in der Gruppe zu leben, begünstigt die Überlebenschancen des Individuums. Insofern kann Altruismus auch die Überlebenschancen der Gruppe erhöhen. Wahrscheinlich ist vieles von dem, was der Mensch entwickelt hat, zum Besten der Gruppe (Sober/Wilson in: Waller 2002). Dies ist eine kontrovers diskutierte Frage, aber die meisten Forscher scheinen sich darüber einig zu sein, dass die Entwicklung der Gruppe auf dem Anpassungsvermögen des Individuums beruht.

Welche Anpassungen verbessern das Wohlbefinden der Individuen in Gruppen? Vermutlich Liebe, Freundschaft, Kooperation, Fürsorge, Kommunikation, Gerechtigkeitssinn und auch Selbstaufopferung. Aber unsere Anpassungen haben auch dunklere Seiten, so zum Beispiel Rivalität zwischen Gruppen im Hinblick auf Dominanz, Grenzdefinitionen und Angst vor sozialem Ausschluss. Das Gefühl der Zugehörigkeit zu einer Gruppe (einem Stamm, einem Clan oder einer Nation) und der Feindlichkeit gegenüber anderen Gruppen gibt es in den meisten Kulturen. Welche allgemeingültigen Tendenzen im Zusammenhang mit Gruppenbeziehungen finden wir bei unseren Vorfahren? Waller schlägt drei vor: Ethnozentrismus, Fremdenfeindlichkeit und das Bedürfnis nach sozialer Dominanz. Sie scheinen universell zu sein und sich schon in der frühen Kindheit zu entwickeln beginnen.

Wir haben die Fähigkeit ausgebildet, unsere eigene Gruppe als allen anderen überlegen zu sehen und Mitglieder anderer Gruppen nicht zu respektieren oder gar zu verachten. Zum Ethnozentrismus gehört, die eigene Gruppe als die einzig richtige zu betrachten. Haben wir uns einmal mit einer Gruppe identifiziert, brauchen wir keine Verwandtschaft oder ähnlich verbindende Eigenschaften zu anderen Gruppenmitgliedern mehr, um die eigene gegenüber anderen Gruppen zu überhöhen. Von dort ist es nicht weit zur Fremdenfeindlichkeit. Indem wir Verbindungen zu den einen knüpfen, vergrößern wir die Distanz zu den anderen (Tajfel/Forgas, in: Waller 2002, S. 155; eigene Übersetzung): »Wir sind, was wir sind, weil die anderen nicht sind, wie wir sind.«

Wir haben also eine angeborene, entwicklungsbedingte Neigung, Sicherheit bei vertrauten Personen zu suchen. Sie implizieren Gefahrlosigkeit und wirken anziehend.

Die Entwicklungsbiologen gehen davon aus, dass das Bedürfnis nach sozialer Dominanz bei Tieren neben dem Sexualtrieb die stärkste Antriebskraft ist. In den USA konnte man zeigen, dass größere Männer bessere Anstellungschancen haben und mehr verdienen als kleinere. Und sogar bei den Präsidentschaftswahlen gewann zwischen 1904 und 2000 in 20 von 25 Fällen der Kandidat mit größerer Körperlänge. In der Jagd nach beruflichem Erfolg und Status ist generell das Bedürfnis nach sozialer Dominanz zu erkennen. Die Dominanz wirkt sich auch auf unsere Beziehungen aus. Wir haben die technischen Möglichkeiten zur Zerstörung, gleichzeitig fehlen uns aber die Mechanismen zur Aggressionshemmung, wie sie die meisten Tiere haben. Die Tierart, deren DNA zu 98,4 Prozent mit unserer übereinstimmt – der Schimpanse –, hat ähnliche destruktive Tendenzen wie wir. Der Schimpanse entwickelte sich parallel zum Menschen und kann auch als Modell für unsere Vorfahren betrachtet werden. Die Gewalt der Schimpansen ging unseren Kriegen voraus, und wir sind die Überlebenden einer Millionen von Jahren währenden tödlichen Aggression (Daly/Wilson, in: Waller 2002).

Solchen evolutionspsychologischen Gedankengängen wird zuweilen selbstverständlich der Vorwurf gemacht, sie seien ultra-darwinistisch. Wahrscheinlich gibt es neben der natürlichen Selektion auch andere Entwicklungsfaktoren. Wir sind auch keine Sklaven unserer Gene. Wir haben die Fähigkeit, zu lernen und uns an verschiedene Lebensvariationen anzupassen. Es gibt kein Völkermord-Gen. Ethnozentrismus, Fremdenfeindlichkeit und das Bedürfnis nach sozialer Dominanz sind keine Reflexe, sondern Neigungen, die durchaus beherrschbar sind. Wir sollten auf unsere Wahlmöglichkeiten bedacht sein.

Man kann die Evolutionspsychologie auch nicht dazu benutzen, antisoziales Verhalten zu legitimieren. Das Resultat natürlicher Selektion ist nicht unweigerlich moralisch korrekt. »Natürlich« ist nicht gleichbedeutend mit »gut«. Was den Menschen antreibt, ist nicht immer das, was er idealerweise tun sollte. Aber wenn wir diese Triebkräfte verstehen, können wir uns als Menschen beeinflussen und in eine günstigere Richtung entwickeln.

Klassische sozialpsychologische Untersuchungen

Die Sozialpsychologen haben sich mit Gruppenkonflikten viel eingehender auseinandergesetzt als die Psychoanalytiker, die sich vor allem mit intrapsychischen Faktoren beschäftigen. Dementsprechend gibt es eine Fülle interessanter sozialwissenschaftlicher Literatur, auf die man Bezug nehmen könnte. Im Hinblick auf die Aspekte der Rache können wir uns hier allerdings nur einigen federführenden Autoren widmen. Anhand der Beispiele wollen wir zeigen, wie ansonsten funktionierende und selbstständige Individuen in bestimmten Gruppensituationen so regredieren, dass sie Rachehandlungen begehen oder passiv Tendenzen der Gefühllosigkeit gegenüber anderen Menschen ausdrücken. Diese Gefühllosigkeit basiert auf dem Zusammenspiel des geschlossenen Raumes und der Angst, benachteiligt zu werden. Sie enthält, entsprechend der Rachespirale, also ein Rachepotenzial.

Der Barmherzige Samariter

Darley und Bateson unternahmen 1973 einen wissenschaftlichen Versuch, der wichtige Erkenntnisse über den sogenannten Bystander- oder Zuschauereffekt und den Zusammenhang zwischen Einstellung und Verhalten lieferte.

Im Rahmen des »The Good Samaritan Experiment« sollten Theologiestudenten in Princeton eine Predigt über den Barmherzigen Samariter vorbereiten, dem biblischen Gleichnis über die tätige Nächstenliebe. Jedem Studenten wurde mitgeteilt, wann und wo die Predigt zu halten sei. Auf der Strecke zum benannten Ort lag ein Eingeweihter am Wegrand – anscheinend verletzt und auf Hilfe angewiesen. Es zeigte sich, dass viele der Studenten, denen vor der Predigt mehr Zeit zur Verfügung stand, anhielten, um dem Fremden zu helfen. Die meisten der Studenten, die weniger Zeit bis zum Beginn ihrer Predigt hatten, hasteten allerdings an dem Hilfsbedürftigen vorbei. Ihnen war es also wichtiger, eine Predigt über den barmherzigen Samariter zu halten, als selbst einer zu sein.

Dieses raffinierte Experiment verdeutlicht, dass soziale Situationen beträchtlichen Einfluss auf das individuelle Verhalten ausüben und die Gesinnung, Überzeugung und Orientierung des Individuums beherrschen können (McDermott 2004).

Zimbardos Stanford-Prison-Experiment

Die Kraft des Gruppenprozesses wird noch deutlicher in einem Experiment zu sozialen Rollen, das Philip Zimbardo im Jahr 1973 an der Universität Stanford durchführte (Zimbardo 1999).

Vor Beginn des zweiwöchigen Experimentes wurden die freiwilligen Versuchspersonen getestet, um ihre mentale und physische Gesundheit sicherzustellen. Sie wurden dann mittels Zufallsauswahl in zwei Gruppen eingeteilt: Wärter und Gefangene. Nach ein paar Tagen wurden die Angehörigen der Gefangenen-Gruppe von echten Polizisten festgenommen. Den »Gefangenen«

wurden Handschellen angelegt, sie wurden im Polizeiauto abtransportiert, und man nahm ihre Fingerabdrücke. Mit verbundenen Augen wurden sie in ein fingiertes Gefängnis im Keller des Psychologischen Instituts der Universität Stanford gebracht. In den Zellen hatten sie sich zu entkleiden. Sie wurden mit Desinfektionsmittel besprüht. Als Gefängniskleidung mussten sie ohne Unterwäsche Krankenhaushemden tragen, die mit Identifikationsnummern versehen und am Rücken offen waren. Auch die Angehörigen der Wärter-Gruppe wurden zu den Zellen geführt. Die »Wärter« bekamen Uniformen, Sonnenbrillen und Gummiknüppel. Sie wurden instruiert, Ordnung zu halten, ohne dass Details genannt wurden, wie dies zu geschehen habe. Bis auf das Schlagen der Häftlinge waren alle Mittel erlaubt.

Bereits kurz nach Beginn des Experimentes begannen die Wärter, sich sadistisch zu verhalten. Sie dachten sich Regeln aus, denen die Gefangenen folgen mussten. Widersetzten sich die Häftlinge, wurden sie mit dem Entzug von Privilegien wie Lesen, Unterhaltung oder Körperpflege bestraft. Bald uferte der Sadismus aus. Die Wächter ordneten Liegestützen an, ließen mitten in der Nacht zum Appell antreten, sperrten Gefangene zur Isolierung in kleine Schränke und ließen die Häftlinge mit Zahnbürsten oder gar den bloßen Händen die Toiletten putzen. Auch die Gefangenen machten eine Veränderung durch. Zunächst versuchten sie, Widerstand zu leisten; ein Häftling trat in den Hungerstreik. Als ihr Aufstand misslang, wurden die Gefangenen passiv. Ihr Selbstwertgefühl sank, einige fingen an, unkontrolliert zu weinen. Die Lage spitzte sich so zu, dass das auf zwei Wochen angesetzte Experiment schon nach sechs Tagen abgebrochen werden musste.

Alle Beteiligten schienen die Künstlichkeit der Situation auszublenden und zu glauben, tatsächlich Wärter beziehungsweise Gefangene zu sein. Keiner der Teilnehmer sprang ab. Die Studentin Christina Maslach wurde allerdings zur Heldin, als sie Zimbardo am sechsten Tag sagte, wie schrecklich sie fand, was er den Probanden antat. Zimbardo, der sich für den Sadismus nicht verantwortlich fühlte, wurde zunächst ärgerlich. Nachdem er die Situation überschlafen hatte, brach er das Experiment aber ab (und heiratete Maslach übrigens einige Zeit später).

Vor einigen Jahren löste der Folterskandal im Iraker Abu-Ghuraib-Gefängnis heftige Reaktionen aus. Vonseiten der amerikanischen Armee war sofort zu vernehmen, dass der Skandal von einzelnen »schwarzen Schafen« zu verantworten und nicht systemimmanent sei. Die in an der Universität Princeton vorgenommene Auswertung Tausender psychologischer Studien zeigte hingegen, dass »normale« Menschen in einem Gefängnissystem unter bestimmten Umständen ihre gewöhnlichen Kontrollmechanismen ausschalten können (Fiske 2004). Das Wachpersonal im Abu-Ghuraib-Gefängnis lebte in einer Umgebung, die bei den Gefangenen Todesangst verursachte. Die Häftlinge wurden als Feinde betrachtet. Außerdem schien das hierarchische System die Folter zu legitimieren – besonders nachdem Oberbefehlshaber Ricardo S. Sánchez »harte« Verhörmethoden angeordnet hatte.

Auch Zimbardo äußerte sich im Zusammenhang mit dem Abu-Ghuraib-Folterskandal. Er kam wie die Forscher von Princeton zu dem Schluss, dass der Skandal nicht einzelnen Sadisten zuzuschreiben sei, sondern dem Umstand, dass Menschen – ungeachtet der möglicherweise damit einhergehenden Destruktivität – ihren sozialen Rollen gerecht werden wollen.

Kürzlich unternahmen Carnahan und McFarland (2007) eine Studie, in der sie zeigten, dass Menschen, die sich als Versuchspersonen für Experimente ähnlich Zimbardos Stanford-Prison-Experiment anmelden, eine größere Problematik in Zusammenhang mit Autorität und Aggression mitbringen als Versuchspersonen, die sich für andere psychologische Untersuchungen einschreiben lassen. Insofern scheint es doch eine Kombination von Person und Situation zu sein, die das Täterverhalten auslöst.

Anpassung und Konformität

Solomon Asch führte Mitte der 1950er-Jahre ein Experiment zur Gruppenkonformität durch, das bei der Erforschung des Einflusses von Gruppenzwang auf das individuelle Verhalten ein Klassiker wurde (Asch 1956).

Asch gab einer Gruppe von Collegestudenten vor, sie nähmen an einem Versuch zur visuellen Wahrnehmung teil. Er setzte die jungen Männer in einen Raum mit sechs bis acht anderen »Studenten«, die in Wahrheit Aschs Mitarbeiter waren. Allen Anwesenden wurde zunächst eine Referenzlinie gezeigt und anschließend drei unterschiedlich lange Linien. Dann sollten die Versuchspersonen sagen, welcher der drei Striche der Referenzlinie in der Länge am besten entsprach. Bei den ersten drei Durchgängen antworteten sowohl die vorgeblichen als auch die echten Probanden korrekt. Ab der vierten Runde antworteten die eingeweihten Versuchsteilnehmer jedoch absichtlich falsch. Die echten Probanden befanden sich nun in einem Dilemma: Sollten sie sagen, was sie dachten, oder sich dem einstimmigen Urteil der anderen anschließen? Konnten sie sich auf ihre eigene Wahrnehmung verlassen? Mit jedem Durchgang wurden die Versuchspersonen unsicherer und fassungsloser. Ungefähr ein Viertel der Probanden passte sich der Mehrheit nicht an und antwortete jedes Mal korrekt. Zwischen 50 und 80 Prozent der Versuchspersonen ließen sich bei mindestens einem Durchgang zu einer falschen Antwort verleiten, und rund ein Viertel der Probanden schloss sich jedes Mal dem Mehrheitsurteil an. Das Experiment zeigte, dass sich Gruppenkonformität – sogar unter Unbekannten – schnell und überraschend stark einstellt.

Im Schlusskapitel eines seiner Bücher erzählt der deutsche Publizist Sebastian Haffner (2002) die faszinierende Geschichte davon, wie er als Jurastudent in der Zeit des Nationalsozialismus an einem ideologischen Schulungslager teilnehmen musste, um sein Examen zu bekommen. Erstaunt stellte Haffner fest, dass die Teilnehmer im »Gemeinschaftslager« äußerst wenig ideologisch geschult wurden. Aber die Gemeinschaftlichkeit an sich, die »Kameradschaft« mit den anderen Männern, die dem Nationalsozialismus zu Beginn des Lagers skeptisch gegenüberstanden, schuf eine Gruppenstimmung, die die Individuen beeinflusste. Sie passten sich aneinander und an das gemeinsame Ziel an, die Lagerzeit so erträglich wie möglich zu gestalten. Dies wurde wichtiger, als an der eigenen Meinung festzuhalten, und die Teilnehmer veränderten sich allmählich dahingehend, dass sie eine positivere Einstellung zum Nationalsozialismus bekamen.

Gehorsam gegenüber Autoritäten

Vom Gruppenzwang ist es nicht weit zum unreflektierten Gehorsam gegenüber Autoritäten. Mit und nach Hitler wuchs das Forscherinteresse daran, was Menschen dazu bringt, grausamen und destruktiven Autoritäten zu folgen. Der aus Deutschland in die USA emigrierte jüdische Flüchtling und Psychologe Kurt Lewin begann bereits 1939, dieses Phänomen zu untersuchen (Lewin/Lippett/White 1939).

Lewin teilte Jungen nach dem Zufallsprinzip in drei Arbeitsgruppen ein.

Jede Gruppe hatte ein Oberhaupt aus Lewins Stab. Der Anführer der ersten Gruppe war autokratisch; er fasste alle Beschlüsse alleine, verteilte die Aufgaben und beteiligte sich nicht an den Gruppenaktivitäten. Der Leiter der zweiten Gruppe hatte einen demokratischen Stil; er motivierte die Gruppenmitglieder und wirkte beim Entscheidungsprozess mit. Der »Anführer« der dritten Gruppe pflegte einen Laisser-faire-Stil; er gewährte völlige Freiheit und ließ die Gruppenmitglieder uneingeschränkt schalten und walten. In der autokratisch geführten Gruppe arbeiteten die Jungen hart, allerdings nur, wenn der Anführer sie beachtete. Gleichzeitig konnte in dieser Gruppe ein bis zu dreißig Mal höheres Aggressionsniveau als in den anderen Gruppen beobachtet werden. Die Gruppenmitglieder zerstörten viele ihrer Sachen und beschuldigten sich gegenseitig. Die stärkeren Gruppenmitglieder richteten die eigene Frustration und Wut auf die schwächeren. In der »Laisser-faire-Gruppe« waren die Jungen verworren und brachten nichts zustande. In der demokratisch geleiteten Gruppe waren die Jungen am effektivsten, originellsten und kreativsten. Selbst ohne Beaufsichtigung arbeiteten sie selbstständig. Sie waren loyal mit der Gruppe und freundschaftlich und respektvoll miteinander.

Das Milgram-Experiment

Abschließend wollen wir das berühmteste Experiment zur Erforschung des Gehorsams beschreiben: Stanley Milgrams Untersuchung von 1962 (Milgram 1995). Auch Milgram versuchte den deutschen Gehorsam unter Hitler zu verstehen. Zunächst plante er eine groß angelegte Studie, in der Amerikaner, Japaner und Deutsche miteinander verglichen werden sollten. Aber nach den schockierenden Ergebnissen mit den amerikanischen Probanden führte er die Studie nicht mit Versuchspersonen der anderen Nationalitäten fort. Milgrams Grundfrage war die, ob Menschen autoritären Anweisungen auch dann Folge leisten, wenn diese in direktem Widerspruch zu ihren Moralvorstellungen stehen.

Im Rahmen des Experimentes kamen die Teilnehmer paarweise zur Yale-Universität. Sie wurden vom Versuchsleiter, einem Mann in weißem Kittel, begrüßt. Er erklärte, dass es beim Versuch um Lernen und Gedächtnis und um den Zusammenhang zwischen Bestrafung und Lernerfolg ginge. Einer der Teilnehmer sollte die Lehrer-, der andere die Schülerrolle einnehmen.

Der »Schüler« sollte sich Wortpaare einprägen und später das vom »Lehrer« genannte Wort mit dem passenden zweiten Ausdruck ergänzen. Nach einer falschen Antwort sollte der Lehrer dem Schüler einen elektrischen Schlag versetzen, und bei jeder fehlerhaften Antwort sollte die Stromspannung um 15 Volt erhöht werden. Nachdem der Versuchsleiter dies erklärt hatte, wurden die Rollen festgelegt. Bei jedem Versuchspaar war einer der beiden Versuchsteilnehmer kein Proband, sondern ein Eingeweihter, dem bei der fingierten Losziehung die Schülerrolle zugeteilt wurde und dem in Wahrheit natürlich auch keine Stromschläge gegeben wurden. Bevor der Schüler an seinen Sitz gebunden wurde, der an einen elektrischen Stuhl erinnerte, wurde dem Lehrer gezeigt, wie sich ein Stromstoß von 45 Volt anfühlt. Dann wurde der Lehrer in den Raum geführt, in dem sich die »Stromstoßmaschine« befand. Die Vorrichtung hatte eine Steuerung, mit der die Stromstärke vermeintlich bis auf 450 Volt erhöht werden konnte. Der Versuchsleiter blieb angeblich zur Überwachung des Experimentes beim Lehrer. In Übereinstimmung mit den Vorgaben der Versuchsleitung antwortete der Schüler nach einigen richtigen Erwiderungen falsch. Der Lehrer begann daraufhin, dem Schüler Stromschläge zu versetzen. Protestierte der Lehrer gegen die Strafe, forderte der Versuchsleiter mit normierten Sätzen zur Fortführung auf.

Die Ergebnisse waren schockierend: Bei der ersten Variante des Experimentes gingen alle Probanden bis auf 450 Volt. Da es keinerlei Variation gab, nahm Milgram einige Änderungen an der Versuchsanordnung vor. Bei der zweiten Variante des Experimentes wurden die drei höchsten Volteinstellungen mit einem Hinweis der Schockgefahr gekennzeichnet. Der Schüler sollte sagen, dass er an Herzproblemen leide. Er sollte auf die Stromschläge mit standardisierten Schmerzensäußerungen reagieren: Bei 75 Volt sollte er stöhnen, bei 150 Volt sagen, dass er das Experiment abbrechen wolle, bei 180 Volt rufen, dass er die Schmerzen nicht mehr ertrage und bei 300 Volt schreiend auf seine Herzprobleme verweisen, um Befreiung flehen und weitere Antworten verweigern. Dem Lehrer wurde gesagt, dass die Verweigerung der Antwort als falsche Antwort zu werten und die Voltstärke zu erhöhen sei. Die neue Variante war für die Lehrer mit sehr viel Stress verbunden: Sie bettelten, bedrohten und schrien den Versuchsleiter an, der aber sagte, er übernehme die volle Verantwortung. Die meisten Probanden verteilten Stromstöße bis zu 300 Volt, zwei Drittel machten sogar weiter bis zu einer Spannung von 450 Volt.

Vor dem Experiment hatten 40 erfahrene Psychiater gegenüber Milgram die Prognose geäußert, dass bei einer Spannung von über 150 Volt kaum ein Proband weitermache und dass keiner der Versuchspersonen auf 450 Volt erhöhe. Sie waren der Meinung, dass nur Personen mit psychischer Anomalie bei einer Spannung weitermachen würden, die 300 Volt übersteige. Das Resultat erschütterte alle, die davon erfuhren. Die Probanden waren keineswegs folgsame, passive oder boshafte Persönlichkeiten, sondern vielmehr engagierte Individuen ohne böse Absichten. Aber die Struktur der autoritär-autoritativen Situation, die Wissenschaftlichkeit, die Ausstattung und der ruhig zum Weitermachen drängende Versuchsleiter, der die Verantwortung auf sich nahm, schuf die Bereitschaft zu potenziell todbringendem Gehorsam. Der Roskilder Sozialpsychologe Lars Dencik (2004, persönliche Mitteilung) interpretiert die Ergebnisse etwas anders und meint, dass die Probanden weniger gehorchten als vielmehr der Gruppennorm entsprechen wollten. Er arbeitet heraus, wie wichtig es für uns ist, der Norm zu genügen und Teil der Gruppe zu sein, der wir uns zugeordnet sehen. Als sich bei einer späteren Variante des Experimentes neben dem Versuchsleiter eine andere Person im Raum befand, die dem Probanden sagte, er müsse nicht unbedingt weitermachen, handelten die Versuchspersonen allerdings selbstständiger, und die Mehrzahl der Probanden brach das Experiment ab. Dies spricht sicherlich für die Bedeutung von Gegengewicht und Opposition, aktiven Zeugen und Demokratie im Allgemeinen als Schutz gegen destruktive Gruppenprozesse.

Zusammenfassend kann gesagt werden, dass wir alle empfänglicher sind für die Einflüsse von Gruppensituationen und uns derer weniger bewusst sind, als wir dies vielleicht glauben wollen. Hierauf beriefen sich auch Sozialpsychologen bei der Erklärung komplizierter Gruppenmechanismen in Gesellschaften mit Völkermorderfahrung. Die Bedeutung der Gruppenregression bei kollektiven Rachemechanismen unterstreicht dies ebenfalls.

Passive Zuschauer

Die Erforschung des Zuschauer- oder Bystander-Effektes wird fast ausschließlich von der Sozialpsychologie geleistet, die als einzige wissenschaftliche Disziplin die volle Tragweite dieses und ähnlicher Phänomene erkannt hat (Böhm 2006). Menschen, die erleben, dass bestimmte Gruppen zunehmender Verfolgung ausgesetzt werden, könnten großen Einfluss auf den Verlauf der Ereignisse nehmen. Trotzdem verhalten sich Individuen, Gruppen und Nationen oft passiv. Das hängt meistens damit zusammen, dass die Zuschauer sich der Bedeutung des eigenen Handelns nicht bewusst sind und sich machtlos fühlen. Die Passivität der Zuschauer trägt dazu bei, dass die Täter ihre Handlungen als legitim betrachten. Doch wenn Zuschauer auf Kosten anderer untätig bleiben, hat das Auswirkungen auf ihr eigenes Erleben und Verhalten. Sie beginnen die Verfolgung zu akzeptieren, etliche schließen sich den Verfolgern sogar an (Böhm 2006). Es ist schwierig, als passiver Zuschauer des Leidens anderer in der Opposition gegen die Täter zu bleiben und Empathie für die Opfer zu empfinden. Zunehmende Gefühllosigkeit ist eines der Merkmale, die den geschlossenen Raum der Rachespirale kennzeichnen.

Mobbing

Im Rahmen sozialpsychologischer Untersuchungen zum Mobbing im schulischen Umfeld beschäftigt man sich unter anderem mit den Voraussetzungen, die den Impuls unterstützen, schikanierten Schülern zu helfen. Das Psychologenpaar Jane und Irving Piliavin fand mit seinen Mitarbeitern folgende vier Bedingungen (I.M. Piliavin/J.A. Piliavin/Rodin 1975):

1. Das Opfer muss erkennbar sein und deutlich Hilfe erbitten.
2. Das Opfer darf nicht als Teil eines Experimentes wahrgenommen werden.
3. Der Helfer muss sich bewegen oder zumindest aufstehen.
4. Zeuge und Opfer müssen sich bereits früher einmal begegnet sein.

Lehrer, Klasse und Schule teilen die Verantwortung für ein mobbingfeindliches Umfeld. Der Einfluss von Zeugen ist groß. Aktive Zeugen im Klassenzimmer können mit Täter und Opfer sprechen. In einer Situation, in der ein Schüler einen anderen kränkt, können sich die anderen Schüler dem Opfer zum Beispiel zuwenden. Sie können ihn ihrer Freundschaft versichern und ihm in irgendeiner Form kommunizieren, dass die Verletzung seiner Gefühle bedauerlich und unangebracht war (Staub 2003). Die Wirkung auf Täter, Opfer und andere Zuschauer kann man sich leicht ausmalen. In einem derartig unterstützenden Umfeld kann sich Zivilcourage und eine handlungsleitende Gesinnung herausbilden.

Bei Untersuchungen in Schulen zeigte sich ein deutlicher Zusammenhang zwischen passiver Zuschauerschaft und negativen Gefühlen/negativem Verhalten bei schikanierten Schülern. Mit zunehmendem Alter sinkt die Zahl der aktiven, sich einmischenden Zeugen. Deshalb bekommen ältere Schüler weniger Hilfe als jüngere, und zwar sowohl vonseiten der Schüler als auch vonseiten der Lehrer. Werden wir Menschen mit zunehmendem Alter im Allgemeinen wohl deshalb passiver, weil wir empfindlicher werden gegen soziale Scham und weil wir mehr Angst davor haben, uns zu blamieren? Eine ausweichende Haltung scheint uns einfach sicherer. Allerdings bereitet diese auch den Boden für primitive Rachemechanismen und Traumata bei den Opfern, die möglicherweise zu neuen Tätern werden.

In Bildungsstätten, in denen Schüler durch das Klassen- und Schulklima zu konstruktiv positiven und aktiven Zeugen erzogen werden, erleben alle eine verbesserte Atmosphäre. Die Schikanierer verändern sich, und die aktive Zeugenschaft verbessert das Selbstwertgefühl aller Beteiligten. In einigen Schulen ließen Forscher Rollenspiele durchführen, die gefilmt und diskutiert wurden, um die Fähigkeit zu fördern, in Mobbingsituationen eine aktive Rolle einzunehmen (Staub 2003).

Horizontale und vertikale Beziehungen

Ein Beispiel aus einem ganz anderen wohlbekannten Gebiet – aus der Welt des Sports: Der Mannschaft des eigenen Landes zuzujubeln, kann Ausdruck konstruktiver und verspielt patriotischer Gefühle sein: »Ich finde meine Mannschaft am besten.« Nimmt aber der spielerische Anteil ab, heißt es plötzlich: »Meine Mannschaft ist die beste.« Erinnert das nicht an die von Neid geprägte, in vorgeblich neutrale Worte gefasste Entwertung, der wir uns bereits an anderer Stelle widmeten? Blinder Patriotismus (Nationalismus) und Verbohrtheit verdrängte die konstruktiv offene, integrative Geisteshaltung und machte aus der horizontalen Beziehung zu den anderen eine vertikale (Böhm 2006).

Horizontale Beziehungen

In einem System der horizontalen Beziehungen ist das Individuum tolerant für Unterschiede, Ambivalenzen und Unsicherheiten im Verhältnis zu anderen Menschen: »Ist doch klar, dass die anderen ihre Mannschaft am besten finden.« Auch wenn vielleicht nicht einleuchtend ist, was die anderen an ihrem Team so toll finden, kann diese Unsicherheit ertragen und das Motiv der anderen nachempfunden werden. Gefühle müssen nicht unbedingt in Handlungen ausgedrückt werden. Gut und Böse sind integriert und sowohl bei sich als auch beim anderen zu finden. Die Voraussetzungen für Selbstreflexion und Selbstkritik sind gegeben. Zwischen sich selbst und dem anderen besteht ein Gleichgewicht. Der Wert des anderen wird anerkannt. Dies bedeutet, dass der andere als eigenes Individuum wahrgenommen wird und dass ein Konflikt legitim ist und ausgefochten werden kann.

Ein gutes Beispiel in diesem Zusammenhang ist der Ehestreit, bei dem man den anderen als zu Belehrenden und zu Dominierenden oder als gleichberechtigten Verhandlungspartner wahrnehmen kann. Und ein gesellschaftliches Beispiel: Der Konflikt zwischen dem Afrikanischen Nationalkongress und der von Zulus dominierten Partei »Inkatha Freedom Party« mündete nicht in Völkermord. Vielleicht betrachteten sich die Parteien ohne wechselseitige Dehumanisierung und Stereotypisierung als gleichberechtigt?

Vertikale Beziehungen

Während man im offenen Raum interessiert und neugierig ist, fühlt man sich im geschlossenen Raum bedroht und ist auf Verteidigung ausgerichtet. Der geschlossene Raum beziehungsweise das geschlossene Überzeugungssystem (Rokeach 1960) oder die Regression der Großgruppe (Volkan 2005) bildet den Gegenpol zum potenziellen Raum (Winnicott 2006) beziehungsweise zur Mentalisierung (Fonagy 2004) oder zum Raumschaffen (Kaplan 2007, 2008).

Wer sich in einem überwiegend geschlossenen System befindet – in der Welt der Vorurteile –, ist nicht an neuen Vorstellungen und Meinungen interessiert, die die alten möglicherweise infrage stellen. In einem solchen System der vertikalen Beziehungen gibt es keine Toleranz für Unterschiede, Ambivalenzen oder Unsicherheit. Die anderen werden als bedrohlich und andersartig angesehen, die eigene Gruppe als die beste und wertvollste. Das Bewusstsein, selbst wertvoller als andere zu sein, scheint vor allem darauf zu gründen, Unterschiede auf horizontal gleichberechtigter Ebene nicht aushalten zu können. Die Vorurteile führen dazu, dass aus einer Position der Dominanz und Macht destruktive Handlungen ausgeführt werden.

Aus der Wahrnehmung der Wesensverschiedenheit folgt die Dehumanisierung der anderen. Wegen ihrer angeblichen Fremdartigkeit können die anderen nicht in die eigene Gruppe aufgenommen werden, sondern müssen eliminiert werden.

In Ruanda wurden die Tutsi als Kakerlaken bezeichnet, als auszurottendes Ungeziefer in Menschengestalt. Da Kakerlaken angeblich sogar Atombomben überleben, mussten sämtliche Tutsi vernichtet werden, sogar wenn es sich um Freunde oder Familienmitglieder handelte (Kubai 2005, persönliche Mitteilung).

In einer vertikalen Beziehung definieren diejenigen, die sich selbst als überlegen wahrnehmen, die Situation und Beziehung auf geschlossene Weise. Ihre mentalen Bilder werden zu Vorurteilen, zu fixierten, distanzierten Bildern scheinbar objektiver Fakten. Die Umwandlung des offenen mentalen Raumes zu einem geschlossenen Raum entspricht der Umwandlung der Vorstellungen zu Vorurteilen. Der Träger von Vorurteilen braucht sich nicht länger mit Selbstreflexion oder Selbstkritik abzugeben, da ohnehin alles Böse beim anderen zu finden ist. Wie der Junge, der seinen Ball nicht mehr finden kann, aufgeregt sagt »Wer hat meinen Ball genommen?!«.

Dem blinden Patrioten mangelt es an Selbstreflexion und Toleranz gegenüber anderen Meinungen. Ihn locken einfache, absolute Wahrheiten, mit deren Hilfe er die Komplikationen der Unsicherheit und Ambivalenz vermeidet. »Bindestrich-Identitäten« sind für ihn inakzeptabel. Er hat ein geschlossenes Überzeugungssystem.

Die destruktive Ideologie führt zu vereinfachten Projektionen in Bezug auf die verfolgte Gruppe und versetzt ihre Anhänger in den von mangelnder Selbstreflexion gekennzeichneten geschlossenen Raum.

Nachdem die Tutsi bereits in den 1960er-Jahren Opfer mehrerer Massaker geworden waren, ging dem Völkermord in Ruanda eine mindestens vier Jahre dauernde dehumanisierende Hasspropaganda und Demagogie gegen die Tutsi voraus. Bei der Propaganda bediente man sich vertikaler Beziehungen und Hassbilder und instrumentalisierte das menschliche Sicherheitsbedürfnis. Die Selbstdefinition der einen Gruppe als von der anderen wesensverschieden und ihr in Hinblick auf Religion, Nationalität und Geschlechterbeziehungen überlegen, war die unausweichliche Folge. Die Anführer nutzten die Großgruppenregression aus und manipulierten sie. Im Dienst der Dehumanisierung wurden magische Vorurteile entwickelt.

Die klassischen gruppenpsychologischen Studien über Einstellungen, soziale Rollen und Gehorsam scheinen das Phänomen des Sichverschließens eines selbstreflektierenden, selbstständigen, subjektiven mentalen Raumes aufzuzeigen. War beispielsweise beim sogenannten Milgram-Experiment – einem Gegengewicht gleich – ein toleranterer, liberalerer Versuchsleiter bei den Probanden, erhöhte kaum eine der Versuchspersonen die Voltzahl so, dass sie einer tödlichen Spannung entsprochen hätte (Milgram 1995). Aber wenn die Wahlmöglichkeit, der demokratische Pluralismus fehlt, scheinen die Gruppenkräfte den Menschen in den geschlossenen Raum zu ziehen. Er muss Gegengewichte wirksam machen, mit deren Hilfe er sich diesem Sog widersetzen und seine Reflexionsfähigkeit aufrechterhalten kann. Erwin Staubs Untersuchungen (2000) und Vamik Volkans Überlegungen (2005), auf die wir später zurückkommen, stehen in der gleichen Tradition.

Kräfte, die den mentalen Raum schließen

Kommen wir nun zu den Kräften, die den mentalen Raum schließen, das Racherisiko erhöhen und es – Individuen ebenso wie Gruppen – verunmöglichen, selbstreflektierend, unabhängig und empathisch zu handeln.

Wir gehen von einem für unser mentales Überleben, unser Reflexionsvermögen und unsere psychische Entwicklung notwendigen mentalen Raum aus: Winnicott charakterisiert ihn als potenziellen Raum, der es uns ermöglicht, die Interaktion zwischen uns und dem anderen zu hinterfragen (Winnicott 2006). Fonagy beschreibt den Raum mit dem Ausdruck »Mentalisierung«. Dieser Raum ist eine Voraussetzung für das Denken und Fühlen, wobei für die Entwicklung der Mentalisierungsfähigkeit eine sichere frühkindliche Bindung die ideale Grundlage darstellt (Fonagy 2004). Mit dem Begriff »Raumschaffen« wird der mentale Raum als assoziative Verbindungen zu wichtigen Personen und Ereignissen geschildert, der es möglich macht, die Zukunft zu planen (Kaplan 2007, 2008).

Die Kräfte, die die Reflexion verhindern, sorgen nicht nur für das mentale Sichverschließen, sondern auch für eine Unterscheidung in besser und schlechter, höher und niedriger. Und sie begünstigen destruktive Handlungen. Dies wurde schon in klassischen sozialpsychologischen Experimenten wie dem von Lewin gezeigt. Bei dessen Vergleich verschiedener Führungsstile stellte sich heraus, dass unter dem demokratischen Gruppenleiter am effektivsten gearbeitet wurde und die beste Stimmung herrschte (Lewin/Lippett/White 1939).

Wir sehen starke Indizien dafür, dass die sozialpsychologischen Kräfte die Fähigkeit des Individuums beeinflussen, seinen mentalen Raum offen zu halten oder dessen Schließung zu verhindern. Je stärker diese Kräfte sind, desto stärkere Gegengewichte muss das Individuum ihnen entgegensetzen.

Ungeheilte Verletzungen, wie eine Demütigung oder ein Verlust, die nicht bearbeitet werden konnten, illustrieren dieses Spiel der Kräfte. Der mentale Raum ist geschlossen, und der Betroffene kann sich nicht in den anderen einfühlen. Dies schafft die Voraussetzungen für Rachehandlungen. Die Verletzungen verursachen zudem eine Ich-Spaltung oder Dissoziation. Diese trägt zum zerstörerischen Handlungspotenzial bei, weil die destruktive Handlung nicht in die Persönlichkeit integriert wird.

Dem Widerstand gegen die Racheimpulse widmen wir uns im dritten und letzten Teil des Buches. Wie ist es durch Offenhaltung des mentalen Raumes möglich, auf Rache zu verzichten? In diesem Buchteil beschreiben wir auch detaillierter das Bedürfnis nach Rache auf der einen und das Bedürfnis nach Genugtuung und Gerechtigkeit auf der anderen Seite.

4 Die Gesellschaft als Arena für Rache

Rache kann sich hinter vielen Motiven verstecken. Auf gesellschaftlicher Ebene können Rachephänomene kulturellen und religiösen Bezug haben. Für traumatisierte Gesellschaften sind Rachephänomene besonders typisch. Neben Vamik Volkans jüngeren Überlegungen zur Großgruppe gibt beispielsweise auch Sigmund Freuds klassische Schrift über die Massenpsychologie wichtige Denkanstöße. Die Kollektivideologie gibt auch destruktiven gesellschaftlichen Kräften Energie.

Rache und Kultur

In manchen Kulturen wird Rache als legitime Möglichkeit der Rehabilitierung angesehen. So kann dem betrogenen Ehemann, der den Liebhaber seiner Frau ermordet, in solchen Kulturen eine milde Strafe auferlegt werden, weil die Gesellschaft ihn – auch wenn sie Mord grundsätzlich missbilligt – »versteht«. Das Rechtswesen wird von der Gesellschaftskultur beeinflusst, sind die Gerichte doch auch Teil der Kultur. Allerdings spiegeln sich in vielen Gesetzen und Gerichtsurteilen auch Auffassungen wider, die (noch) nicht mit der aktuellen gesellschaftlichen Meinung übereinstimmen. So zum Beispiel wenn ein alkoholisierter Autofahrer, der den Tod eines anderen Verkehrsteilnehmers verursachte, mit einer gnädigen Strafe davonkommt. Oder wenn ein Vergewaltiger mild bestraft wird, weil sein Opfer angeblich durch Kleidung oder Verhalten aufreizend wirkte. In solchen Fällen sollten Juristen nicht zu gehorsamen Dienern veralteter Auffassungen werden, sondern sich um eine Veränderung von Gesetz und Rechtssprechung bemühen.

Opfer der sogenannten Ehrenmorde sind überwiegend Mädchen und Frauen. Ein kompliziertes kulturelles Muster scheint manche Personen in bestimmten Einwanderergruppen glauben zu lassen, es sei legitim, den Verstoß gegen einen Ehrenkodex zu rächen, der bestimmte Verhaltensregeln festlegt. Menschen, die diese Tradition verfechten, sind Teil einer Minderheitengruppe, deren Auffassung von der Ansicht des anderen Teils der Gruppe abweicht. Ehrenmorde können kaum kulturell begründet werden. Sie sind vielmehr Ausdruck von Verzweiflung und von Neid auf diejenigen, denen die Anpassung an das neue Land besser gelungen zu sein scheint und die deshalb als »Verräter« betrachtet werden müssen. Das Gefühl der Unbedeutendheit und der Macht- und Wertlosigkeit im Zusammenhang mit dem komplizierten Prozess der Integration in ein neues Land kann beim Betroffenen primitive Rachemechanismen wecken.

Beispiele uralter Rachemuster sind auch in speziellen Kulturen zu finden. Das Drama »Romeo und Julia« (Shakespeare 2008a) ist zum Gleichnis einer Familienfehde geworden, deren auslösende Ursache kaum mehr nachzuvollziehen ist. Der schweizerische Film »Inchiodato« (2004) über die Clans in den nordalbanischen Bergdörfern dokumentiert, wie die Bevölkerung von einer Rechtsordnung gesteuert wird, die sich seit dem 15. Jahrhundert erhalten konnte. Gemäß dem »Kanun« genannten Gewohnheitsrecht soll auf der männlichen Seite über Generationen hinweg Blut mit Blut gerächt werden. Es herrscht absolutes Misstrauen. Manche Familien verstecken Angehörige über Jahre, um zu verhindern, dass sie getötet werden, sobald sie das Haus verlassen. In dem Dokumentarfilm ist ein kleines Mädchen mit einem Spielzeugrevolver zu sehen. »Damit werde ich den töten, der meinen Papa umgebracht hat«, sagt das Kind. Wenn keine Waffenruhe erzielt werden kann, ist die Blutrache nicht zu beenden. Eine Organisation von Friedensmissionaren versucht, die Fehden zu schlichten. Die Mitglieder der Organisation betonen, dass die Lösung von innen kommen muss. Dies muss aber von außen begünstigt werden, was wiederum bedingt, dass Vertrauen in den Rechtsstaat geschaffen werden kann.

Rache und Religion

Im 3. Buch Mose 19, 18 steht (sämtliche Bibelzitate nach der Luther-Bibel (1984), http://www.bibleserver.com): »Du sollst dich nicht rächen noch Zorn bewahren gegen die Kinder deines Volks. Du sollst deinen Nächsten lieben wie dich selbst.« Oberrabbiner Morton Narrowe in Stockholm weist darauf hin (2005), dass die Aufforderung sich nur auf das eigene Volk zu beziehen scheint. Wie Narrowe hervorhebt, ist aber etwas später im gleichen Kapitel die Rede davon, dass ein Fremdling wie ein Einheimischer behandelt werden soll: »[D]enn ihr seid auch Fremdlinge gewesen in Ägyptenland.« Offenbar waren die Verfasser der Bibel der Meinung, dass Rache eine gefährliche Kraft ist.

Im Neuen Testament (Röm. 12, 19) ist zu lesen: »Die Rache ist mein; ich will vergelten, spricht der Herr.« In diesem Zusammenhang wird oft vermutet, dass diese Passage auf dem strengen jüdisch-christlichen Code Lex Talionis (Gesetz der Vergeltung) gründet, genauer auf dem bekannten »Auge um Auge, Zahn um Zahn«. Die Auslegung dieses Zitats ist jedoch strittig, kann es sich doch auch auf eine angemessene Bezahlung im Rahmen von Handelsgeschäften beziehen (Beattie 2005). Aber es ist interessant, dass die Formel zu einem Symbol für die Dynamik der Rache geworden ist.

Nichtsdestoweniger kann man in der Bibel problemlos andere Passagen finden, die vom rächenden oder wütenden Gott handeln und Rache als berechtigte Reaktion beschreiben – sogar als legitime Reaktion Gottes. Gott bestraft den Menschen rachsüchtig, indem er ihn aus dem Garten Eden weist, Plagen über Ägypten schickt oder Sodom und Gomorrha zerstört. Gott befielt, Völker ohne Schonung zu vernichten. Das Rachemoment wird besonders deutlich in Zusammenhängen, bei denen hervorgeht, dass Gott nicht grundsätzlich wütend ist. Er scheint sich gekränkt zu fühlen, weil der Ungehorsam oder die Sünde gegen ihn gerichtet wird. Die Wut scheint aus dieser Gekränktheit zu erwachsen, und Gott will es demjenigen zeigen oder denjenigen brechen, der sich an ihm vergangen hat. Bei solchen Passagen liegt es nahe, sich zu fragen, warum wir kleinen Menschen Kränkung nicht mit hemmungslos rachsüchtiger Wut sollten beantworten dürfen, wenn sie sogar für den höchsten Richter eine legitime Reaktion darstellt. Betrachtet man die Religion als menschliches Produkt, wird Gott zu einem Abbild eines gekränkten und rachsüchtigen Menschen. Dann wird damit das eigene Handeln gerechtfertigt und die Rache legitimiert.

Gleichzeitig werden Rachephänomene in der Bibel aber auch diskutiert. In einer Neuausgabe der Haggada – einem Buch für das jüdische Passah-Fest zum Gedenken an den Auszug aus Ägypten – trugen die Verfasser die Diskussion über die zehn Plagen zusammen, die Gott über die Ägypter schickte (Burstein/

Narrowe/Rubinstein 2006). Sie scheint die menschliche Ambivalenz gegenüber der Rache widerzuspiegeln. Auf der einen Seite gibt es die Rachgier: »[...] wenn die Gottlosen umkommen, wird man froh« (Sprüche 11, 10). »Und sie sahen die Ägypter tot am Ufer des Meeres liegen [...]. Damals sangen Mose und die Israeliten dies Lied dem Herrn [...] Herr, deine rechte Hand hat die Feinde zerschlagen« (2. Buch Mose 14, 30; 15, 1; 15, 6). Auf der anderen Seite gibt es den Versuch, die Rache zu zügeln, weil man ihre destruktive Kraft einsieht: »Freue dich nicht über den Fall deines Feindes, und dein Herz sei nicht froh über sein Unglück (Sprüche 24, 17). »Weshalb stehen in diesem Danksegen nicht die Worte ›Denn gut ist er?‹ Weil der Heilige, gebenedeiet sei er, sich nicht über das Unglück der Frevler freut?! [...] Die Dienstengel wollten nämlich ein Lied anstimmen, da sprach der Heilige, gebenedeiet sei er, zu ihnen: ›Mein Händewerk ertrinkt im Meer und ihr wollt ein Lied anstimmen!‹« (Rabbi Johanan, Babylonischer Talmud, Medgilla, 10b, S. 571).

Auch im Zusammenhang mit dem modernen Terrorismus wird die Bedeutung der Religion und besonders des islamischen Fundamentalismus diskutiert. Der Islamwissenschaftler Jan Hjärpe erörtert in einem Zeitungsartikel den Begriff »Qisas«, den Osama bin Laden aus der islamischen Rechtstradition geholt hat (Hjärpe 2005). Qisas bezeichnet das Prinzip der Vergeltung. Ausgangspunkt ist dabei die Idee, dass man Gleiches mit Gleichem vergelten darf, kombiniert mit dem Gedanken, dass Vergeltungsmaßnahmen als Abschreckungsmittel funktionieren. Der Vergeltungsgedanke gehört zur (Pseudo-)Rationalität des Terrorismus. Qisas ähnelt also dem oben beschriebenen Lex Talionis. Insofern stellen sich beispielsweise die Anschläge vom 11. September 2001 in den USA als Rache für das dar, was in den 1980er-Jahren im Libanon geschah. Hjärpe erläutert auch ein Begriffspaar des islamischen Extremismus, das aus dem Koran stammt: »mustakbirun« – die sich als groß ansehen, die Arroganten – und »mustad'afun« – die als schwach angesehen werden, die Verachteten. Die Extremisten betrachten die USA als die Arroganten, währen die Muslime die Verachteten sind. Deshalb ist es das Hauptziel der Terroranschläge, »die Arroganten« zu demütigen – ein von Über- und Unterlegenheit gekennzeichnetes Weltbild, eine vertikale Beziehung, wie sie für alle Rachemechanismen zentral ist. Hjärpe bezieht sich auf den Anthropologen Nasra Hassan, der radikale Palästinenser interviewte. Die Befragten hoben das Gefühl der Demütigung hervor; sie betonten, dass man sie nicht respektiere, dass man von den Machthabern verhöhnt und missachtet (gekränkt!) worden sei. Der Terrorakt, unterstreicht

Hjärpe (2005), ist eine Verzweiflungstat, mit der man sich Respekt verschaffen will, denn Furcht ist auch eine Form von Respekt.

Einsicht in die Destruktivität der Rache ist auch in Jesus' Bergpredigt zu finden: »Ich aber sage euch, dass ihr nicht widerstreben sollt dem Übel, sondern: wenn dich jemand auf deine rechte Backe schlägt, dem biete die andere auch dar« (Matthäus 5, 39). Die schwedische christliche Friedensbewegung weist auf ihrer Website darauf hin, dass die Aufforderung, bei einem Schlag auf die eine Wange auch die andere hinzuhalten, fälschlicherweise als Argument dafür benutzt wurde, der Obrigkeit keinen Widerstand leisten zu dürfen. Da Jesus zwar gegen Gewalt war, sich der Obrigkeit aber gleichzeitig widersetzte, bezieht sich die Aufforderung vielmehr auf einen gewaltlosen Widerstand, so meint die Organisation »Kristna Fredsrörelsen« auf ihrer Website (http://www.krf.se).

Zur Zeit Jesu schlug man einen Ebenbürtigen mit der Faust oder der Handfläche. Jemanden mit niedrigerem Status, schlug man zur Erniedrigung mit dem Handrücken (seiner sauberen rechten Hand). Wenn man mit seiner rechten Hand auf die rechte Wange seines Gegenübers schlagen will, muss man das mit dem Handrücken tun. Hält der Geschlagene entsprechend Jesus' Anraten auch die linke Backe hin, landet der Handrücken des Schlagenden mitten im Gesicht des Geschlagenen. Dies bedeutete zur Zeit Jesu eine Bloßstellung des Schlagenden. Die Botschaft könnte sein: Entweder schlägst du mich wie einen Ebenbürtigen, oder du hörst auf, mich zu schlagen – ein friedliches Sichwidersetzen wie später Gandhis gewaltloser Widerstand also.

Rache unter dem Deckmantel anderer Motive

Max Rodenbeck (2005) schreibt über die Reaktionen der westlichen Welt auf die Terroranschläge der vergangenen Jahre und inwiefern es den Wunsch nach Gegenschlägen gegeben habe. Rodenbeck meint, dass strategische Überreaktionen ihr Ziel verfehlen. Außerdem ließe sich das US-amerikanische Establishment – die Bush-Administration – auch von anderen Beweggründen leiten. So strebe man politisch opportunistisch nach Ehre, nutze die Angst der Bevölkerung aus, verfalle dem normalen Tatendrang – und wolle sich rächen. Oft werden solche politische Übertreibungen bei Offizieren und Soldaten in abscheuliche Handlungen überführt.

Man vermischt die Rache also mit juristischen Aspekten oder Gerechtigkeit, so als ob Gefängnisstrafen oder Gerichtsurteile ein Rachemotiv hätten. Unserer Meinung nach haben gerichtliche Urteile eher eine abschreckende Wirkung auf individueller Ebene und funktionieren als eine an ein Verbrechen angepasste Strafe oder bei schwereren Vergehen als Schutz der Bevölkerung. Mithilfe des Rechtes soll dem Täter auf neutrale Weise eine angemessene Buße auferlegt werden. Dadurch sollen Racheimpulse in Schach gehalten und die Ordnung in der Gesellschaft aufrechterhalten werden. Das Recht gibt allen Beteiligten auch den psychischen Freiraum für Reflexion. Allerdings kann erneut Rache aufkommen, wenn das Recht von bestimmten regressiven Kräften entsprechend emotionaler Motive umgestaltet wird.

Im Jahr 1953 wurde in den USA das Ehepaar Julius und Ethel Rosenberg wegen angeblicher Atomspionage auf dem elektrischen Stuhl hingerichtet. In Ländern, in denen die Todesstrafe praktiziert wird wie in den USA, zeigen sich Rachemechanismen besonders offen und unverhohlen. Man demonstrierte nicht nur für die Freilassung der Rosenbergs, sondern unter dem Motto »fry and die« (braten und krepieren) auch für deren Hinrichtung. Wie auch der damalige US-Vizepräsident Richard Nixon sprach FBI-Direktor John Edgar Hoover von den Rosenbergs als Ratten, die getötet werden müssten.

Im Jahr 2005 wurde der Antrag der in den USA einsitzenden Schwedin Annika Östberg auf zeitlich begrenzte Haftstrafe abgelehnt. Im Strafvollzugsamt waren die Töchter des Polizisten anwesend, der 25 Jahre früher von Östbergs damaligem Freund ermordet worden war. Die Frauen mittleren Alters machten sich lauthals bemerkbar. Sie riefen: »Ich hasse dich!« und »Ich will meinen Papa wiederhaben!«. Es gab also keinen Raum für Versöhnung, die Trauer wurde vielmehr rachsüchtig als Waffe benutzt. Die Ansicht, dass Rache heilende Wirkung habe, dass es also eine positive Rache gäbe, scheint weit verbreitet. Der damalige schwedische Justizminister Thomas Bodström gab in der Zeitung »Dagens Nyheter« zum Fall Östberg damals allerdings folgenden Kommentar (Persson 2005, eigene Übersetzung): »Die Gefühle sind ganz natürlich. Aber Rachgier darf die Strafe nicht bestimmen […] die Strafe wird [hier] beeinflusst von emotionalen Faktoren wie denen, auf welche Weise die Angehörigen ihre Trauerarbeit leisten.«

Demütigung, eine narzisstische Kränkung, scheint das wichtigste Rachemotiv zu sein. Dies ist auch im Zusammenhang mit extremer politischer, ethnischer und terroristisch geprägter Gewalt offensichtlich. Ein Teilnehmer an dem früher erwähnten New Yorker Forum wies auf das (mögliche) verborgene Motiv Bushs für den Krieg gegen den Irak hin, nämlich Saddam Husseins Versuch, Bush senior zu ermorden. Es wurde auch darüber gemutmaßt, ob Bush junior mithilfe des Krieges Impulse befriedigt, seinen Vater zu übertrumpfen, nämlich indem er einen Krieg beendet, den sein Vater nicht zu Ende geführt hatte. Da die privaten Motive Bushs nicht bekannt sind und nicht klar ist, welche Rolle sie in diesem Zusammenhang spielen, muss dies aber als Spekulation betrachtet werden. Sollte es private Motive für den politischen Beschluss gegeben haben, Gewalt anzuwenden, unterminieren diese allerdings die langfristigen Ziele der Politik.

Rache in der Gesellschaft

Das Ausmaß an Gewalt in der eigenen und in anderen Gesellschaften ist den meisten schmerzhaft bewusst. Weniger klar ist vielen aber vielleicht, wie oft die Gewalt von Racheaspekten geprägt ist. Bandenkriege in der Verbrecherwelt sind Feinseligkeiten, die deutlich von Rache bestimmt zu sein scheinen. Bei Gewalt gegen Frauen scheint ein Zusammenhang zu früheren Auseinandersetzungen des Täters mit Frauen zu bestehen, wobei die Täter, denen der Racheanteil an ihrer Tat vielfach gar nicht bewusst ist, oft ihnen unbekannte Frauen misshandeln oder missbrauchen.

Die Gewalt, die in Ex-Jugoslawien nach dem Tod Titos ausbrach, trug deutliche Spuren einer Rachedynamik, die sich auf tatsächlich erfahrenem oder im Laufe der Geschichte verdrehtem Unrecht gründete. Man denke nur an die Massaker von Srebrenica. Destruktive politische Führer, die aktive Täter und passive Zuschauer in ausreichend großer Zahl auf ihre Seite bringen, berufen sich auf die angebliche Notwendigkeit und Legitimität der Rache und ermächtigen zu Gewalt. Auf die Racheaspekte des Völkermordes in Ruanda kommen wir später zu sprechen.

Seit vielen Jahren wird auch in den ungelösten Konflikten zwischen Israel und Palästina der Sog der Rachespirale deutlich. Die Beteiligten scheinen nicht imstande, die sich ständig drehende Spirale zu stoppen, wenngleich die Bitte um Vermittlung durch die EU oder die USA Zeichen dafür sind, dass sich die Parteien ihrer Unfähigkeit teilweise bewusst sind. Rache wird als legitim und als normale Reaktion auf die jüngste Kränkung betrachtet.

Der palästinensische Film »Paradise Now« aus dem Jahr 2005 geht auf die Hintergründe der Überlegungen zweier Selbstmordattentäter ein. Im Verlauf der Handlung kommt es zu einem Streitgespräch zwischen einem der Attentäter und einer Frau, die Gewalt ablehnt. Die Frau hinterfragt den Beweggrund der Opferbereitschaft, den der Attentäter vorbringt: »Opferbereitschaft? Ihr wollt Rache nehmen!«, meint sie. Der Selbstmordattentäter erwidert, dass das Tun der Israelis Vernichtung gleichkäme. Er bezieht sich auf die Demütigung durch die israelische Besetzung, auf den Verlust der Würde. Er scheint keinen anderen Weg aus der Verzweiflung zu finden, als sich und andere in die Luft zu sprengen. Er verschließt sich den Argumenten, mit denen die Frau dafür plädiert, auf andere Weise Widerstand zu leisten und Selbstachtung zu finden.

Gefangen in der destruktiven Spirale mag der Israeli denken: »Man kann den Palästinensern nicht trauen, sie wollen uns ins Meer werfen, uns in die Luft sprengen; wollen wir überleben, müssen wir sie kontrollieren.« Der Palästinenser könnte so urteilen: »Sie besetzen, unterdrücken, quälen uns, sie entwürdigen und erniedrigen uns. Wir können uns nur rächen, indem wir unsere Körper opfern.« Das gegenseitige Misstrauen, das zu destruktiven Handlungen auf beiden Seiten führt, ist nur in einem langen Prozess zu besiegen, wird es doch genährt durch jeden politischen Vorfall, jedes Selbstmordattentat, jede Racheattacke, jeden zerstörten Olivenhain, jede demütigende Grenzkontrolle und Schikane, jeden orthodox-militanten Siedler und jedes antijüdische Schulbuch.

Vor vielen Jahren hatte unser israelischer Freund Haim ein gutes Verhältnis zu seinem palästinensischen Automechaniker Yossef. Wenn Haim sein Auto zu Yossef brachte, tranken sie gewöhnlich zusammen Kaffee. Aber als die Spannungen zunahmen, sagte Yossef zu Haim, dass er leider nicht mehr Kaffee mit ihm trinken und ihn auch nicht mehr als Kunden haben könne. Es wäre einfach zu riskant für beide. Auch dieses Beispiel illustriert, wie die Großgruppenidentität gegenüber der individuellen Identität an Bedeutung zunehmen und diese unterminieren kann.

An dieser Stelle können auch zwei Beispiele dafür angeführt werden, wie die Rachespirale in der Kunst thematisiert wird. In Steven Spielbergs Film »München« (2005) wird das Attentat auf die israelische Mannschaft während der Olympischen Sommerspiele von 1972 in München geschildert und gezeigt, wie der israelische Sicherheitsdienst eine Todestruppe aufstellt, um die für den Anschlag Verantwortlichen zu ermorden. Der Film beschreibt die Rachespirale, zu deren zunehmender Dynamik auch das Olympia-Attentat beitrug, sowie die persönliche Korruption, die der Trupp erlebt.

Das israelische Ballettensemble »Batsheva Dance Company« ging mit »Navarin's Virus« von Ohad Naharin auf Tournee. In dieser Choreografie kommunizieren die Mitwirkenden an einer symbolischen israelisch-palästinensischen Mauer mit Graffiti und Tanz zu arabischer Festmusik und stellen die Spannungen zwischen beiden Seiten dar. Sie setzen die Notwendigkeit in Szene, die eigenen Grenzen zu verteidigen und sogar die eigene Stärke zu demonstrieren, sich gleichzeitig aber auch der Beziehung zum Gegenüber bewusst zu sein. Die eigene Identität zu entwickeln und gleichzeitig übergreifende gemeinsame Interessen zu pflegen, ist ein schwieriger Balanceakt.

Israelis und Palästinenser sollten eigentlich gute Nachbarn und Freunde sein können. Aber historische Umstände hetzten sie gegeneinander auf und spalteten sogar die Umwelt in pro-israelisch und pro-palästinensisch. Um die Feindbilder verändern zu können, bedarf es großer Anstrengungen sowohl in der jeweiligen Gruppe als auch zwischen beiden Gruppen. Wahrscheinlich müssen hierbei auch die Juden in der Diaspora und die Araber in den arabischen Ländern einbezogen werden. Solange die politischen Führer im Versöhnungsprozess nicht weiterkommen – und solange sie Friedensinitiativen dem Ziel einer Wiederwahl unterordnen –, können Bemühungen wie gemeinsame Kibbuzim, Fußballmannschaften und Orchester für Palästinenser und Israelis nur sehr bedingt Wirkung zeigen. In Teil III dieses Buches kommen wir aber auf weitere kreative Beispiele des Widerstands gegen Racheimpulse zu sprechen.

Traumatisierte Gesellschaften

Vamik Volkan ist am bekanntesten für seine Arbeit mit und seine Analyse von Großgruppen. Er ist Mitbegründer der »International Society of Political Psychology« und beteiligte sich seit 1979 an mehreren inoffiziellen politischen Verhandlungen weltweit. Volkan widmete sein Leben der Untersuchung internationaler Konflikte und beschritt mit seinen psychoanalytischen Studien traumatisierter Gesellschaften in Afghanistan, in Ex-Jugoslawien, im Mittleren Osten, in Albanien und in der ehemaligen Sowjetunion unerschrocken neue

Wege. Er diskutiert auch interessante Beispiele von der Besetzung Kuwaits 1990 und vom Zypern-Konflikt.

Volkan zeigt die Wechselwirkung zwischen gesellschaftlichen Veränderungen und persönlicher Dynamik auf (Varvin/Volkan 2003). Der Unterschied zwischen einer Naturkatastrophe und einer von Menschen gemachten Katastrophe besteht vor allem darin, dass das von Feinden verursachte Leid stark demütigend erlebt wird und hilflose Wut und Rachgier weckt. Volkan unterstreicht, dass sich ein Gefühl gemeinsamer Opferidentität in der Gruppe ausbreitet, wenn die betroffene Gruppe die Demütigung nicht bearbeiten, um die Verluste nicht trauern und ihre Passivität nicht in Aktivität verwandeln kann. Diese Identität wird dann unbearbeitet auf die nächste Generation übermittelt.

Volkans Methode besteht darin, psychopolitische Dialoge zu schaffen, um Konflikte auch zwischen angesehenen und einflussreichen politischen Führern zu lösen. Seine Terminologie ist verdichtet und inspirierend. Wenn Volkan sich auf psychologische Phänomene auf der individuellen Ebene bezieht, bedient er sich sowohl Bezeichnungen, die bereits vorhanden waren, als auch Begriffen, die er selbst schuf.

Zwischen Generationen vollziehen sich kaum beeinflussbare unbewusste Weitergaben von Traumata, die sich an Symptomen der Kinder zeigen. In traumatisierten Gesellschaften gibt es viele unbearbeitete Verluste, bei denen das Risiko besteht, dass sie in der nächsten Generation hinterlegt werden. Im Zusammenhang mit der Weitergabe von Traumata zwischen den Generationen betont Volkan, dass sich diese nicht nur auf die Affekte, sondern auch auf die unbewussten Fantasien bezieht. Wenn Volkan anschaulich von Deponieren spricht, erinnert dies an die projektive Identifizierung. Stirbt das erste Kind einer Frau vor der Geburt des zweiten Kindes, hat das überlebende Kind natürlich keine Erfahrung mit seinem älteren Geschwister. Aber in der inneren psychischen Welt der Mutter findet sich eine Repräsentation, ein Bild des toten Kindes. Dieses hinterlegt die Mutter im Inneren des überlebenden Kindes, wobei dieses sich als Ersatzkind wahrnimmt.

Es sind also nicht rohe Triebe, die ausgelebt werden, wenn der Mensch einen Übergriff auf andere begeht (Igra 2004). Vielmehr übt er eine Verteidigungstätigkeit gegen eine tatsächliche oder fantasierte Kränkung aus. Die politischen Führer sagen: »Die Juden nehmen das Land und unser Geld«, und die Gruppe verstärkt die fantasierte Kränkung. Wir werden also von sozialen Verhältnissen und hinterlegten Traumata gelenkt, und auch wenn viele Menschen unbeeinflusst bleiben, kann unter bestimmten gesellschaftlichen Bedingungen im Prinzip jeder grausame Taten ausführen.

Der Fremde oder Schwache kann beim anderen auch dadurch unbewusst Feindlichkeit wecken, dass er ihn an seine Wehrlosigkeit oder sein Außenseitertum erinnert. Die zunehmende Brutalisierung wird zu einer Folge des Tötens, nicht zu einer Ursache dafür. Die Grausamkeit nimmt überhand, wenn die Bezeugung von Liebe verhindert wird (Igra 2004). Mitgefühl geht von einem moralischen Impuls aus, von einer Aufforderung vom Gesicht des anderen. Es wird durch eine besondere Form der Engstirnigkeit zerstört, bei der der andere nicht mehr als ganzer Mensch wahrgenommen wird. Das Mitgefühl kann aber auch durch allzu traumatische Erlebnisse erstickt werden. Eine Konsequenz des erstickten Mitgefühls kann also Rache sein, die die Grausamkeit begleitet. Rache ist oft der Motor grausamer Handlungen.

Auf der einen Seite kann grundsätzlich jeder Grausamkeiten ausführen, auch wenn sich viele Menschen dank individueller oder gesellschaftlicher Gegengewichte nicht zu grausamen Taten hinreißen lassen. Auf der anderen Seite sind traumatisierte Menschen eher zur Rache durch Ausübung von Grausamkeiten disponiert, ermöglicht sie ihnen doch, der Opferidentität zu entkommen. Wir haben die Erfahrung gemacht, dass überraschend viele Menschen Kindheitstraumata in sich tragen. Traumatisierungen sind keine Ausnahmeerscheinungen und finden nicht nur in Jugoslawien oder im Nahen Osten statt. Das Trauma gehört zu den Bedingungen des Menschseins, und das unbearbeitete und verneinte Trauma beinhaltet eine gefährliche Verlockung dazu, die Rachespirale in Richtung Brutalität anzutreiben.

Massenpsychologie und Ich-Analyse

Rache in der Gesellschaft ist oft an gruppenpsychologische Mechanismen gekoppelt. Deshalb fassen wir an dieser Stelle mit Sigmund Freuds Schrift über die Massenpsychologie (S. Freud 1923a) eines der ersten relevanten Werke zu diesem Thema zusammen – geschrieben in den 1920er-Jahren und immer noch hochaktuell.

Laut Sigmund Freud ist Individualpsychologie auch Sozialpsychologie.

Schließlich spielen andere Menschen für das Individuum immer eine Rolle: als Vorbilder, Objekte, Helfer und Gegner. Zunächst diskutiert Freud die seiner Meinung nach allzu soziologische Beschreibung der Masse (der großen Gruppe) früherer Autoren. Freud ist mit diesen Autoren aber einig, dass die Masse das Individuum so beeinflusst, dass es sich von der Verdrängung seiner unbewussten Impulse befreien kann. Weil das Gewissen gemildert wird, können alle destruktiven Impulse ungehemmt zutage treten. Freud zieht einen Vergleich zur Hypnose, bei der die bewusste Persönlichkeit verschwindet.

Die Mitglieder großer Gruppen werden untereinander und vom Gruppenführer auf eine Weise beeinflusst, die an die Dynamik in Kinder- und isolierten Volksgruppen erinnert. Die Masse ist wandelbar, impulsiv und reizbar. In der Masse erscheint alles möglich, der Begriff des Unmöglichen verschwindet. Die Gefühle der Masse sind stets einfach und überschwänglich; die Masse kennt weder Zweifel noch Ungewissheit. Ein Keim von Antipathie wird zu wildem Hass; die Masse geht oft bis zum Äußersten. Die Masse ist intolerant gegenüber der Meinung anderer und gutgläubig gegenüber ihren eigenen Autoritäten. Sie will beherrscht, ja sogar unterdrückt werden, und sie hat Ehrfurcht vor der Tradition und ist konservativ gegenüber allem Neuen.

In der Masse kann einerseits alle Grausamkeit, die seit Urzeiten im Individuum geschlummert hat, geweckt werden, andererseits kann in der Masse eine Veredelung des Individuums geschehen. Das intellektuelle Niveau der Masse liegt immer unter dem des Individuums, aber in ethischer Hinsicht kann die Masse dem Individuum sowohl über- als auch unterlegen sein. Im Unterschied zum Individuum kann die Gruppe nicht zwischen Fantasie und Wirklichkeit unterscheiden. Die unwirklichen Illusionen haben in der Gruppe oft Vorrang vor der Wirklichkeit.

Sigmund Freud fragt sich am Beispiel von Armee und Kirche, wodurch Gefühlsbindungen unter den Gruppenmitgliedern sowie zwischen den Angehörigen und dem Anführer der Gruppe hergestellt werden. Seiner Meinung nach liefern die zielgehemmten – sublimierten – Liebesbindungen die beste Erklärung hierfür. Sie münden nämlich in verschiedene ambivalente Identifikationen, den »sozialen Kitt« der Gruppe. Als weiteren Faktor nennt Freud die Verliebtheit und deren Züge sexuell zielgehemmter, liebevoller Idealisierung des anderen.

Die Idealisierung verfälscht die Beurteilung. Schließlich wird der andere an die Stelle des Ich oder des Ich-Ideals gesetzt. Da in einer Gruppe mehrere

Individuen dieselbe Person an die Stelle ihres Ich-Ideals setzen, identifizieren sie sich miteinander. Sigmund Freud ist der Auffassung, dass die Gruppe als solche ein Ausdruck der Regression – des primitiven Funktionierens – ist, auch wenn Gruppensolidarität und Gemeinschaftsgefühl verschiedene sublimierte Ausdrücke für die verdrängte Feindlichkeit innerhalb der Gruppe beinhalten. Die Forderung nach Gleichheit bezieht sich nur auf die Gruppenmitglieder, nicht auf den Gruppenführer.

Sigmund Freud findet in Gruppenphänomenen Anklänge an die Urhorde: Der Urvater hinderte die Söhne an der Befriedigung ihrer sexuellen Impulse. Er zwang sie zur Abstinenz und so zur Gefühlsbindung an ihn und aneinander. Er nötigte ihnen seine Forderungen und die Bedingungen der Gruppe auf. Der Urvater wurde zum Ideal der Masse; statt des Ich-Ideals beherrschte er das Ich. Diese Suggestion basiert eher auf Liebesbindung als auf Gedankenarbeit!

Sigmund Freuds Beobachtungen sind bis heute bedeutsam. Daran ändert auch nichts, dass Freud seiner Triebterminologie möglicherweise allzu stark verhaftet war. Vielleicht konnte er sich auch nicht ganz lösen von der dominierenden Sichtweise seiner eigenen Kultur, die der individuellen Identität den Vorrang gab, und vom Argwohn gegenüber dem gesunden Potenzial im Funktionieren mancher Gruppen. Mittlerweile ist offenkundig, dass Individuen zwischen Gruppenidentität und individueller Identität wechseln können. Das kann in relativ unorganisierten Gruppen beobachtet werden, wie beispielsweise bei einem Sportpublikum, auch wenn diese Gruppenidentität nur vorübergehend ist. Beständigere Gruppen, wie zum Beispiel Nationen, können ihre Gruppenidentität hingegen als stärker als ihre individuelle Identität erleben. Deshalb vergleichen wir Freuds Perspektive mit Volkans aktuellen Erfahrungen aus seiner Beschäftigung mit den Identitäten großer Gruppen.

Volkan über die Großgruppe

Volkan (2005) unterstreicht die Bedeutung der Großgruppenidentität. Er vergleicht unser Verhältnis zu unserer Großgruppenidentität mit dem Atmen: Dieses ist uns nicht bewusst, bis uns jemand an die Tatsache erinnert, dass wir Luft brauchen, um zu überleben. Unserer Großgruppenzugehörigkeit werden wir uns schlagartig bewusst, sobald diese Identität in Krisensituationen attackiert wird. Unsere elementare Sicherheit wird erschüttert, pervertiert und durch blindes Vertrauen ersetzt: Wir folgen den Anweisungen der Gruppenführer – unabhängig davon, ob sie konstruktiv oder destruktiv sind. Die Sicherung der Integrität der Großgruppenidentität wird allesbestimmend.

Volkan vergleicht die Großgruppenidentität mit einem über den Gruppenmitgliedern gespannten Zelt. Gewöhnlich beachten die Großgruppenangehörigen weder die Zeltplane noch die den Stoff tragenden Zeltstangen (die Führergestalten). Sie sind viel zu sehr mit Untergruppen wie Familie, Stamm oder Arbeitskollegium beschäftigt. Wenn Großgruppen regredieren – oft manipuliert durch autoritäre politische Führer –, rückt die Großgruppenidentität jedoch in den Vordergrund und kann wichtiger werden als die individuelle Identität und die Subgruppenzugehörigkeit. Das Grundvertrauen des Individuums wird pervertiert und von blindem Vertrauen in die Gruppe abgelöst. Volkan zufolge handelt es sich bei dem, was als Psychologie normal funktionierender Großgruppen beschrieben wird (wie beispielsweise bei Sigmund Freud), meistens um Großgruppenregression.

Volkan identifiziert sieben »Fäden« der Großgruppenidentität (Volkan 2005, S. 39). Wir fügen hier Beispiele mit schwedischem Bezug bei:

1. »gemeinsame greifbare Reservoire für Bilder, die mit positiven Emotionen verbunden sind«: Steg am sommerlichen See, Akkordeonmusik, Segelboote
2. »gemeinsame »gute« Identifikationen«: Nobelpreisträger, Volvos
3. »Aufnahme der ›schlechten‹ Eigenschaften anderer«: unterkühltes, schüchternes, leicht depressives Wesen
4. »Aufnahme der inneren Welt der […] Führergestalt«: Ähneln wir dem Ministerpräsidenten in unserem Verhalten?
5. »gewählte Ruhmestaten«: damals, als »wir« olympisches Gold gewannen …
6. »gewählte Traumata«: Mord an Gustav III. oder Olof Palme
7. »Bildung von Symbolen, die zu eigener Autonomie gelangen«: Flagge, Sprache, Kultur

An mehreren dieser »Fäden« wird erkennbar, wie eng die individuelle mit der Gruppenidentität verwoben ist. Es fällt auch auf, wie empfindlich diese Faktoren gegen Belastung sind, vor allem gegen Kränkung und Demütigung. Große Gruppen können also leicht regredieren und in eine primitivere Funktionsweise verfallen.

Volkan beschreibt einige Kennzeichen der Regression von Großgruppen (Volkan 2005, S. 68–70). Wir nennen hier die wichtigsten und auffälligsten der 20 Symptome und ergänzen sie mit Beispielen aus verschiedenen Ländern und Epochen:

1. »Die Gruppenmitglieder verlieren ihre Individualität«: Eine Volksmasse erbringt den Hitlergruß auf einer nationalsozialistischen Parade.
2. »Die Gruppe schart sich blind um ihre Führergestalt«: Nach den Anschlägen vom 11. September 2001 in den USA stellt sich das Volk hinter Bush und seine Schwarzweißanalyse des Terrors.
3. »Die Gruppe wird in ›gute‹ Segmente, die der Führergestalt gehorsam folgen, und ›schlechte‹ Segmente, die bei den übrigen Gruppenmitgliedern den Eindruck erwecken, dass sie sich der Führergestalt widersetzen, unterteilt«: »Diejenigen die für den Krieg gegen den Terror sind, sind für uns. Diejenigen, die dagegen sind, sind gegen uns.«
4. »Die Gruppe entwickelt eine strikte ›wir‹-›sie‹-Unterscheidung zwischen ihren eigenen Mitgliedern und ›feindlichen‹ (meist benachbarten) Gruppen«: »wir Christen« im Unterschied zu »den Moslems«.
5. »Die der Gruppe gemeinsamen Moralvorstellungen und ihre gemeinsamen Überzeugungen werden zunehmend verabsolutierend verstanden und zur Verurteilung derjenigen genutzt, die diesen als gruppenspezifisch angesehenen Charakteristika nicht entsprechen«: »Die Juden müssen bestraft werden, weil sie die Ziele der Nationalsozialisten nicht unterstützen.«
6. »Die Gruppe fühlt sich berechtigt, alles zu tun, was es ihr ermöglicht, ihre gemeinsame Identität aufrechtzuerhalten«: »Wir töten alle, die uns bedrohen.«
7. »Die Gruppenmitglieder tendieren in gesteigertem Maße zu magischem Denken und zur Realitätsverzerrung: »Wir müssen unser Blut vor Verseuchung schützen.«
8. »Durch Reaktivierung gewählter Traumata und Ruhmestaten der Gruppe wird die normale Zeitstruktur außer Kraft gesetzt«: Gedenken an die Feldzüge vergangener Jahrhunderte im ehemaligen Jugoslawien.
9. »Die Führung der Gruppe unterbricht die historische Kontinuität und füllt die entstandene Lücke mit Elementen wie ›neuem‹ Nationalismus, ethnischen Empfindungen, […] oder einer Ideologie […] und manchmal einer ›neuen‹ Gruppengeschichte«: ehemalige Sowjetunion.

10. »Die Gruppe hebt geringfügige Unterschiede zu feindlichen Gruppen hervor«: »Die Norweger sind ganz anders als wir Schweden.«
11. »Die Gruppenmitglieder beschäftigen sich übertrieben stark mit der Vorstellung des Blutes und einer damit assoziierten homogenen oder gereinigten Form der Existenz«: »Wir müssen unsere Kultur vor fremden Einflüssen schützen.«

Volkans Großgruppen sind riesige aus Millionen einander unbekannter Menschen bestehende Gruppen. Die Großgruppenmitgliedschaft beginnt in der Kindheit und begründet sich auf einem Gefühl der Gleichheit. Im Rahmen seiner Großgruppenstudien knüpft Volkan über einzelne Repräsentanten oder Führer Kontakt zu den Individuen in der Gruppe. Bei seiner Forschung geht er von vier Arbeitsfeldern aus – Begegnungen mit wichtigen Personen und Gruppen, die ihm Ideen und Material für die Theorieentwicklung liefern:
1. Beobachtungen von Repräsentanten der feindlichen Gruppe (»meine Gruppe – deine Gruppe«) vor inoffiziellen Verhandlungen
2. Interviews mit traumatisierten Personen in Flüchtlingslagern (Zypern, Kuwait, ehemaliges Jugoslawien usw.)
3. Besuche »heißer Punkte« wie Denkmäler, Massengräber usw.
4. Begegnungen mit politischen Führern, Kennenlernen deren Fantasien und Träume (Arafat beispielsweise trug zum Ausdruck seiner palästinensischen Identität stets die gleiche Kopfbedeckung und sprach immer in der Wir-Form.)

Volkan vergleicht den Trauerprozess des Individuums mit dem der Großgruppe. In der Großgruppe reflektieren sich die Trauerprozesse der Individuen. Aber natürlich hat die Großgruppe kein einzelnes Gehirn zum Denken. Auch haben Großgruppenprozesse eine eigene Dynamik. Katastrophale Verluste im Zusammenhang mit menschlichen Angriffen führen in der Großgruppe zu Demütigung und Hilflosigkeit: Die Großgruppenmitglieder können ihre Verluste nicht betrauern. Sie hinterlegen das Trauma und das verletzte Selbstbild in der folgenden Generation, die die psychologische Aufgabe des Trauerns erfüllen soll. Gleichzeitig hinterlegen sie aber auch die Rachespirale, die von Führern zur Wirkung gebracht werden kann. Volkan weist im Zusammenhang mit generationsübergreifenden Traumaweitergaben auf die Wichtigkeit von Studien zum Holocaust hin und stellt gleichzeitig fest, dass es an detaillierten Untersuchungen fehlt, in denen dieses Phänomen hervorgehoben wird.

Die Individuen in einer Großgruppe teilen die mentalen Repräsentationen eines traumatischen historischen Ereignisses. Ein solches gewähltes Trauma ist eine Komponente der Großgruppenidentität. Politische Führer versuchen oft, solche Traumata zu reaktivieren, um die Energie der Großgruppenphänomene für eigene ideologische Interessen auszunutzen und beispielsweise die systematische Vertreibung oder Ermordung von Minderheiten zu rechtfertigen. Indem sie sich der fehlenden Trauerfähigkeit der Gruppe und ihres Rachepotenzials bedienen, können die Führergestalten ihre Motive schnell verankern und Attacken legitimieren.

Beim Vergleich der Projektionen oder Externalisationen des Individuums mit den Reaktionen der Gruppe manifestiert sich ein Gruppenmechanismus, den Volkan mit dem Prozess des Reinigens illustriert. Das sinnbildliche Zelt beginnt zu wackeln, und es muss eine veränderte Identität gefunden werden, mit deren Hilfe das Zelt wieder stabilisiert werden kann. Volkan nennt in diesem Zusammenhang das Beispiel, dass die Griechen ihre Sprache von Fremdwörtern reinigen wollten, wobei es ihnen allerdings nicht gelang, die Wörter türkischen und persischen Ursprungs für Nahrung zu ersetzen. An dieser Stelle erinnern wir auch an das Streben nach Reinheit, die den Facettenreichtum der komplexen Wirklichkeit ersetzt. Dies wurde bereits im Zusammenhang mit autoritären Gesellschaften und mit Vorurteilen beschrieben.

Man mag an die Situation im ehemaligen Jugoslawien oder an die Konflikte im Nahen Osten oder im Irak, im Iran, in Ruanda, im Sudan oder in den USA nach dem 11. September 2001 denken – aber mithilfe guter Führer können sich Großgruppen durchaus auch aus der Regression befreien.

Die meisten der oben genannten Regressionskennzeichen nach Volkan haben mit Rache zu tun. Einteilung in Gute–Böse und wir–die anderen, Schwarzweißdenken, gestörtes Realitätsgefühl, magisches Denken, Einführung einer neuen Ideologie und Aufstellen von »Reinheitsgeboten«: Zur Verteidigung der Gruppe ist alles möglich – selbst wenn sich die Gesellschaft angeblich Ideale wie Versöhnung, Vergebung und Empathie auf die Fahnen schreibt.

Die kolonialen Morde an den indigenen Völkern in verschiedenen Teilen der Welt sehen auf den ersten Blick vielleicht nicht wie Rachehandlungen aus. Aber unserer Meinung nach verstecken sich hinter den Argumenten der Kolonialmächte auch Racheaspekte. Als die Indianer in den USA verdrängt wurden, nannte man die Massaker an ihnen Indianerkriege – die Indianer verteidigten sich ja. Indem der Ursprung der Konflikte verschleiert wurde, brachte man Rache also nachträglich als Legitimation ins Spiel. Durch die gewachsene und abgewehrte Schuld eskalierte das Massaker, und die Dehumanisierung der Verfolgten nahm zu. James Waller (2002) beschreibt, wie die indigenen Völker weltweit in der gesellschaftlichen Hierarchie ganz unten landeten, nachdem sie Opfer von Zwangsumsiedlungen, Hungersnöten und Massentötungen geworden waren. Im 16. Jahrhundert lebten in Nordamerika wohl rund 15 Millionen indianische Ureinwohner. Bis 1890 sank die Zahl der Indianer um 98 Prozent auf knapp 250.000 Menschen.

Die Einstellung der Kolonialmächte gegenüber den indigenen Völkern ist auch ein Ausdruck der Großgruppenregression. Die Rache ist ein Teil des entwertenden und stereotypen primitiven Denkens zur Verteidigung der Gruppe. Sie wird im Namen des Totalitarismus und der Großgruppe legitimiert.

Die Bedeutung der Kollektivideologie

Einerseits kann die Gruppe die Gedanken ihrer Mitglieder verändern. Andererseits werden in der Gruppe aber auch die Gedanken der zur Gruppe gehörenden Individuen enthüllt und hervorgehoben. Die Gruppe macht die Individuen extremer, was sowohl positiv als auch negativ sein kann. Die meisten Autoren, die sich mit der Psychologie der Gruppe beschäftigen, betonen, dass Gruppen primitiver und klischeehafter reagieren als Individuen und beim Individuum dadurch die Neigung zum Schwarzweißdenken verstärken. Wie bereits zuvor erwähnt, verglich Sigmund Freud das Verhältnis zwischen Gruppe und Anführer mit dem zwischen Individuum und Hypnotiseur (S. Freud 1923a). So wie das hypnotisierte Individuum jemand anderem die Beurteilung überlässt, überantworten sich wohl auch die Gruppenmitglieder dem Gruppenanführer. Insofern wird die Rache zur Verantwortung anderer. Beispielsweise können die Anhänger einer Fußballmannschaft einen Spieler, der das heimische Team »sitzen ließ«, um zur Konkurrenzmannschaft zu wechseln, jahrelang ausbuhen oder ein Mitglied der auswärtigen Mannschaft, das einen heimischen Spieler unabsichtlich verletzt hat, bei jeder Ballberührung niederschreien. Das einzelne Individuum würde das nicht tun, aber die Gruppe potenziert die Feindlichkeit so sehr, dass der Gedanke in Handlung umgesetzt wird. Die Gruppe wird also gefährlicher und unzuverlässiger als die Individuen, die sie ausmachen. Dieses Phänomen wird kollektive Verstärkung genannt. Gleichzeitig betont Waller, dass die Gruppe keine neuen Ansichten produziert, sondern vielmehr dazu beiträgt, dass die Ansichten der Individuen extremer werden.

Auch in der klassisch gewordenen Studie über ein Bataillon der Hamburger Polizeireserve des US-amerikanischen Historikers Christopher Browning (1999) erwies sich die kollektive Verstärkung als wichtiger Faktor. Die Angehörigen des Reserve-Polizeibataillons 101, über die Browning forschte, sollten ab 1942 in polnischen Dörfern die jüdische Bevölkerung aufspüren und erschießen oder für die Lagerarbeit aussondern. Vor dem Einsatz wurde den Männern das Angebot gemacht, dass diejenigen, die sich dem Auftrag nicht gewachsen fühlten, den Befehl nicht ausführen müssten. Nur ein paar wenige Männer nahmen das Angebot an; einige andere zielten bei Erschießungen absichtlich daneben. Keiner der Männer war ein überzeugter Nationalsozialist. Obwohl die Polizisten von der Ideologie der Diffamierung der Juden durchdrungen waren, hätte sich jeder Einzelne lieber nicht an den Morden beteiligt. Die meisten empfanden das Töten als unangenehm oder widerlich, betrachteten es aber als ihre Pflicht – eine Ansicht, die durch die Gruppe verstärkt wurde. Browning diskutiert, inwiefern die Aufgabe eher als physisch unangenehm denn als unethisch wahrgenommen wurde.

Die Kameradschaft – den meisten Männern von der Wehrdienstzeit oder Männern wie Frauen von Sport- oder Reiseaktivitäten in der Gruppe bekannt – verstärkt die bereits in der Gruppe vorhandenen Tendenzen und lässt sie in Handlung übergehen. In der Hitlerjugend, der Jugend- und Nachwuchsorganisation der NSDAP, brauchte man gar keine Ideologie einzuführen (Volkan 2005). Bevor die Politik in den Jugendverbänden Einzug hielt, ließ man den Gruppengeist wachsen. Dadurch wurde die psychische Grundlage für die verbrecherischen Handlungen geschaffen – wie auch bei den Hamburger Reservepolizisten, denen wirksame Gegengewichte fehlten.

Zwischen dem Maß an Antisemitismus, das vor dem Zweiten Weltkrieg in einem Land vorherrschte, und der Zahl der Juden, die während des Zweiten Weltkrieges in demselben Land ermordet wurden, besteht ein Zusammenhang (Fein, in: Staub 1989). Der Grad des Antisemitismus kann gemessen werden am Vorkommen antisemitischer Parteien, Organisationen und Diskriminierungsgesetze. Kombiniert mit dem Verhalten der religiösen Führer, der Behörden und der Bevölkerung, bestimmte der Grad des Antisemitismus über das Schicksal der Juden im jeweiligen Land.

In Ruanda gab es Anfang der 1960er-Jahre eine kollektive Tutsi-feindliche Ideologie. Sie durchdrang die gesamte Gesellschaft, die zu 85 Prozent aus Hutu bestand. Die Massaker gegen die Tutsi wurden auf die gleiche Weise ausgelöst wie die antisemitischen Pogrome in Osteuropa vor der Zeit des Nationalsozialismus. Es scheint, als wäre die Kollektivideologie eine gefährliche Brutstätte für den Völkermord. In der Botschaft der Kollektivideologie, dass die zu verfolgende Minderheit sich bereichert und der Mehrheit dadurch Unrecht angetan habe, findet sich wiederum der Racheaspekt.

Folgende Äußerung, die Hermann Göring während des Nürnberger Prozesses in einem Interview in seiner Gefängniszelle machte, ist hinsichtlich der destruktiven Kraft der Ideologie in der Gesellschaft aufschlussreich (Gilbert 1977, zitiert nach http://de.wikiquote.org/wiki/Hermann_Göring):

> »Natürlich, das einfache Volk will keinen Krieg […]. Aber schließlich sind es die Führer eines Landes, die die Politik bestimmen, und es ist immer leicht, das Volk zum Mitmachen zu bringen, ob es sich nun um eine Demokratie, eine faschistische Diktatur, um ein Parlament oder eine kommunistische Diktatur handelt. […] Das ist ganz einfach. Man braucht nichts zu tun, als dem Volk zu sagen, es würde angegriffen, und den Pazifisten ihren Mangel an Patriotismus vorzuwerfen und zu behaupten, sie brächten das Land in Gefahr. Diese Methode funktioniert in jedem Land.«

Teil II: Die Rachehandlung

Interludium – Sara, Jean und Lotta haben Rachefantasien

Inzwischen ist es Abend geworden. Sara sitzt am Tisch und malt. Die Mutter kommt mit der Zahnbürste in der Hand ins Zimmer.

»Dein kuscheliges Bett wartet schon auf dich«, sagt die Mutter zu ihrer kleinen Tochter.

Sara folgt der Mutter widerwillig und schlüpft nach dem Zähneputzen ins Bett. Sara liegt in ihrem dunklen Zimmer und blickt mit unruhigen Augen an die Decke. Sie versucht den Blick auf die Lampe zu heften, die in der Dunkelheit kaum zu sehen ist. Sara »hält« die Deckenlampe mit den Augen »fest«. Irgendwie vermittelt ihr das Schutz, wenn die Stimme der Mutter sie mit Wörtern durchbohrt, die doch gar nicht zu ihren Gefühlen passen.

»Du fürchtest dich überhaupt nicht im Dunkeln«, sagt die Mutter.

Am nächsten Tag wächst Saras Wut. Zornig wirft sie ihre Lieblingspuppe gegen die Wand. Dann nimmt sie ihr Püppchen in den Arm und tröstet es weinend. Die Puppe hat die Wut und die Racheimpulse zu spüren bekommen, die eigentlich der Mutter gelten.

Sara geht mit ihrem Kopfkissen unter dem Arm zur Haustür und erklärt ihrer Mutter (C. Wirsén/S. Wirsén 2004, S. 12; eigene Übersetzung): »Heute Abend hast du deine Ruhe, ich übernachte nämlich bei den Karlssons!«

Sara droht ihrer Mutter. Sie zeigt mit Worten und Gesten, dass sie »selber groß« ist. Soll die Mutter doch sehen, wie es ist, wenn Sara nicht mehr da ist. Bestimmt wird Mutter sie vermissen …

***

Jean, der ruandische Junge, spricht in einem fort. Er will die Gedanken, die ihn verfolgen, in Worte fassen. Jeans Gesicht ist wutverzerrt. Seine Handbewegung demonstriert Selbstständigkeit und Kampfeslust (Kaplan/Eckstein 2004, S. 48):

»Was mir am meisten wehtut ist, dass es unser Nachbar war […]. Ich denke immer, dass ich ihn töten würde, wenn ich ihn sehe, und das ist es, was mich verstört. Während dieser Tage hat man junge Menschen gesucht, die in der Armee dienen können, und immer wenn ich an diesen Mann denke, der ein Freund meines Vaters war und der meine Schwester getötet hat, dann möchte ich der Armee beitreten, sodass ich ihn jagen und töten kann. Auch wenn sie mich dann finden und töten, so habe ich wenigstens meine Schwester gerächt. Als ich auf der Straße gelebt habe und ›Bang‹ geraucht habe, hat man mich zu einem Ort in der Nähe von Abadachogora gebracht und versucht, mir die Rachegedanken auszureden. Sie haben mich gebadet und gaben mir Essen und ich benahm mich wieder wie ein normales Kind. Ich habe mich immer hingesetzt und ihnen meine Pläne erzählt, und sie versuchten, mich daran zu hindern. Dann rannte ich immer weg und war wieder auf der Straße.«

***

Lotta nimmt die Bratpfanne vom Herd, die seit dem Essen dort steht, und hebt sie in die Luft. Sie brüllt, dass Peter verschwinden solle, wenn er nicht eins mit der Pfanne übergezogen kriegen wolle. Erstaunlich methodisch und mit schlafwandlerischer Sicherheit packt Peter das Wichtigste in eine Tasche, um bei einem Freund zu übernachten. Lotta sitzt derweil wie versteinert vor dem Fernseher, die Bratpfanne vor sich auf dem Couchtisch. Sie denkt darüber nach, die andere Frau anzurufen und zu brüllen: »Lass deine verdammten Finger von meinem Mann, dem Vater unserer Kinder!«. Sie überlegt, Peters Kleider zu zerschneiden und die blöde mundgeblasene Vase zu zerschlagen, die Peter ihr einmal zum Geburtstag schenkte. Sie erwägt, Peters Eltern anzurufen und ihnen zu erzählen, was Peter ihr angetan hat. Und sie zieht in Betracht, mit den Kindern wegzuziehen, ohne Peter die neue Adresse zu nennen. Soll er sich doch dumm und dämlich suchen!

Lotta hört die Haustür ins Schloss fallen. Sie schlägt mehrmals mit der Faust auf den Küchentisch. Dann bricht sie in Tränen aus. Sie fühlt sich betrogen, erniedrigt und gedemütigt von der Person, der sie am meisten vertraute. Peter war doch ihr bester Freund. Sie schaut sich verzweifelt um. Die Kinder schlafen, Lotta will nicht zu viel Lärm machen und sieht deshalb davon ab, Peters Badminton-Schläger zu zerbrechen, der in der Diele steht. Sie nimmt ein Küchenmesser und geht an Peters Schrank im Schlafzimmer. Hier hängen Peters Anzüge, und auf einem Regal liegen verschiedene Mützen, so auch Peters Studentenmütze. Neben den Anzügen hängen die Hemden. Mehrere davon hat Peter von Lotta zum Geburtstag bekommen. Das marineblaue und das weinrote Samthemd gehören zu Peters Lieblingskleidern. Zunächst will Lotta die Hemden zerschneiden. Sie will alles zerstören, was Peter mag und von ihr geschenkt bekommen hat. Sie will, dass er die gleiche Verletzung empfindet, die sie fühlt, und dass ihm nichts von ihr bleibt. Nach den Hemden sollen dann die Anzüge drankommen und schließlich die Studentenmütze. An der liegt Peter besonders viel – zumal bald die Jubiläumsfeier ansteht.

Lotta nimmt das marineblaue Samthemd aus dem Schrank. Da läutet das Telefon. Sie lässt Messer und Hemd fallen und eilt zum Apparat. Vielleicht ist es ja Peter. Dann wird sie ihn gleich mal wissen lassen, was sie vorhat! Sie beeilt sich, damit die Kinder vom Klingeln nicht wach werden. Am anderen Ende meldet sich Lottas beste Freundin Gunilla, die Lotta natürlich gleich anhört, dass etwas nicht stimmt. Lotta beginnt zu weinen und erzählt Gunilla, was passiert ist. Gunilla bittet Lotta, sich einfach nur hinzusetzen. »Unternimm nichts! Ich bin in zehn Minuten bei dir!«, sagt sie.

5 Rächen – Fantasie oder Handlung

Wir illustrieren in diesem Kapitel zunächst die Rache, wie sie sich in der Paarbeziehung äußern kann. Nachdem wir uns schwedischen Untersuchungen gewidmet haben, gehen wir dann in die Welt hinaus, um weitere Mechanismen zu finden, die verdeutlichen, welche gesellschaftlichen Faktoren das fantasierte oder reale Verbrechen vorbereiten. Wir arbeiten das Phänomen der Rachespirale weiter aus. Um die Diskussion über Völkermörder und die Dynamik des Hasses und der Wut vorzubereiten, beschreiben wir Ludvig Igras Sichtweise der Racheproblematik.

»Dem werd' ich zeigen, was er mir angetan hat«

Verliebtheit wird oft mit Wahnsinn verglichen: In einer intensiven psychischen Erfahrung geht einem der Realitätssinn ebenso verloren wie das Gefühl für die Proportionen zwischen verschiedenen Teilen seines Lebens (Böhm 2001).

> Nach fünfzehnjähriger Ehe meidet der frischverliebte Erik, der zum ersten Mal fremdging, seine Frau immer ängstlicher. Widerstrebend gesteht er seiner Gattin eines Abends schließlich doch seine starken Gefühle für eine andere Frau.

Die typischen Reaktionen desjenigen, der mit so einem Bekenntnis konfrontiert wird, sind sowohl bei Männern als auch Frauen Bestürzung, Wut, Verzweiflung und Verwirrung. Man wünscht sich, die Zeit zurückdrehen zu können: »Es ist nichts passiert, das ist ein Irrtum, es muss wieder so werden, wie es einmal war.«

> Eriks Verliebtheit in eine andere Frau führt zum Wunsch, sich von seiner Gattin zu trennen. Marianne antwortet mit einer äußerst negativen Reaktion, die sowohl destruktive als auch selbstdestruktive Züge hat und Merkmale einer psychischen Störung trägt.

Psychotische Anklänge sind typisch für das primitive Funktionieren des Rächenden – sie waren auch an Lottas Reaktion zu erkennen, die im Interludium beschrieben wurde.

> Marianne nimmt Eriks Trennungsentscheid als Versuch wahr, ihr Leben zu zerstören, und sie will Erik spüren lassen, was er ihr angetan hat, will ihn strafen. Marianne sucht Erik beim Training auf und droht ihm, sich umzubringen, wenn er nicht zu ihr zurückkäme. Dann rennt sie zeternd und weinend aus dem Gebäude, reißt sich den Großteil ihrer Kleider vom Leib und legt sich auf die Motorhaube von Eriks Auto.

Marianne und Erik hatten unterschiedliche Wirklichkeitsbilder. Erik erlebte immer mehr Entfremdung gegenüber Marianne, und Marianne konnte Eriks Wahrnehmung nicht nachvollziehen. Eriks Bild von ihrem vergangenen gemeinsamen Leben und von der aktuellen Situation stimmte nicht mit Mariannes Bild überein. Mariannes konnte und wollte Eriks Wahl nicht akzeptieren.

Es ist verständlich, dass Marianne auf die Entscheidung ihres Mannes verzweifelt reagierte. Gleichzeitig kann man bei ihr eine große Verlassenheitsproblematik erahnen, die vermutlich eher durch frühe Beziehungen als durch die Partnerschaft mit Erik zu erklären ist. Die Spuren der Kindheit erschwerten es Marianne, klar zu sehen, was zwischen ihr und Erik passiert ist, und zu erkennen, wie sie so mit der Situation umgehen kann, dass das Leid kleiner wird. Sie konnte ihre intensiven Gefühle nicht bearbeiten und handelte stattdessen.

In einem Artikel über die Entwicklung psychotischen Denkens illustriert der Psychoanalytiker Wilfred Bion (1967) die Dynamik zwischen Rache und Persönlichkeit. Nachdem Bion zunächst die Bedeutung des Zusammenspiels zwischen Persönlichkeit und Umwelt herausstreicht, beschreibt er, inwiefern rächende Personen psychotische Züge aufweisen. Die vier wichtigsten Aspekte sind:

1. starke destruktive Impulse, die aus Liebe Hass machen
2. Hass im Hinblick auf eine komplexe Wirklichkeit
3. paranoide Angst vor vernichtenden Aggressionen anderer
4. oberflächliche und starre Beziehungen

Hass gegenüber Minderheiten

In Schweden gibt es mit dem »Forum för levande historia« (Forum für lebendige Geschichte) seit 2003 eine Behörde, die Vorurteile und Gewaltverbrechen gegenüber Minderheitengruppen wie Roma, Juden, Einwanderern und Homosexuellen einerseits erfassen und ihnen andererseits entgegenwirken soll. In einer Untersuchung zu intoleranten und minoritätsfeindlichen Tendenzen unter Schülern, die der »Brottsförebyggande Rådet« (Beirat für Kriminalitätsverhütung) im Auftrag dieses Forums durchführte, wurden Jugendliche im Hinblick auf Einstellungen, Verletzlichkeit und selbstdeklarierter Kriminalität befragt (Forum för levande historia 2004). An der groß angelegten Studie nahmen rund 10.500 zufällig ausgewählte Schüler der Mittel- und Oberstufe teil. Die schriftliche Befragung ergab, dass die Mehrzahl der schwedischen Schüler (72 Prozent) gegenüber Minderheiten generell positiv eingestellt ist. 5 Prozent der Schuljugendlichen hatten allerdings eine intolerante Gesinnung gegenüber Minoritäten. 8 Prozent der Schüler waren intolerant gegenüber Moslems und 6 Prozent gegenüber Juden.

Im Hinblick auf eine feindliche Gesinnung gegenüber Juden unterschieden sich die Jugendlichen mit muslimischem Hintergrund nicht von der großen Gruppe der Schüler, die sich als nicht religiös bezeichneten. Andere Ergebnisse der Studie deuteten darauf hin, dass Intoleranz unter Jugendlichen mit schwedischem und ausländischem Hintergrund gleich häufig ist und dass Jungen generell intoleranter sind als Mädchen.

Mädchen sind gegenüber Homosexuellen viel positiver eingestellt als Jungen.

Ein Viertel der Schüler steht Minderheiten weder positiv noch intolerant gegenüber. Wir halten diese Gruppe insofern für ein Risikoelement, als sie durch äußeren Druck leicht negativ beeinflusst werden kann.

Die Angaben der Jugendlichen ließen darauf schließen, dass ein Zusammenhang besteht zwischen dem Grad der Intoleranz und der Anwendung von Gewalt gegenüber einem anderen wegen seiner Herkunft oder Religion. In der intoleranten Gruppe (5 Prozent) gab ein Fünftel der Schüler an, schon einmal jemanden wegen seiner Herkunft oder Religion geschlagen zu haben. Stärkere Vorurteile bringen eine höhere Gewaltbereitschaft mit sich – vielleicht, weil Vorurteile mit Schuldabwehr einhergehen.

Die intoleranten Schüler sind überwiegend Jungen und haben häufiger Eltern mit niedrigem sozioökonomischen Status als tolerantere Schüler. Sie haben mehr Probleme in der Schule, eine ausgeprägtere männlich-chauvinistische Einstellung, schlechteren Kontakt zu ihren Eltern und fühlen sich mehr als Außenseiter als die Schüler in der toleranteren Gruppe. Die Hälfte von ihnen drückt Sympathie für Extremnationalisten, Rassenideologen und Nationalsozialisten aus.

2,6 Prozent der Befragten gaben an, schon einmal wegen ihrer (schwedischen oder ausländischen) Herkunft Gewalt erlebt zu haben. Von den Schülern mit ausländischem Hintergrund gaben 6,6 Prozent, von den Schülern mit schwedischem Hintergrund gaben 2,2 Prozent an, Gewalt ausgesetzt gewesen zu sein. In Bezug auf Bedrohung und verbale Kränkungen fallen die Zahlen noch deutlicher aus. Der Großteil solcher Ereignisse fand in der Freizeit statt. Jungen, die sich bedroht fühlen, schlagen mit Worten oder Taten zurück.

Gewalt und Rache sind nicht identisch. Aber wie schon zuvor erwähnt wurde, ist Gewalt der Rache inhärent – auch wenn sich Rache nicht nur in physischer Gewalt ausdrückt. Und gleichzeitig ist Rache oft ein Element der Gewalt, wenn der Gewalttätige in seinem Leben umfassende Demütigungen erlebte.

Junge Räuber

Die Soziologin Petra Åkesson analysiert für einen Forschungsbericht das Verhalten einer Gruppe junger Männer aus einer großen schwedischen Stadt, die andere Jugendliche ausraubten (Åkesson 2005). Sie befragte elf junge Räuber. Dass sie alle im Ausland gebürtig waren, erscheint uns in diesem Zusammenhang als nicht unbedeutend. Den Ausgangspunkt der Untersuchung bilden Theorien darüber, dass Jugendliche aus niedrigeren Klassen – darunter viele Einwanderer – das gesellschaftliche »Mittelklasseideal« oft nicht erreichen. Sie lockt die Kriminalität als Weg, Status zu erlangen. Sie bilden Subkulturen mit starkem Zusammenhalt. Wenn ihnen zum Beispiel spontane Diebstähle gelingen, erleben sie sich als Gewinner – ihr Selbstvertrauen wächst. Die Raubüberfälle auszuführen und um die Angst der Opfer zu wissen, ist für die Jugendlichen reizvoll und spannend. In den Interviews mit der Soziologin äußerten sich die Jugendlichen unter anderem folgendermaßen: »Wenn wir ein paar Schweden sehen, die reich aussehen oder gute Handys haben, überfallen wir sie« (Åkesson 2005, S. 20; eigene Übersetzung).

Die Raubüberfälle werden nicht organisiert oder geplant, sondern können eher als Lebensstil betrachtet werden. »Die Schweden machen nichts, sie geben uns die Sachen einfach, sie sind dumme Weicheier« (Åkesson 2005, S. 21; eigene Übersetzung).

Nur wenn die Opfer ihre Wertsachen nicht hergeben, werden die Jugendlichen gewalttätig. Ansonsten drohen sie – mit oder ohne Worte – Gewalt vor allem an. »Wenn wir [...] auf Raubzug gehen, führen wir Krieg. Wir führen Krieg gegen die Schweden!« (Åkesson 2005, S. 23; eigene Übersetzung).

Die Welt außerhalb der heimischen Wohnung wird als Schlachtfeld betrachtet. Einer der Jugendlichen erklärt, was Macht für ihn beinhaltet: »[...] die Schweden sollen sich auf den Boden legen und meine Füße küssen« (Åkesson 2005, S. 24; eigene Übersetzung).

Die interviewten Jugendlichen sprechen relativ offen darüber, wie sehr es sie demütigt, nicht von den Schweden respektiert zu werden, oder beschuldigt zu werden, »obwohl wir doch gar nichts gemacht haben«. Indem sie ihren Krieg gewinnen, wollen sie die Demütigung umkehren.

Wir haben den Eindruck, dass solche Subkulturen symptomatisch dafür sind, dass es der Gesellschaft nicht gelingt, Gruppen mit ausländischem Hintergrund zu akzeptieren und zu integrieren. Wenn nichts Grundsätzliches unternommen wird, damit diese Gruppen sich weniger gedemütigt fühlen, kann ihr Rachebedürfnis auf noch gefährlichere Weise zum Ausdruck kommen.

Im Dezember 2005 riefen alle 26 Gemeindevorstandsvorsitzenden der Provinz Stockholm in der Zeitung zu einem breit angelegten gemeinsamen Kampf gegen Gewalt und Fremdenfeindlichkeit auf. »Der Fremde kann dein Freund werden« war der Artikel im »Svenska Dagbladet« betitelt (eigene Übersetzung). Es war ein, wie es scheint, imponierendes Manifest, bei dem mit einer Intoleranz gegen Intoleranz Worte der Intoleranz denjenigen der Toleranz gegenübergestellt wurden: »undemokratische Tendenzen«, »Aufpeitschen der

Stimmung«, »extreme Aktivisten«, »Polarisierung« und »wir und sie« versus »Wertegrundlage«, »Sicherheit«, »Respekt«, »Verantwortung«, »Aufrechte«, »Wahrung der Demokratie« und »verteidigen« (eigene Übersetzungen).

Im Artikel wird an alle Mitbürger appelliert, sich an der wichtigen Arbeit zu beteiligen, indem man den gesellschaftlichen Vorurteilen den Boden entzieht (eigene Übersetzung): »Wir akzeptieren keine Gewalt in der Gesellschaft. Letzten Ende geht es um Demokratie, und die Demokratie ist zerbrechlich.«

Vielleicht sollte man aber der Tatsache kritischer gegenüberstehen, dass die Faktoren, die zu den Vorurteilen beitragen, in der Streitschrift nicht erwähnt werden: die Arbeitslosigkeit, die Segregation, der soziale Abstieg, die Einwanderer- und Flüchtlingspolitik, die asylsuchenden Familien. Die Einstellung der politischen Führer ist wichtig, sind sie doch Vorbilder und Leitfiguren. Gleichzeitig bedarf es einer toleranten Gesinnung. Die Faktoren einer ungerechten Gesellschaft schüren Neid, Empörung und Gefühle der Demütigung. Sie fachen Vorurteile an, die in Gewalt münden können. Wie wir zeigen werden, geht es bei Vorurteilen weitgehend um Neid – und um daraus resultierende Rache.

Der Weg des Bösen

Ervin Staub ist einer der wichtigsten Forscher, die die sozialpsychologischen Voraussetzungen und Umstände von Völkermordereignissen erforschen. Seinem ersten Buch, »The Roots of Evil« (1989), folgte eine Reihe von Artikeln und weiteren Büchern. Hier wollen wir einige seiner wichtigsten Gedankengänge zusammenfassen.

Staub (1989) meint, dass es zwei entscheidende Ausgangspunkte für massive Gruppengewalt gibt: Gruppenkonflikte und schwierige Lebensbedingungen. Sie sind alleine oder gemeinsam wirksam. Staub arbeitet auch die Bedeutung des Verlustes von Wohlbefinden, der Gefährdung basaler Lebensbedingungen und des Gefühls der Ungerechtigkeit oder der Deprivation im Vergleich zu anderen Gruppen heraus. Als Beispiele für Gruppenkonflikte nennt er das Verschwinden von Oppositionellen in Argentinien, die Massentötungen in Kambodscha und den Genozid in Ruanda.

Das Erleben von Benachteiligung gegenüber anderen Gruppen stellt also eine Brutstätte für Rachefantasien und -handlungen dar. Schwierige Lebensbedingungen frustrieren grundlegende menschliche Bedürfnisse. Wenn die Identität und der Sinnzusammenhang bedroht werden, wenden sich die Menschen an ihre eigene Gruppe. Sie erhöhen die eigene Gruppe und benennen Sündenböcke. Sie eignen sich eine Ideologie mit einer Vision der idealen Gesellschaft an. Im Rahmen der Ideologie wird fast immer eine gegnerische Gruppe ausgemacht, gegen die man feindliche Handlungen richtet.

Im Zusammenhang mit den feindlichen Handlungen verändern sich die Gruppe und ihre Mitglieder. Die Zunahme der Gewalt kann zu Massentötungen führen. Die Entwertung der anderen Gruppe in der Vergangenheit trägt zur destruktiven Entwicklung bei, besonders wenn diese Entwicklung durch die gesellschaftlichen Strukturen sanktioniert wird.

Für die destruktive Entwicklung ist auch der Respekt für Autoritäten ausschlaggebend. Diejenigen, die es gewohnt sind, geführt zu werden, wenden sich an neue Führer, oft an solche, die destruktive Ideologien mit vereinfachten Botschaften bereithalten. Gibt es dann keine demokratischen Strukturen, in denen Opposition und Diskussion gestattet sind, steigt das Risiko eines Massentötens. Man bedenke, dass funktionierende Demokratien nie an einem Massentöten beteiligt waren.

Eine frühere Opferidentität und ungeheilte Verletzungen der Gruppe steigern auch die Risiken der Destruktivität. Haben sich ihre Wunden nicht geschlossen, erlebt die Gruppe die Welt als gefährlich. Die Gruppenmitglieder reagieren auf Gruppenkonflikte mit eigener Gewalt, weil sie Konflikte als Bedrohung interpretieren, gegen die sie sich wehren müssen. Staub illustriert dies mit dem Konflikt im ehemaligen Jugoslawien, bei dem viele Beispiele früherer Opfererfahrungen und ungeheilter Verletzungen zu finden sind.

Wenn der destruktive Prozess in Gang gekommen ist, wird bei den Tätern der innere Widerstand, der die Entwicklung aufhalten könnte, immer geringer. Dies hängt damit zusammen, dass die Täter sich verändern. Gleichzeitig beschreibt Staub die Bedeutung der Zuschauer und inwiefern sie den Prozess durch aktiven Widerstand stoppen – oder aber das Töten durch ihre Passivität legitimieren – können. Für Letzteres ist das Verhalten der Umwelt beim Völkermord in Ruanda ein Beispiel, obgleich die Täter – wie zum Beispiel vonseiten der französischen Regierung – natürlich auch aktiv unterstützt wurden.

Staub unterstreicht, dass ökonomische Probleme in einer Gesellschaft den Konflikt wohl verkomplizieren, aber nicht ausreichend erklären. Er betont die Wichtigkeit psychologischer und kultureller Faktoren, selbst wenn es beim Gruppenkonflikt im Grunde um materielle oder territoriale Interessen geht. Wie beim israelisch-palästinensischen Konflikt werden oft Territorien und Identitäten miteinander verknüpft, und die psychologischen Faktoren wie die gegenseitige Dämonisierung lassen aus solchen Auseinandersetzungen häufig nahezu unlösbare Probleme werden.

Staub erläutert, inwiefern schwierige Lebensumstände und die Neigung der Gruppe, sich anzuhängen und zu gehorchen, es den Führern leichter machen, destruktive Ideologien zu entwickeln. Er legt auch dar, dass die Führer selbst Element der Gruppe sein können, die sich mit der Opferrolle identifiziert.

Das Aufflammen von Gruppengewalt muss als Teil eines längeren Prozesses betrachtet werden, wenngleich die Umwelt eine solche Veränderung auch nicht immer wahrnimmt. Während dieses Prozesses entwickeln sich Individuen, Gruppen und Institutionen in destruktive Richtung.

Staub nennt auch Beispiele, bei denen es gelang, der destruktiven Entwicklung Einhalt zu gebieten. In Südafrika konnte die Apartheid wahrscheinlich deshalb beendet werden, weil der Wirtschaftsboykott von außen und der Boykott der südafrikanischen Sportler als Gegengewichte fungierten. In Bosnien konnte die Gewalt durch das Eingreifen der NATO gestoppt werden. In Nordirland hat die Präsenz britischer Truppen den Konflikt zwar nicht gelöst, aber vielleicht eine noch schlimmere Entwicklung verhindert. Außerdem ergriffen die miteinander im Streit liegenden Gruppen viele Initiativen zur Aufnahme friedlicher Beziehungen, und den Vermittlern wurde der Freiraum gewährt, das Übereinkommen zu erarbeiten, das nun eingehalten zu werden scheint.

Es ist äußerst interessant, Staubs sozialpsychologischen Ansatz mit Volkans psychoanalytischer Beschreibung ähnlicher Phänomene zu vergleichen. Die Gruppenveränderungen, die Staub beschreibt, entsprechen in vielerlei Hinsicht Volkans Regression von Großgruppen (Volkan 2005).

Führer und Geführte

Benjamin Valentino (2000) schildert den Hintergrund von Massentötungen aus der Perspektive eines Staatswissenschaftlers. Valentino hält Faktoren wie Gesellschaftsstruktur, Regierungsform oder kollektive Psychologie zwar für wichtig, sie reichen seiner Meinung nach aber nicht als Erklärung aus: Schließlich sind viele undemokratische Regierungen und soziale Krisen nicht mit Gewalt gegenüber Zivilisten verknüpft. Valentino meint, dass die Ziele und Strategien der höchsten politischen oder militärischen Führer den wichtigsten in der Diskussion fehlenden Faktor ausmachen. Für Massentötungen bedarf es einzig der Machtlosigkeit der anderen Mitbürger oder deren Gleichgültigkeit als passive Zuschauer. Valentino ist der Meinung, dass die einzelnen Täter nur vage Gefühle im Hinblick darauf haben, warum sie sich an destruktiven Handlungen beteiligen. Er zieht den Vergleich zur Indoktrinierung von Soldaten, in deren Folge diese ihr Leben opfern für eine Sache, die sie nicht verstehen. Mit Waller (2002) darf angenommen werden, dass wir alle zu Gewalt oder zu Gleichgültigkeit gegenüber Gewalt fähig sind. Entsprechend Valentino ist jedoch der entscheidende Faktor, dass mächtige Führer das Massentöten als praktischsten strategischen Weg zur Erreichung bestimmter radikaler Ziele betrachten können (auch wenn die radikalen Ziele auf ihren eigenen irrationalen Vorstellungen basieren). Es ist nicht einmal nötig, dass sich ein Großteil der Bevölkerung an der Verfolgung beteiligt. Eine kleine, gut ausgerüstete Minorität kann unter unschuldigen Opfern großen Schaden anrichten. Insofern reicht – wie es im nationalsozialistischen Deutschland und in Ruanda der Fall war – die Konstellation aus einer kleinen Gruppe Überzeugter, einer etwas größeren Gruppe halbwegs engagierter, gewaltbereiter Anhänger und einer großen gleichgültigen Mehrheit aus passiven Zuschauern.

Gleichzeitig muss betont werden, dass eine lange Vorgeschichte der Entwertung bestimmter Minderheiten oder Ethnien mit der Folge einer kollektiv destruktiven Psychologie es den Führern leichter machen kann, Anhänger und passive Zuschauer für sich zu gewinnen. Hitler wollte auf ähnliche Weise einen deutschen Lebensraum in Europa schaffen, wie andere europäische Mächte dies außerhalb Europas versucht hatten (Lindqvist 2005). Er wollte unerwünschte Völker auf die gleiche Weise ausrotten, wie dies zuvor in Kolonien geschehen war. Und dies gelang ihm in schrecklichem Ausmaß, bevor er schließlich doch gestoppt wurde. In Ungarn konnten Eichmann, 8 SS-Offiziere und 40 einfache Soldaten über 400.000 ungarische Juden nach Auschwitz deportieren – mithilfe einer großen gleichgültigen Mehrheit kollaborierender oder passiv zuschauender Ungarn (Staub 1989).

Von Menschen gemachte Katastrophen

Martin Pollacks Buch »Der Tote im Bunker. Bericht über meinen Vater« ist eine einzigartige Verbrechensschilderung. Pollack schildert in seinem Werk die Suche nach Spuren seines Vaters (Pollack 2004). In seiner Buchrezension greift Richard Swartz (2004) auf, wie häufig Vernichtungstäter aus der Provinz stammten und dem Stadt-Land-Gegensatz erwuchsen, und er verweist auf Gegenden wie Elsass-Lothringen, Danzig, das Sudetenland, Krajina und Sarajevo. Die schrecklichsten Täter wie Hitler, Stalin, Mussolini und Milosevic stammten alle aus der Provinz – waren »voller Komplexe und Feindlichkeit gegenüber der Stadt, also der urbanen Kultur, die unsere einzige moderne Formel ist, den anderen zu akzeptieren und zu integrieren« (Swartz 2004; eigene Übersetzung).

Pollack ist ein österreichischer Schriftsteller, Übersetzer und Slawist. Sein Vater wuchs in Slowenien auf und wurde später SS-Sturmbannführer und Leiter der Linzer Gestapo. Pollacks Vater wurde kurz vor Kriegsende ermordet. Der auf der Fahndungsliste für Kriegsverbrecher Geführte befand sich auf der Flucht nach Südamerika.

In seinem Buch beschreibt Pollack seine Kindheit bei seinen Großeltern väterlicherseits. Hier hatten die Männer in der Familie auf jede Frage eine kategorische Antwort. Mehrere Männer hatten Mensurnarben, schreckliche Wundmale von Messerkämpfen im Zusammenhang mit Ehrenstreitigkeiten in ihrer Jugend. Pollacks Großmutter hielt die Tschechen für »Schweine«, und in den Vorstellungen und Überzeugungen der Großmutter und den Menschen in ihrem Umfeld lebte das Dritte Reich fort. Es war weder Wille noch Fähigkeit vorhanden, sich mit der Vergangenheit auseinanderzusetzen; alles wurde totgeschwiegen. Pollack zeigt aber auch, wie exponiert wir Menschen sind, wie leicht man Schritte unternimmt, die eine Umkehr verunmöglichen, und wie man im Gruppenrausch die Verantwortung für sein eigenes Leben vergisst.

Pollacks Ausführungen erinnern an Ludvig Igras Gedankengänge über die Wahl zwischen Fürsorge und Grausamkeit, die wir später darlegen werden; an Wallers Beschreibung, wie der destruktive Prozess die involvierten Menschen verändert; an die Bedeutung des Zeitgeistes, destruktiver Ideologien und demagogischer Führer; und daran, wie ausgeliefert der Mensch diesen Kräften ist, ohne dass er dies immer begreift.

Wir unterscheiden zwischen Katastrophen, bei denen Naturereignisse wie beispielsweise Erdrutsche, Lawinen, Erdbeben, Flutwellen und Orkane verheerende Auswirkungen auf den Menschen haben, und Katastrophen, bei denen Menschen einander verfolgen, schädigen oder töten. Nur diesen widmen wir uns in diesem Buch.

In Bezug auf menschengemachte Katastrophen illustriert Sverre Varvin (2004) das Phänomen der Rache anhand von zwei psychologischen Mechanismen: einerseits anhand der Scham/des Narzissmus (der Demütigung!), bei der der Täter schambeladene, entwertete Selbstanteile projiziert (»Ich bin nicht weniger wert und gekränkt, ich werde sie spüren lassen, was sie mir anzutun versuchen!«); andererseits anhand des projektiv-persekutorischen Mechanismus (der verfolgenden Schuld). Das plagende primitive Gewissen wird zu schwer, um ertragen werden zu können, und wird vom Täter auf das Opfer der Aggression projiziert. Gleichzeitig erlebt der Täter das Opfer so, als ob es ihn für seine kriminellen Handlungen kritisiere, was zu noch mehr Gewalt führt (Varvin 2004). Bei beiden Mechanismen ist die zentrale Rolle der Projektion zu erkennen. Es wird deutlich, inwiefern die Rachespirale genährt wird, wenn es der Betroffene mental nicht schafft, seine psychische Lage zu ertragen, zu bearbeiten oder zu reflektieren, und er sie vielmehr auf jemand anderen projizieren muss (»Er hat so blöd aus der Wäsche geschaut, dass ich ihm einfach eine schmieren musste!«).

»Normale« Menschen können also zu Tätern oder Rächern werden. Die Frage ist aber, ob Täter immer Rächer sind. Wie wir bereits an anderer Stelle betonten, ist der Mensch nicht immer in der Lage, mit all seinen starken Gefühlen umzugehen. Übrig bleiben oft Impulse der Grausamkeit. Igra zieht den Vergleich zu Taschen, deren grausame Inhalte beim Fehlen effektiver Gegengewichte entleert werden können (Igra 2004). Das Entleerte trägt oft Merkmale der Rache – als könne man immer eine Kränkung finden, die vergolten werden müsse. Zuweilen reagiert der Täter auch auf einen ganz anderen Übergriff, als er selbst meint – auf eine Kränkung nämlich, die tief in seinem Inneren verborgen liegt. Opfer werden nicht immer zu Tätern, aber Täter erleben sich oft als Opfer.

Zurück zum Phänomen der Rachespirale

Es entsteht also immer eine Rachespirale zwischen Täter und Opfer, das seinerseits zum Täter wird und dessen Untaten dann wiederum neue Opfer erdulden müssen – wenn Gegengewichte dies nicht verhindern und dadurch Versöhnung ermöglichen und die Spirale stoppen. Unabhängig davon, ob der Täter das Opfer tatsächlich oder nur in der Vorstellung des Opfers im Stich lässt, bedroht oder verletzt, bereitet das Opfer seine Rache in der Fantasie vor. Und auch wenn die Rache zurückgehalten oder durch soziale Umstände gehemmt wird, kann sie im Opfer schwelen und bei passender Gelegenheit ausgelöst werden.

Bei manchen Menschen wird die Rache allerdings überhaupt nicht zurückgehalten, sondern von dem zum Täter gewordenen Opfer als berechtigt betrachtet und sofort ausgelebt.

Dass es für diejenigen, die sich im Sog der Rachespirale befinden, schwierig ist, diese zu stoppen, wurde schon beleuchtet:

1. Die Rache an sich wird genährt von primitiven Fantasien, die durch eine verborgene Wut geprägt und von der magischen Hoffnung getragen sind, dass »der Film zurückgespult« und dass das böse Ereignis durch gleich Böses nichtig gemacht werden kann. Diese Kräfte sind so stark und vernunftwidrig, dass sie Selbstreflexion und rationale Erwägungen verunmöglichen.
2. Im Zuge der Rache konstruiert der Rächende auch allerlei pseudomoralische, angeblich legitimierende Argumente und beruft sich auf Gerechtigkeit, soziale Gleichberechtigung, politische Motive, Menschenwürde oder Strafgewalt.

Die Rachespirale ist also einerseits ein innerer Prozess, der sich im Rächer abspielt. Hat er einmal mit der Rache begonnen, muss er sie fortsetzen. Ein Grund hierfür ist die bereits zuvor erwähnte verfolgende Schuld, die immer weiter wächst, wenn keine äußere Kraft den Racheprozess stoppt. Die verfolgende Schuld ist nicht gleichzusetzen mit dem Gewissen. Es handelt sich vielmehr um ein primitives Schuldgefühl, das der Täter so erlebt, als erhöbe sich das Opfer in seinem Inneren und verfolge ihn rachsüchtig. Der Täter nimmt nicht die eigenen Gewalttaten als Quelle seines inneren Unbehagens wahr, sondern die Menschen, die er attackiert (Igra 2004). Man denke beispielsweise an eine Situation, bei der jemand auf der Straße angegriffen wird. Wie oft nimmt der Täter keine Schuld auf sich, sondern sagt, sein Opfer habe ihn herausgefordert (»Der hat's doch gar nicht anders gewollt, so blöd wie der aussieht!«). Vor einigen Jahren wurde auf einer großen Stockholmer Straße ein Mann zu Tode geprügelt, nachdem er ein paar gegen eine Hauswand urinierende Männer rügte. Die pinkelnden Männer wussten wohl, dass ihre Handlung nicht in Ordnung war, ertrugen aber die Rüge des Fremden nicht. Der Getadelte erlebt durch die Zurechtweisung eine demütigende Situation der Unterlegenheit. Der Rügende verschmilzt gewissermaßen mit dem primitiven Schuldgefühl des Getadelten. Gegen dieses Gefühl muss der Gerügte in den Angriff gehen, weil er nicht anders damit umgehen kann. Hat er kein Gewissen, das mit dieser Erniedrigung verhandeln kann, muss er sich selbst in die Position der Überlegenheit versetzen – und das primitive Schuldgefühl, das durch den Rügenden spricht, zum Schweigen bringen.

Die Rachespirale ist aber auch ein Prozess zwischen zwei Parteien, die oft so vom Kraftfeld der Spirale beeinflusst sind, dass diese nur von außen gestoppt werden kann. Man denke an »Romeo und Julia« (Shakespeare 2008a): Dort wird die Rachespirale genährt, weil jede Partei mit jedem weiteren Racheakt darauf spekuliert, dass die jeweils andere aufgibt. Natürlich wirken die inneren und die zwischenmenschlichen Prozesse der Rachespirale so zusammen, dass die Problematik weiter verschärft wird.

Igra über die Rache

Ausgehend von den Ereignissen auf dem Balkan erörtert Ludvig Igra (2004), inwiefern Selbstgerechtigkeitswahn zu brutalster Gewalt führte. Die Streitenden fanden zwingende Gründe, das Morden fortzuführen, obwohl die jeweilige Mehrheit in den drei Bevölkerungsgruppen sich ein Ende des Tötens wünschte. Igra hält die »Notwendigkeit der Rache« für einen zentralen Gruppenmythos auf dem Balkan. Es scheint, als ob die Toten, das Selbstwertgefühl oder die Ehre nach Rache verlangten. Hass und Stolz müssen zum Ausdruck gebracht werden, um persönliche Genugtuung zu erlangen.

Man versuche sich den unglaublichen Zorn vorzustellen, der geweckt wird, wenn das Unfassbare passiert: Das eigene Kind wird umgebracht. Hassgefühle sind legitim. Aber auch wenn der Betroffene sich in seinem Zorn wie bei diesem Beispiel zum Rachemord berechtigt fühlt, sind Rachehandlungen immer destruktiv: Auf individueller Ebene verhindern sie die Heilung des Betroffenen, auf gesellschaftlicher Ebene schüren sie die Rachespirale.

Titos Tod führte zu einem Klima der Unsicherheit, das neue Führer begünstigte. Solchen Führern gelingt es durch das Predigen paranoider, vereinfachter Botschaften, bei ihren Bürgern eine Illusion der Sicherheit zu wecken. Igra zeigt auf, wie die paranoide Rhetorik durch die Verdrehung historischer Ereignisse und nationaler Legenden gespeist wird. »Kleine Wahrheiten« über den Feind werden demagogisch aufgeblasen. Unschuldsbeteuerungen des Feindes werden wachsam registriert und als lediglich freundliches Getue abgetan. Unschuld wird also als Merkmal gewertet, das auf die feindliche Gesinnung des Gegners hinweist. Aus den Mythen und dem paranoiden System erwächst schließlich die Racheneigung.

Igra beschreibt, inwiefern die Rache den Rachsüchtigen von innen auffrisst. Rache ist unersättlich. Sie kann nur noch mehr Rache einfordern. Und um sich vor Gewissensbissen zu schützen, müssen die der Rache entspringenden Grausamkeiten in einem Zustand der Erregung ausgeführt werden, in dem man seinen früher vertretenen Werten abschwört. Das psychische Manöver, wie Igra es schildert, entspricht der Legitimierung der Rache, wie wir sie zuvor beschrieben. Igra erläutert die Erregung des Rächenden und ergänzt die Primitivierung damit um ein Niveau, bei dem einstige Beziehungen und Werte verleugnet werden.

Wie bereits erwähnt, ist die Schuld, die beim Täter geweckt wird, wenn er dem Opfer das selbst erlebte Grauen weitergeben will, eine verfolgende – ein primitives Schuldgefühl, das der Täter so wahrnimmt, als ob das Opfer sich in seinem Inneren erhöbe und ihn bedränge. Zum Schuldgefühl trägt auch die Angst vor dem Fremden bei, die zum Projektionsschirm eigener Unsicherheit und Gefühle der Schwäche wird. Verfolgende Schuld lässt die Gewalt eskalieren, weil sie nicht zu Reue, Einfühlung, Wiedergutmachung und Versöhnung führt. Der Täter hasst denjenigen, den er peinigt, weil er glaubt, dass das Opfer ihn peinigt. Rache geht einher mit der Illusion, dass das eigene Leiden gelindert werden kann und die eigenen Verluste kompensiert werden können, indem man dem Feind Leid zufügt. Wie Igra es ausdrückt, verspricht die Rache, etwas Verlorenes durch Zerstörung wiedergewinnen zu können.

Paranoiden Führern wie Milosevic, Stalin und Hitler gelang es, mithilfe kindlicher Triumphfantasien Gefolgsleute zu gewinnen. Sie hatten ein Racheprojekt, das paranoide Vorstellungen und demagogische Fähigkeiten vereinigte. Ihre Anhänger gaben sich der Illusion hin, Verlorenes wiedergewinnen zu können, indem sie das Leben anderer Menschen zerstörten. Aber Igra erinnert daran, dass der Rächer so keine Ruhe finden kann. Die reine, ethnisch gesäuberte, klassenlose Gesellschaft kann niemals Wirklichkeit werden. Die Toten wecken beim Rächer ein unbewusstes Schuldgefühl, das er aber nicht als Stimme des Gewissens wahrnimmt, sondern als Angriff auf sich. Deshalb muss er seine Opfer noch mehr hassen und seine Grausamkeit als berechtigt ansehen.

Es wird deutlich, dass Igras Argumentation zu den gesellschaftlichen Rachemechanismen (Igra 2004) anknüpft an Volkans Überlegungen (2005) zum primitiven Vorgehen der Großgruppe, beim Versuch ihre zerfallende Gruppenidentität mit allen Mitteln zu retten.

Völkermörder

Was stärkt die Widerstandskraft der Zeugen gegen Mitläufertum? Die Forschung zeigt, dass wir alle – unabhängig von Persönlichkeit und Geschichte – vom Zusammensein mit anderen beeinflusst werden (Staub 2003). Dies erlegt uns die Verantwortung auf, Stellung zu beziehen. Mehrere Autoren, darunter Igra, Waller und Arendt, unterstreichen diesen generellen Aspekt: Wir alle – nicht die pathologischen anderen – haben die Wahl zwischen Grausamkeit und Fürsorge. Es ist, als ob Grausamkeit und Fürsorge um den gleichen Raum in uns wetteifern und bestimmte Faktoren uns das eine oder andere wählen lassen. Diese als Gegengewichte wechselseitig aufeinander wirkenden Faktoren sind uns mehr oder weniger verborgen. Die individuelle Psyche spielt in diesem Zusammenhang ebenfalls eine wichtige Rolle. Staub beschreibt auch, inwiefern Individuen sich entwickeln, indem sie durch Handlung lernen, andere abzuwerten oder aber sich um sie zu kümmern. Letzteres bezeichnet er als einschließende Fürsorge (Staub 2000). Relevant ist auch die Beziehung des Individuums zu seiner eigenen Gruppe, also der Umstand, ob man ein blinder Patriot ist, der seiner Gruppe widerspruchslos folgt, oder vielmehr ein konstruktiver Patriot, der eine selbstkritische Distanz zur eigenen Gruppe wahrt. Nach Staub hat der konstruktive Patriot eine prosoziale Wertorientierung und wagt es, anderen verantwortungsbewusst und empathisch zu helfen. Er hat ein autonomes Selbst und kann sich von der eigenen Gruppe distanzieren. Der blinde Patriot hingegen hat ein eingebettetes Selbst. Staubs Erklärungen ähneln Volkans Überlegungen zur Großgruppenidentität und zu der Fähigkeit, sich bei einer Großgruppenregression kritisch gegenüber der eigenen Gruppe zu verhalten (Volkan 2005).

Wieder wird die Wirkung sozialpsychologischer Faktoren auf das Individuum deutlich. Nach unserer Annahme, die wir auf Melanie Kleins Entwicklungstheorie (Klein 1975) gründen, oszilliert der Mensch mehrmals täglich zwischen einer gespaltenen Position, in der er von Hassbildern und deren Verteidigung geleitet wird, und einer integrativen Position, in der er der Umwelt neugierig begegnet. Deshalb haben die sozialpsychologischen Faktoren unterschiedliche Effekte auf den Menschen und zwar abhängig davon, wo und wann sie wirken, und davon, ob das kulturelle Umfeld eine offene, mentalisierende Atmosphäre etablieren konnte (Fonagy 2005). Diese Faktoren haben einen wichtigen Einfluss darauf, ob das Individuum einen offenen, flexiblen Pluralismus pflegt oder vielmehr geprägt ist von einem geschlossenen, starren Monismus und blinder Identifikation mit der eigenen Gruppe.

In Interviews mit gewalttätigen Männern, die ihnen nahestehende Frauen misshandelt hatten, enthüllten sich uns ungeheilte Kindheitstraumata, die offenbar nicht mental repräsentiert oder gefühlsmäßig im Jetzt erinnert wurden, sondern sich vielmehr in destruktiven, gespaltenen Rachepotenzialen ausdrückten. Auch die ruandischen Hutu, die lange Zeit unter dem Regime der Tutsi lebten, können eine solche ungeheilte Demütigung erfahren haben, wobei das Rachepotenzial durch die langjährige Hasspropaganda gegen die Tutsi noch verstärkt wurde.

Gleichzeitig scheint es – bei Kindern auf dem Spielplatz und bei nationalen Tyrannen gleichermaßen – nicht ein schwaches Selbstwertgefühl zu sein, das die Aggression des Täters in Gang setzt, sondern vielmehr ein von früheren Kränkungen zurückgebliebenes defensives Überlegenheitsgefühl (Staub 2000). Die Täter haben ein typisches pseudostarkes Selbstwertgefühl, das bei Provokation Wut auslöst.

Im Zusammenhang mit ungeheilten Verletzungen nach dem Frieden von Versailles und der wirtschaftlichen Depression der 1930er-Jahre scheinen viele Deutsche unter dem erwachenden Nationalsozialismus ein solches pseudostarkes Gruppenselbstbild gehabt zu haben. Ähnliches mag auf die ruandischen Hutu zutreffen, die unter der Führung der Belgier und Tutsi lebten, während die Kolonialmacht die vertikale Machtverteilung im Land aufrechterhielt. Möglicherweise identifizierten sich die Hutu sogar mit ihren Aggressoren, um die Machtbeziehungen umkehren zu können.

Das Gefühl der Bedrohung des pseudostarken Selbstwertgefühls und der Gruppenidentität bleibt oft als ungeheilte Verletzung potenziell präsent. Wenn die destruktive Handlung dann nach jahrelanger mentaler Vorbereitung einsetzt, führt sie zu weiteren Veränderungen der Persönlichkeit, bis der Betroffene schließlich nach den Prinzipien des geschlossenen Raumes funktioniert. Es wird eine Schwelle überschritten, und nach dem ersten Mord erweist sich der nächste als umso einfacher. Wie sich »normale« Menschen durch destruktive Handlungen verändern, wird später in diesem Buch im Zusammenhang mit den Interviews mit ruandischen Völkermördern deutlich.

In Ruanda resultierte die von den Führern während der jahrelangen Diktatur manipulierte Großgruppenregression in noch mehr blindem Vertrauen. Die Schuld, die im Zusammenhang mit begangenen Grausamkeiten empfunden wird, ist vor allem eine verfolgende. Die Verlockung der Vereinfachung und das Bedürfnis nach Reinheit sind mächtig. Wie wir am Beispiel Ruandas sehen werden, erlebten die Täter die utopische Fantasie der Ausrottung aller eigenen bösen Anteile – wie Neid, Rivalität, negatives Selbstbild, Hass und Minderwertigkeitsgefühle – projektiv beim Feind. Im Hinblick auf das Zusammenspiel zwischen autoritärer Gesellschaft und Individuen halten wir den Prozess der Vertikalisierung der Beziehungen für zentral. Die regressive Gesellschaft bedient sich einer destruktiven Ideologie, und das Individuum reagiert auf alle vorgestellten Gefahren und tatsächlich erlebten Demütigungen mit Spaltung oder Dissoziation. Indem sie Vorurteile schaffen, tragen die projektiven Prozesse zur Destruktivität bei (»Sie sind gefährlich – nicht ich!«).

Wut und Hass

Der Psychoanalytiker Otto Kernberg schenkt dem Phänomen der Aggression und der Psychologie des Hasses besondere Aufmerksamkeit (Kernberg 1997). Er gründet die Argumentation auf seine klinische Arbeit mit Patienten, die unter schwer psychopathologischen Zuständen leiden. Kernberg unterscheidet zwischen Ärger, Zorn und Wut und zeigt, wie der Hass der Wut entspringt, dem primitiven Affekt, um den sich der Aggressionstrieb konzentriert. Die

Wut kann als letzter Ausweg fungieren beim Versuch, das Gefühl der Selbstständigkeit wiederzuerlangen, ein ausgeglichenes Selbstwertgefühl bei stark frustrierenden Situationen, die unbewusst als Bedrohung durch verfolgende andere wahrgenommen werden. Hass ist der schwerste – und komplexeste – Affekt. Er kann sich zu einer erdrückenden Übermacht entwickeln, die gegen sich selbst oder andere gerichtet ist. Hass beinhaltet Rationalisierungen (Ausreden) und Verdrehungen. Das primäre Ziel des Hassenden ist es, in seiner unbewussten Fantasie eine spezifische Person zu vernichten. Es ist ein Paradox, dass man das Objekt im Grunde benötigt und erwünscht, seine Zerstörung jedoch gleichermaßen braucht und ersehnt. Kernbergs Gedankengänge stehen in Einklang mit Schores (2003) Überlegungen zur beeinträchtigten Affektregulierung bei Kindern mit frühen Bindungsstörungen, die nach der Adoleszenz zu starker Aggressivität führen kann.

Um die Dynamik der Rache verstehen zu können, muss man sich vor Augen führen, dass Hass nicht immer pathologisch ist. Als Schutzreaktion auf eine tatsächliche Gefahr der physischen oder psychischen Vernichtung – auf eine Bedrohung des eigenen Überlebens oder des Überlebens geliebter Mitmenschen – kann Hass eine normale Folge der Wut sein. Aber gewöhnlich wirken unbewusste Triebkräfte, also ältere Hassgefühle, verstärkend; dies ist der Fall, wenn man auf Rache sinnt (Collin 2006).

Beginnende Rachefantasien können mit dem Bestreben einhergehen, sich durch Handeln des Hasses zu entledigen. Rachegedanken können natürlich auch damit verbunden sein, dass man den anderen symbolisch oder tatsächlich vernichten will, um ein Gefühl des Triumphes zu erleben. Man kann auch mutmaßen, dass der intensiv und kontinuierlich Hassende seinen Hass regelrecht pflegt, um keine Trauer empfinden zu müssen. In »Der Graf von Monte Christo« sagt Dantès: »Wenn du mich je geliebt hast, dann nimm mir nicht meinen Hass. Er ist alles, was ich noch habe!«

Der Hass als chronische Charakterneigung spiegelt immer eine Aggressionsproblematik wider. Extreme Formen des Hasses können zu Mord, radikaler Entwertung und symbolischer Vernichtung führen. In manchen Fällen wird der Hass gegen die eigene Person gerichtet. Eine Identifikation mit dem gehassten Objekt kann zu Selbstmord führen. Sadismus ist kein Ausdruck des Vernichtungswillens, sondern vielmehr des Wunsches, die Beziehung zum gehassten anderen aufrechtzuerhalten. Es liegt ein Genuss darin, Schaden zu verursachen – eine Verdichtung von Aggression und Erregung.

Es gibt auch Betroffene, die mit der Tatsache kämpfen, dass sie sich nicht rächen können – entweder weil sich das zu Rächende vor allzu langer Zeit ereignete oder weil es kein Hassobjekt gibt, auf das die Wut gerichtet werden kann. Letzteres kann zum Beispiel bei Opfern von Naturkatastrophen der Fall sein: Wie soll man sich schließlich an einem Tornado rächen?

6 Der Mann als Täter – Rache aus der Geschlechterperspektive

In diesem Kapitel zeigen wir auf, inwiefern bei der Gewalt von Männern gegen Frauen individualpsychologische und gruppenideologische Aspekte miteinander verquickt sind. Wir widmen uns der Paardynamik und erklären die psychologischen Hintergrundfaktoren für die Gewalt von Männern gegen Frauen, bei denen auch dem Aspekt der Rache wichtige Bedeutung zukommt. Wir beschreiben Interviews mit gewalttätigen Männern und diskutieren, inwiefern Bindungsstörung und fehlende Empathie sich in diesem Kontext als zentral erweisen. Abschließend widmen wir uns Interviews mit misshandelten Frauen.

In den meisten Diskussionen über die Misshandlung von Frauen geht man von der Interaktion zwischen Über- und Unterlegenheit im Verhältnis zwischen Mann und Frau aus, um die Entstehung von Gewalt in Paarbeziehungen zu verstehen. An dieser Stelle werden wir jedoch die Rolle des Mannes beleuchten.

Nancy Chodorow nimmt als Grundlage an, dass Gewalt vor allem ein andropathologisches Phänomen ist: Die als Nicht-Frau-Sein verstandene Maskulinität macht den Mann typischerweise defensiv und auf die Verteidigung der eigenen Grenzen bedacht. Chodorow beschreibt auch die doppelte Demütigung des Mannes: Der Junge grenzt sich von seiner ersten Identifikation mit seiner Mutter ab; er wird als Junge ein Nicht-Mädchen. Dadurch achtet er besonders darauf, nicht unmännlich zu wirken. Außerdem fürchtet er die Abweisung als Nicht-Mann vonseiten älterer Männer. Demzufolge kann der Mann die ethnisch-religiös-nationale Identität in ein männlich-kulturelles Selbst übersetzen, das sich aus einer männlichen Perspektive bedroht fühlt

(Chodorow, in: Varvin/Volkan 2003). Nach Chodorow besteht die Demütigung des Mannes also vor allem in einem Mann-Mann-Gegensatz (eigentlich Vater-Sohn-Gegensatz). Dementsprechend kann man die psychische Dimension männlich-sexuellen Terrorismus wie bei Massenvergewaltigungen aus der Selbstdefinition als Nicht-Frau gegenüber Frauen herleiten. Natürlich ist dieses Phänomen auch von Aspekten wie politisch sanktioniertem Terrorismus, Dehumanisierung und Schändung des Feindes bedingt. Bei aller Tragik der Alltagsgewalt von Männern gegen Frauen sind Massenvergewaltigungen im Krieg ein Problem von ungeheurer humanitärer Reichweite. Oft sind sie ein Völkermordphänomen und hängen mit Faktoren wie dem Bedürfnis nach Dominanz und Kontrolle zusammen. In Ruanda wurden 1994 während des dreimonatigen Genozids wohl etwa 500.000 Frauen vergewaltigt.

Die Bedrohung der ethnisch-religiösen Zugehörigkeit kann also als Bedrohung der Männlichkeit und als Angst vor dem Weiblichen und dem Verlust des Selbst erlebt werden. Die Angst vor dem Verlust der ethnisch-religiösen Zugehörigkeit ähnelt der homophoben Angst von Männern, die befürchten, zu klein oder zu feminin zu wirken. An dieser Stelle sei auch an die menschliche Tendenz zur Spaltung des Ich in mehrere Teile erinnert, bei der schmerzvolle Erlebnisse in einen der Teile verschoben und dort eingeschlossen werden (Igra 1983).

Männergewalt gegen Frauen

Männergewalt gegen Frauen kommt einer männlichen Havarie gleich (Eliasson 2000). Sie ist häufiger, als man annehmen mag. In London wird jede dritte Frau Opfer häuslicher Gewalt. In einer englischen Untersuchung gaben zwei von drei interviewten Männern an, in »Konfliktsituationen« gegenüber ihrer Frau Gewalt anzuwenden, wobei sie sogar auf Situationen wie Verspätung beim Kochen gewalttätig reagierten. In England werden im Durchschnitt jede Woche zwei Frauen von ihren Männern oder Liebhabern umgebracht (Bloom 2001). Laut einer amerikanischen Untersuchung haben rund 10 Prozent der Männer schon einmal durch Boxen, Treten, Schlagen mit einem Gegenstand oder sexuelle Nötigung Gewalt gegen Frauen ausgeübt (Straus, in: Fonagy 1999). Der Großteil der Gewalt spielt sich (in Friedenszeiten) zwischen Menschen ab, die sich gut kennen. 88 Prozent der weiblichen Mordopfer kannten ihre Mörder, oft waren ihre Partner oder ehemaligen Partner die Täter. Weltweit sind mindestens 80 Prozent aller wegen Gewalthandlungen festgenommen Personen Männer (Straus, in: Fonagy 1999).

Wir widmen uns hier hauptsächlich psychologischen Variablen. Nicht nur, weil dies unser Kompetenzbereich ist, sondern auch, weil wir von der Relevanz der psychologischen Faktoren überzeugt sind. Wenn Männer in der Partnerschaft gewalttätig werden, muss der Fokus auf ihre Erlebnisse, Impulse, Abwehrmechanismen, Wut, Schuldgefühle, Kränkung und Trauerunfähigkeit gerichtet werden. Diese psychischen Phänomene sind auch aus der Behandlungsperspektive relevant.

Gesellschaft und Perspektive

Aus feministischer Perspektive wird betont, dass Männergewalt weniger als sekundäres Symptom einer weiterreichenden verborgenen Problematik angesehen werden sollte, sondern vielmehr als primäres Problem, das behandelt werden muss (Yllö/Bograd 1988). Traditionell war man der Auffassung, dass gewalttätige Männer geschädigte Ich-Funktionen haben und deshalb überreagieren und Gewalt anwenden. Da aber nicht alle Männer mit geschädigten Ich-Funktionen gewalttätig werden, und da die geschädigten Ich-Funktionen absichtliches Gewalt- und Kontrollverhalten nicht erklären, gilt diese Auslegung als nicht mehr hinreichend.

Gewalt gegen Frauen wird von bestimmten kulturellen Faktoren begünstigt (Raakil 2000). Besonders wichtig in diesem Zusammenhang sind die traditionellen Geschlechterrollen, so zum Beispiel, wenn Mädchen zu Gehorsamkeit und Jungen zu Dominanz sozialisiert werden. Die Ansicht der Männer, dazu berechtigt zu sein, Frauen zu »korrigieren«, muss grundsätzlich infrage gestellt werden. Sie entspringt der (unter anderem) in der abendländischen Kultur stattgefundenen Legalisierung eines angeblichen Rechtes des Mannes auf Unterdrückung der Frau. Die nicht hinterfragte unausgeglichene Situation des Dominierens beziehungsweise Dominiertwerdens birgt insofern Gefahren, als sie sich destruktiv entwickeln kann. Hinzu kommt, dass der Mensch den Gleichberechtigungsbestrebungen auch deshalb nicht immer folgen kann, weil ihm mit seinem »Steinzeitgehirn« gewissermaßen eine Bremsvorrichtung eingebaut ist, die Anpassung an Veränderungen erschwert.

Einer der wichtigsten soziokulturellen Faktoren, die darüber bestimmen, ob Gewalt ausgelöst wird, ist die in der Kindheit erlebte Dehumanisierung. Wir kennen dieses Phänomen bereits von der Diskussion über Gekränktheit und Wut. Gleichzeitig werden wir auch sehen, wie frühere Erfahrungen eine Umkehrung der Rollen herbeiführen und dazu beitragen, dass Opfer zu Tätern werden.

In Gesellschaften, die geprägt sind von Gewalt in den Medien, staatlicher Gewalt durch die Todesstrafe, Erlaubnis körperlicher Züchtigung in der Schule und hoher Beteiligung an legalen Gewaltaktivitäten wie Waffengebrauch haben Frauen ein achtfach höheres Vergewaltigungsrisiko als in Gesellschaften, die von einer höheren Gewaltschwelle gekennzeichnet sind (Bloom 2001). Ein ähnlicher Zusammenhang dürfte im Hinblick auf anderweitige Misshandlungen von Frauen gelten.

Dehumanisierung ist ein zentraler Faktor, wenn Wut und Destruktivität gegen Angehörige einer Gruppe – wie Kinder, Frauen, Einwanderer, Schwarze, Homosexuelle oder Arme – gerichtet werden, die als weniger menschlich als die Angehörigen der jeweils eigenen Gruppe angesehen werden.

In Anlehnung an Igras und Wallers Ansatz unterstreichen wir, dass jeder Mann – ja, jeder Mensch – potenziell fähig dazu ist, Gewalt auszuüben. Viele verfügen aber über ein ausreichendes Maß an Gegengewichten – Hemmungen von Aggressionen, Kontrolle über die Regression, dienliche Erfahrungen – und schreiten deshalb nicht zur Handlung.

Psychologische Dynamik bei Paaren mit gewalttätigen Männern

Paare mit gewalttätigen Männern weisen vier charakteristische Kennzeichen auf (Arriaga/Oskamp 1999):

1. mangelnde Sozialkompetenz
2. das Verständnis, dass der Mann die Partnerin zu kontrollieren hat
3. ein Beziehungsklima, das den Einsatz von Gewalt möglich macht, infantile Abhängigkeit, wechselseitige Projektionen, Unberechenbarkeit und gefühlsmäßige Explosivität zulässt und von langwieriger Frustration geprägt ist
4. eine Interaktion, die von Unbeholfenheit in der Kommunikation, ne-

gativen Affekten, Rückzug, Widerstand und Angst aufseiten der Frau gekennzeichnet ist

Es handelt sich also um vertikale, von Dominanz beziehungsweise Dominiertwerden geprägte Beziehungen – eine horizontale, gleichberechtigte Partnerschaft würde vonseiten des Mannes als allzu bedrohlich wahrgenommen werden.

Die Fortsetzung der Gewalt durch den Mann ist korreliert mit dem Grad seiner Dominanz, seines Negativismus, seiner Gleichgültigkeit und seiner Verachtung. Das Verhalten der Frau scheint nicht mit der Fortsetzung der Gewalt korreliert zu sein. Auch diejenigen Männer, deren Ausübung physischer Gewalt abnimmt, scheinen ihre Frauen weiterhin emotional zu unterdrücken. Gleichzeitig gibt es oft einen sadomasochistischen »Tanz«, bei dem beide Partner unbewusst die Spirale der Gewalt antreiben. Natürlich können Frauen Männer provozieren und verletzen, aber wir wollen uns hier auf die Schwierigkeiten des Mannes konzentrieren, eine Alternative zur Gewaltanwendung finden. In den allermeisten Fällen sind es die Männer, die zu Gewalt greifen, statt Grenzen zu setzen oder sich anderweitig aus der Situation zu befreien.

Der Psychologe Marius Raakil (2000) beschrieb vier Formen gewalttätigen Verhaltens:

1. Physische Gewalt: Das Opfer wird kontrolliert, gedemütigt und entwertet. Ein Verhalten dieser Art ist konkret und oft überdeutlich und deshalb bei therapeutischen Gesprächen leicht zu thematisieren.
2. Sexuelle Gewalt: Auch sie ist bei therapeutischen Gesprächen mit dem Mann relativ leicht zu thematisieren.
3. Gewaltsame Kontrolle der Integrität: dominante und demütigende Überwachung und Einschränkung der Freiheit, die oft auf physische Gewalt folgt
4. Psychische Gewalt: ex- und implizites Androhen von Gewalt, mentale Entwertung oder Bedrohung, Kontrolle oder Isolierung und pathologische Eifersucht. Manchen Männern gelingt es, keine physische Gewalt anzuwenden. Aber bei zu starker Trennungsangst mündet die psychische oft in physische Gewalt.

Folgende Faktoren sorgen für das Fortdauern männlicher Gewalt (Raakil 2000):

- Verleugnung nach außen und innen, aktive Verdrängung der Realität. Die Gewalt funktioniert oft wie Kitt (Eliasson 2000), denn Heimlichkeit und überwältigende Schuld/Scham schweißen das Paar zusammen. Niemand darf Zeuge dessen werden, was sich zwischen den Partnern abspielt.
- Externalisierung/Beschuldigung der Frau: Sie ist provokativ, sie ist das Problem.
- Verneinung und Bagatellisierung: Handlung und Konsequenzen werden heruntergespielt.
- Fragmentierung: Die Gewalt wird als gesondertes Problem beschrieben, das nichts mit der Beziehung zu tun hat.
- Die Gewalt wirkt sich positiv auf den Mann aus, lässt ihn sich entladen, gibt ihm Selbstbewusstsein und das Gefühl der Macht, Stärke und Kontrolle.
- Machtlosigkeit: Wegen ihrer unterschiedlichen Sozialisierung gehen Frauen anders mit Machtlosigkeit um als Männer. Frauen internalisieren und handeln indirekt und nach innen (Depression, Angst, Essstörungen, selbstzerstörerische Hilflosigkeit), Männer externalisieren und handeln direkt und nach außen (kriminelles Verhalten, Gewalt).

In meinem Buch »Kärleksrelationen« beschreibe ich, Tomas Böhm, wie Streit den Keim des Machtkampfes in sich trägt, aus dem sich Gewalt entwickeln kann (Böhm 2001). Unter Streit wird in diesem Zusammenhang der auflodernde wütende Versuch verstanden, den anderen zu »überfahren« und die Oberhand zu gewinnen (»Du kapierst echt gar nichts, so einfach ist das!«).

Wenn man einen Weg aus dem Streit und zurück zum Verhandeln findet, wird die Situation wieder ausgeglichener (»Ich habe überreagiert. Lass uns die Angelegenheit doch in Ruhe miteinander besprechen.«). Aber misshandelnde Männer können meist nicht verhandeln.

Psychologische Hintergrundfaktoren für die Gewalt von Männern gegen Frauen

In der Literatur wird regelmäßig beschrieben, dass gewalttätige Männer Angst vor Schwäche und Abhängigkeit haben und beim Diskutieren emotionaler

Probleme unbeholfen sind. Gewalt und Aggressivität setzen Moral, Empathie und Vernunft außer Gefecht. Manche Autoren warnen jedoch davor, Gewalt als Symptom schwerer Gefühlsstörungen zu betrachten, kann eine solche Erklärung doch als willkommener Vorwand dienen und mit ihrer Hilfe die Verantwortung abgewälzt werden (Eliasson 2000). Man darf allerdings davon ausgehen, dass schlechte Erfahrungen in der Kindheit eine größere Verletzlichkeit und einen stärkeren Hang zu gewaltsamem Handeln mit sich bringen. Manche gewalttätigen Männer sind psychisch gestört, aber nicht alle psychisch Gestörten sind gewalttätig.

Misshandelnde Männer haben Schwierigkeiten, ihre Lage in Worte zu fassen. Sie erleben die Frau als jemanden, der ihnen verbal überlegen ist und mit dem sie sich nicht besprechen können. Das löst bei ihnen Angst und Machtlosigkeit aus. Sie befürchten, im Stich gelassen zu werden, und entwickeln deshalb das Bedürfnis, die Frau zu kontrollieren.

In einer solchen vertikalen, von Über- und Unterordnung statt von Gleichberechtigung geprägten Beziehung werden Rachemechanismen begünstigt.

Die Angst des Mannes, schwach zu wirken, schränkt seine Fähigkeit ein, Rücksicht und Umsicht walten zu lassen. Kontrollierende verbale Gewalt ebnet den Weg für physische Gewalt. Distanzierende Äußerungen gegenüber der Frau verhindern Empathie und gehen Gewalt voraus. In Trennungssituationen ist das Gewaltrisiko besonders hoch, erschweren sie dem Mann doch die Kontrolle der Frau. Wenn der Mann glaubt, nicht überführt werden zu können, oder wenn er seine Gewalthandlungen für richtig und angemessen hält, kann auch dies Gewalt auslösen.

Das Risiko wiederholter Gewalt wächst, wenn der Mann nicht zur Verantwortung gezogen wird oder wenn die Konsequenzen so schwach sind, dass der Mann sie nicht ernst zu nehmen braucht. Wenn keine Zeugen eingreifen, verändern sich in diesem destruktiven Prozess Persönlichkeit und Wahrnehmung des Gewalttätigen.

Gewalttätige Männer sind in engen Beziehungen immer verletzlich, weil sie bei Frustration keine Alternative zur Gewaltausübung sehen. Sie funktionieren wie Personen mit einem ungeheilten, unbearbeiteten Trauma, die die Welt als gefährlich wahrnehmen und Konflikte als Bedrohungen erleben, statt als Situationen, die ein Verhandeln möglich machen. Gewalt kann deshalb als Zeichen von Schwäche betrachtet werden, die mit der Kraft der Gewalt überspielt wird. Die Männer fühlen sich ausgenutzt und missverstanden. Die

Ausreden misshandelnder Männer ähneln den Ausflüchten Suchtkranker. Wenn sie schließlich Hilfe suchen, tun sie dies weniger aus Einsicht als deshalb, weil die Frau diese Bedingung stellt.

Ximena Arriaga hat männliche Gewalt nach Persönlichkeitscharakteristiken, dem Grad des gewalttätigen Verhaltens und dem Auftreten von Gewalt außerhalb des heimischen Umfeldes eingeteilt (Arriaga/Oskamp 1999): Die Hintergrundfaktoren derjenigen Männer, die ausschließlich innerhalb der Familie gewalttätig sind, sind am wenigsten offensichtlich. Ihre vermeintlich fehlende Pathologie macht es schwierig, sie von nicht gewalttätigen Männern zu unterscheiden. Auch scheint die Gewalt dieser Männer nicht zu eskalieren. Die Angehörigen der Gruppe der Niedergeschlagenen/Borderline-Persönlichkeiten haben einen traumatischen Hintergrund, der von Kindesmisshandlung und Abweisung vonseiten der Eltern gekennzeichnet ist. Laut Forschung erlebten diese Männer im Kindesalter ausgeprägte sexuelle Gewalt und hatten Mütter mit gesundheitlichen Problemen. Sie haben Probleme, eine vertrauensvolle Beziehung aufzubauen und sind sehr abhängig von ihrer Partnerin, die sie zu verlieren fürchten. Sie sind eifersüchtig, haben eine mangelhafte Beziehungsfähigkeit, eine feindliche Haltung gegenüber Frauen und eine positive Einstellung zur Anwendung von Gewalt. Frustration kann bei ihnen Gewalt gegenüber dem Menschen auslösen, mit dem sie sich verbunden fühlen. Die Angehörigen der Gruppe allgemein Gewalttätiger/Antisozialer haben eine starke Neigung zu aggressivem Verhalten, erlebten viel Gewalt in ihrer Ursprungsfamilie und hatten Umgang mit abweichenden, gewalttätigen Gleichaltrigen. Sie haben substanzielle Schwierigkeiten, von ihrer Partnerin abhängig und mit ihr empathisch zu sein. Sie sind impulsiv, unbeholfen in Beziehungen und Frauen gegenüber feindlich eingestellt. Sie haben eine positive Einstellung zur Anwendung von Gewalt, die sie auch in anderen sozialen Zusammenhängen ausüben.

Interviews mit Männern, die Frauen misshandeln

Im Jahr 2002 interviewte Ludvig Igra mit mir, Tomas Böhm, Männer, die Frauen misshandelt hatten. Ich schrieb einen Artikel über diese Untersuchung (Böhm 2003). In den acht Interviews waren die meisten Aspekte aus der oben erwähnten Literatur über die psychologische Dynamik wiederzuerkennen.

Aber wir glauben, auch andere Dimensionen gefunden zu haben. Etwa ein Zehntel der gewalttätigen Männer, die Kontakt mit dem Stockholmer »Manscentrum« (Krisenzentrum für Männer) haben, machen eine Gruppentherapie. Das deutet darauf hin, dass sie besonders starken Halt und besonders viel Unterstützung brauchen. Unsere Interviewpartner stammten aus eben dieser »schwereren« Gruppe. Wir greifen hier drei typische Fälle auf:

Christian schlug seine Partnerin ein Mal im Zusammenhang mit Eifersucht, Alkoholkonsum und Kneipenbesuch. Christians Eltern ließen sich früh scheiden, und Christian wurde ein Muttersohn. Er hatte immer Probleme damit, Konflikte zu thematisieren. Der autoritäre Vater war oft abwesend. Die neue Frau seines Vater erlebte Christian als »Hexe«.

Christian ist eine nicht-verbale, stille Person. Er hat Probleme, über Gefühle zu sprechen. Er fühlt sich verletzlich, hat zwei gescheiterte Beziehungen hinter sich und hat ein schlechtes Selbstwertgefühl als Mann. Er fühlt sich von Frauen angegriffen, weist sie als »nörgelig« ab und hat Mühe, Selbstkritik zuzulassen. Er hat Angst, seine Frau zu verlieren. Alkohol stimuliert seine Eifersucht. Diese löst die Gewalt aus, die unmittelbar und wie abgespalten einsetzt.

Christian gehört zur Gruppe derjenigen, denen ein emotionales Vokabular und ein potenzieller Raum fehlen. Gleichzeitig ist er wohl einer der am wenigsten pathologischen Männer, deren Persönlichkeitsabweichung von außen nicht unmittelbar bemerkbar ist und bei denen Gewalt ausschließlich innerhalb der Familie vorkommt.

***

Valter bringt zahlreiche Risikofaktoren aus der Kindheit mit. Valters Mutter war ihrem Mann oft untreu. Zwischen Mutter und Stiefvater, die sich schließlich scheiden ließen, war keine Liebe spürbar. Valter hatte seinen biologischen Vater, der zum Zeitpunkt des Interviews wohl bereits verstorben war, nie kennengelernt. Valters Stiefvater war zum Interviewzeitpunkt bereits seit fünf Jahren tot. Der Stiefvater hatte Valter oft geschlagen, die Mutter hatte diesbezüglich nie eingegriffen.

Valter entwickelte eine zurückhaltende Persönlichkeit, stets um Härte und Stärke bemüht und nicht in der Lage, Gefühle zu zeigen und über Gefühle zu sprechen. Er wurde oft eifersüchtig, vor allem nach Alkoholkonsum. Valter wurde auf exaltierte Weise paranoid. Er versuchte, seine Frau dazu zu bringen, Geständnisse abzulegen; dabei entschied er, welche ihrer Antworten akzeptabel seien. Valter schlug seine Frau, besonders dann, wenn er ihre Aussagen als Bagatellisierungen dessen betrachtete, was er als Flirts mit anderen Männern wahrnahm. Seine Ehe wurde immer schlechter, und Valter hatte den Eindruck, von seiner Frau nicht ernst genommen zu werden.

Nach der Therapie ist Valter fähig, Kummer zu empfinden und toleranter, was Kontakte seiner Frau zu anderen Männern angeht.

Valter gehört zu der Gruppe der Niedergeschlagenen mit kindlichen Bindungsstörungen. Er muss über Frauen dominieren und erwartet, dass sie sich ihm unterwerfen. Wenn seine Frau seinem angestauten Empathiebedürfnis nicht unmittelbar gerecht wird, wird Valter von Wut überwältigt, für die er keine anderen Kanäle findet als Gewalt. Er trinkt, um sich zu betäuben, setzt dadurch aber auch seinen abgespaltenen wütenden Anteil frei. Dieser scheint in Zusammenhang zu stehen mit dem Verrat durch seine Eltern. Über die regressive Kraft des Alkohols reißen die Frustrationen der Gegenwart die Wunden der Vergangenheit wieder auf. Valters Handeln wird von einer Fantasie über Rache und Wiedergutmachung bestimmt, die verhindert, dass er sich offen verhalten kann.

***

Der gewalttätige Harald wurde schon in jungen Jahren traumatisiert. Seine Kindheit war von den Faktoren geprägt, die typischerweise bei den Angehörigen der Gruppe der allgemein Gewalttätigen/Antisozialen gefunden werden können. Seine Eltern stritten sich ständig, der Vater misshandelte die Mutter. Harald wurde von seinem Vater und seiner größeren Schwester geschlagen. An seiner Schwester rächte sich Harald als Erwachsener mit brutaler Gewalt. Haralds Vater konsumierte viel Alkohol und feierte »wilde Partys«. Harald zog im Kindesalter um und wurde bis zur neunten Klasse gemobbt. Damals begann er sich zu betrinken und sich zu prügeln, um anderen zu imponieren. Harald gehörte einer Bande Halbstarker an und war an Einbrüchen und Prügeleien beteiligt.

Während seiner Jugendjahre, die von Schlägereien, regelmäßigem Alkoholkonsum und Verurteilungen wegen Misshandlung geprägt waren, entwickelte Harald eine Gefühlskälte. Er hörte nicht auf Frauen und wendete ihnen gegenüber verbale Gewalt an. Er konnte sich nicht in andere einfühlen und reagierte immer häufiger mit Gewalt, wenn er sich bedrängt fühlte. Harald selbst sagt, dass er in solchen Situationen einen Tunnelblick bekam, als ob die Schläge – ohne sein Zutun – gleichsam von hinten gekommen wären. Seine Gewalttätigkeit trat oft im Zusammenhang mit Alkoholkonsum auf. Harald war immer auf der Suche nach Bestätigung. Er gehörte einer kriminellen Bande an und saß eine Gefängnisstrafe ab. Gleichzeitig bewies er künstlerisches Talent und absolvierte eine qualifizierte handwerkliche Berufsausbildung. Im Kontakt mit Frauen wurde Harald immer explosiver und gespaltener. Später hatte er eine solidere Freundin, die seinen Lebensstil hinterfragte. Harald gelang es aber nicht, sich ihr mitzuteilen oder mit ihr zu diskutieren. Harald hat kein Mitgefühl für diejenigen, die er schlägt; er betrachtet seine Opfer quasi nicht als Menschen.

Auch nach der Therapie erschreckt Haralds Ausstrahlung ein wenig. Er ist gleichsam sprachlos und verfügt über keinen potenziellen Raum. Sein Kontroll- und Dominanzbedürfnis ist ebenso augenfällig wie seine schwache psychische Abwehr gegenüber den Auswirkungen der Vergangenheit. Für Harald war Gewalt stets ein akzeptables Mittel, um Macht über die Machtlosigkeit zu erlangen.

Überlegungen zu den Interviews

Die gewalttätigen Männer hatten etwas stereotyp Maskulines. Nach außen hin ähnelten sie Tausenden anderen Geschlechtsgenossen, ihr Inneres aber war im Ungleichgewicht. Wir versuchten zu ergründen, warum sie gewalttätig waren und »nicht nur einfach« psychisch gestört.

Bei mehreren Männern stellten wir fest, dass sie Schuldgefühle auf die Frau projizierten. Um keine Schuld empfinden zu müssen, verwandelten sie ihre Gefühle in Angriffe auf die Frau. Die Täter erlebten also eine verfolgende Schuld – ein primitives Schuldgefühl, als erhöbe sich und bedränge sie ihr Opfer in ihrem Inneren. Oft waren die Männer von ihren Emotionen überwältigt, vor allem von Schamgefühlen – Gefühlen der Wertlosigkeit –, die sie nicht verbalisieren oder zurückhalten konnten. Im Angriff auf andere kann man Rache erahnen, die auf Gefühlen der Scham und der Wertlosigkeit, des Neides und der verfolgenden Schuld basiert (Nathansson 1994).

Wie bereits erwähnt, haben wir alle ein Spaltungspotenzial, beginnen wir das Leben doch mit einer besonderen Position der Ich-Spaltung und verteilen als Kleinkinder Gut und Böse auf verschiedene Personen (»Wenn ich gut bin, ist der andere böse!«). Wenn die Spaltungstendenz ihre desintegrierende Wirkung entfaltet, wird der Betroffene in einen geschlossenen Raum getrieben. Andere Interviews mit Tätern lassen auch erkennen, dass durch die Anwendung von Gruppendruck versucht wird, das Gefühl des Gedemütigtseins oder der Unscheinbarkeit zu betäuben. Dieser Druck verstärkt die Spaltung jedoch (Hatzfeld 2004).

Der Alkoholkonsum diente den Männern als Ausrede. Gleichzeitig half er ihnen aber auch, in Kontakt mit ihrem destruktiven Anteil zu kommen. Unbewusst tranken die Männer also, um die Spaltung ihrer Persönlichkeit zu überwinden.

Viele der Männer schienen eine schwache Beziehung zu ihren Vätern und eine Abwehrhaltung gegenüber Frauen zu haben (der Literatur zufolge ist das Fehlen so bedeutender Gegengewichte wie eine präsente Vatergestalt und eine sichere Bindung an eine Muttergestalt typisch für gewalttätige Männer). Jeder von Gewalt geprägte Vorfall steigerte die Brutalität der Männer, ihre Persönlichkeit verändert sich.

Die Männer hatten Schwierigkeiten, ihre Herrschsucht und ihr Dominanzbedürfnis gegenüber Frauen zu reflektieren, erfüllten diese doch die lebenswichtige Aufgabe, die Gefühle der Angst und Machtlosigkeit zu bekämpfen. Und weil die Männer den abgespaltenen Teil als nicht zur eigenen Person gehörend erlebten, kam die Aggression oft als unbehagliche Überraschung. Ihr Leben schien sich vor einer Fassade abzuspielen, auf die sie keinen Zugriff hatten, und es war ihnen nicht möglich, ihre Emotionen in Worte zu fassen. Häufig vermieden es die Männer, an ihre Eltern, die sie verraten hatten, an den gewalttätigen Vater oder an ihren Alkoholmissbrauch zu denken.

Wenn sie Gewalt ausüben, haben die Männer Probleme, zwischen Vergangenheit und Gegenwart zu unterscheiden. Sie erleben die Frau, auf die sie die Gewalt richten, oft als konkrete innere Kopie der Mutter, Schwester oder anderer frustrierender Frauen.

Da sie Schwierigkeiten haben, ihre Lage zu verbalisieren, erleben die Männer Frauen neidisch als ihnen verbal überlegen und für Zwiegespräche ungeeignet. Dies lässt darauf schließen, dass der potenzielle Raum dieser Männer nicht entwickelt ist, was sich wiederum nachteilig auf die Bearbeitung von Trennungserlebnissen auswirkt (Winnicott 2006).

Die Männer haben kaum Raum für eine mentale Bearbeitung und glauben nicht, dass Gefühle mittels Worten verändert werden können. Sie sind intolerant gegenüber Unsicherheiten und Ambivalenzen und können keine integrative Position einnehmen, in der sie sich und andere als sowohl gut als auch böse wahrnehmen. Dies hat vermutlich mit früheren Traumata zu tun, bei denen sich das Innere der Männer in verschiedene Teile spaltete. Wenn die Männer beschreiben, dass sie nicht wissen, was mit ihnen geschieht, wenn sie schlagen, kann dies also durchaus der von ihnen erlebten Wahrheit entsprechen.

Die Männer haben Probleme, den »ästhetischen Konflikt« auszuhalten, zu lieben und abhängig von oder gebunden an jemanden zu sein, den sie nicht kontrollieren können (Meltzer/Williams Harris 2006). Deshalb fehlen ihnen die Voraussetzungen für die Entwicklung einer Liebesbeziehung. Wegen ihres schlechten Selbstbildes ist es den Männern kaum möglich, zu vertrauen. Da die Abhängigkeit immer primitiver wird, erleben sie jede Selbstständigkeitsäußerung vonseiten der Frau als drohenden Verrat, den es abzuwenden gilt.

Nachdem sie die Gewaltgrenze überschritten hatten, veränderten sich die Männer innerlich. Wegen ihrer unbearbeiteten Traumata erleben sie die Welt als gefährlichen Ort und Konflikte als gewaltsam abzuwehrende Bedrohungen. Nach außen wird die Gewalt mithilfe eines abgespaltenen, sozial wachsamen Anteils geheim gehalten. Gleichzeitig wird ein anderer Anteil immer blinder für die Tatsache, dass Gewalt keine Probleme löst. Wiederholte Gewaltausübung lässt die Fähigkeit der Männer schwinden, Schuld zu empfinden. Man denke in diesem Zusammenhang zum Beispiel an Kriege oder Völkermorde: Um seine Handlungen fortsetzen zu können, muss der Täter sein die gängigen Normen verletzendes Tun rechtfertigen. Insofern verändert die Handlung die Persönlichkeit des Täters.

Dehumanisierung ist also eine Folge dieser allmählichen Spaltung und Verleugnung. Sie kann der gewalttätigen Handlung aber auch im Sinne einer mentalen Vorbereitung vorausgehen.

Wie kann man misshandelnde Männer verstehen?

Wir legten zuvor mit Chodorow dar, dass der Junge das Bedürfnis hat, die erste Identifikation mit der Mutter aufzugeben, wenn er entdeckt, dass er anders ist als sie. Das kann dazu führen, dass er die als bedrohlich erlebten weiblichen Eigenschaften entwertet und Frauen in der Konsequenz ebenfalls entwertet oder dehumanisiert. Seine defensive männliche Identität trägt außerdem dazu bei, dass der Mann sich gegen die drohende Demütigung wehren muss, indem er sich als der Frau überlegen betrachtet (Chodorow, in: Varvin/Volkan 2003).

Auch die Bindungstheorie des britischen Psychoanalytikers John Bowlby kann dabei helfen, Aspekte gewalttätigen Verhaltens zu verstehen (Holmes 1996). Die Theorie beschreibt den Beziehungsaufbau, die Bindungsmuster, die Bindungsqualität und die affektiven Reaktionen, die den Bindungsprozessen folgen. Über die enge emotionale Beziehung kann das Kind Sicherheit bei seiner Bezugspersonen suchen und finden. Ist das Bindungssystem beschädigt, hat dies schwerwiegende Konsequenzen für die Mentalisierungsfähigkeit. Die unzuverlässige Bezugsperson stellt eine Bedrohung dar, verkörpert aber gleichzeitig die verzweifelte Hoffnung auf ein Ende der Bedrohung.

Fonagy (1999) beschreibt, wie eine Bindungsstörung die Fähigkeit zum mentalen Erleben seiner selbst und anderer als subjektive Objekte negativ beeinflusst. Wenn es der Bezugsperson nicht gelingt, den subjektiven Zustand des Kindes zu verstehen, hat dies also schädigenden Einfluss auf dessen Mentalisierungsfähigkeit. Aggressivität ist nicht identisch mit Gewalttätigkeit. Aber die Neigung zu Gewaltanwendung deutet auf eine Bindungsstörung hin. Wird das Kind jedoch von der Bindungsperson verstanden, reagiert es (schematisch) folgendermaßen: »Es gibt mich als denkendes Wesen, weil meine Bezugsperson an mich als jemanden denkt, der denken kann.« Dann lernt ein Kind auch, dass das Verhalten anderer Menschen am besten über deren mentalen Zustand zu verstehen ist – es erlernt eine Theorie des mentalen Funktionierens der Menschen. Mentalisieren zu können, ist also die Fähigkeit, menschliches Verhalten ausgehend vom jeweils dahinterliegenden mentalen Zustand zu verstehen und zu interpretieren, weil man als Kind in einer Bindungsbeziehung selbst auf diese Weise verstanden wurde.

Fonagy stellt auch dar, inwiefern frühe Bindungstraumata typisch sind für gewalttätige Männer. Die von ihm interviewten Männer sind – wie unsere Interviewpartner auch – konsequent darin, ihren eigenen oder den mentalen Zustand anderer Menschen nicht zu kommentieren. Dies bedeutet, dass sie über keine Theorie des mentalen Funktionierens verfügen. In ihrer Kindheit wurden sie dadurch verwirrt, dass sie physische Nähe und Trost bei einer Bezugsperson suchten, die aber auch eine Bedrohung darstellte und zu der sie deshalb gleichzeitig mentalen Abstand gewinnen mussten. Aus diesem Grund haben sie Schwierigkeiten, sich gedanklich und emotional mit intimen Beziehungen auseinanderzusetzen. Möglicherweise können sie sich jedoch wegen einer Spaltung, dank derer andere Teile ihrer Persönlichkeit funktionsfähig geblieben sind, in Menschen einfühlen, von denen sie nicht abhängig sind.

Fonagy ist der Auffassung, dass das Bedürfnis nach Kontrolle über die Frau auch damit zu tun haben kann, dass die Frau für den gewalttätigen Mann gleichsam ein Gefäß für Gefühle sein muss, die er nicht aushalten kann. Ist die Frau – wie der Mann meint – allzu selbstständig, muss er sie zügeln und sich so die über sie wirkende Entlastungsfunktion sichern.

Wir erkennen dieses Phänomen als komplizierten Rachemechanismus und in der Vernichtungsdynamik des Rassismus: Der beängstigende Teil des eigenen Selbst muss in anderen Personen erschaffen und dann in der Hoffnung auf ewige Vernichtung zerstört werden.

Der erschrockene Blick des Opfers versichert dem Täter, dass er selbst keinen Schrecken empfinden muss. Seine Entschuldigung gegenüber der Frau kann der Täter ernst meinen – schließlich braucht er sie ja wieder als Gefäß, wenn ihm seine Gefühle unerträglich werden.

Fonagy meint auch, dass Bindungsstörungen bei gewalttätigen Männern einen doppelten Hintergrund haben. Diese Männer haben einerseits Mütter, die selbst Bindungsschäden mitbrachten, andererseits Väter, die sie auf willkürliche Weise demütigten, kränkten oder straften. Wegen der beschädigten Beziehung zur Mutter ist es den Männern nicht möglich, die väterliche Kränkung zu bewältigen. Sie erleben die Feindlichkeit des Vaters so, als käme sie aus ihnen selbst.

Gestörte Bindung und fehlende Empathie

Zeichnen sich die acht von uns interviewten Männer auch durch Eigenschaften aus, die in der Literatur nicht erwähnt werden? Sind weitere Tiefendimensionen auszumachen? Wir wissen nicht, wie viele Männer in ihrer Kindheit ähnliche Traumatisierungen erlebt haben und dennoch nicht gewalttätig werden. Es sind vermutlich recht viele. Bei den von uns befragten Männern fällt allerdings die Kombination von Gewalt und Demütigung in der Kindheit auf, in der keine zuverlässige Bindungsperson, keine wirklich empathiefähige Bezugsperson zu Verfügung stand. Auch die Schwierigkeit, Gefühle in einem potenziellen Raum zu verbalisieren, ist bei den Interviewten wiederholt festzustellen. Es ist, als würde dieser mentale Raum fehlen oder als wäre er so stark zusammengeschrumpft, dass er nicht mehr genutzt werden kann; er scheint von einer Spaltung zwischen einem gewalttätigen und einem sozialen Persönlichkeitsteil ersetzt zu werden. Tatsächlich scheint die Spaltung in unterschiedliche nicht integrierte Anteile wie Familienvater und Gewalttäter (man denke an das Personal in den nationalsozialistischen Konzentrationslagern) ein diagnostisches Zeichen für eine traumatische Kindheit zu sein, die nur durch Spaltung bewältigt werden konnte.

Gewalt scheint einen akzeptablen Weg darzustellen, in einer geheimen, verschlossenen Welt Kontrolle auszuüben, in der der Mann über die Frau zu herrschen glaubt. Der Mann scheint die Empathie erzwingen zu wollen, die ihm nicht zuteil wurde. Er will eine Fantasiemutter kontrollieren, die unendlich geduldig und empathisch ist, ihm immer zur Verfügung steht und die außerdem als Gefäß dient für Gefühle, die er nicht aushalten kann. Eine selbstständige Frau erlebt der Mann als provokativ, »nörgelig« und »redegewandt«.

Solche Männer werden zu Karikaturen der patriarchalischen Gesellschaft. Der Stärkere schlägt den in der Hierarchie unter ihm Stehenden. Eigene Schwäche wird dadurch überdeckt, dass Frauen, Kinder und vielleicht Angehörige anderer Gruppen wie Ausländer noch schwächer sind. Hierarchische Verhältnisse scheinen diesen Männern eine Selbstverständlichkeit, bis ein Außenstehender sie schließlich genügend stark hinterfragt.

Gewalttätige Männer befinden sich in einer überwiegend gespaltenen und geschlossenen Position, geprägt von Polaritäten wie Überlegenheit-Unterlegenheit und Kontrolle-Gehorsam. Auch wenn diese Männer es zu verbergen suchen, wird schnell deutlich, dass ihre integrative Position kaum entwickelt ist, dass sie mit Unsicherheiten und Ambivalenzen nicht umgehen können. Die Depression mit Trauer und Schuldgefühlen kommt erst in der Therapie auf: erst Verleugnung, Flehen um Nachsicht, Bagatellisierung, Externalisierung, dann Depression und Verwirrung, auf die nach vielleicht langer Zeit schließlich Akzeptanz folgt.

Interviews mit misshandelten Frauen

Wenn ein Mann seine Frau misshandelt, ist das keine private Handlung, meint die Psychotherapeutin und Forscherin Margareta Hydén (1995). Die Handlung ist Teil eines kulturellen Musters, das dem historischen Wandel unterliegt. Übergriffe auf Frauen wurzeln in einem komplexen sozialen Zusammenhang. Die misshandelte Frau ist nicht allein, sondern gemeinsam mit anderen Frauen Opfer dieser Tyrannei. Damit die einzelne Frau ihre Situation ganz begreifen kann, muss sie die Persönlichkeit des Täters verstehen. Aber wenn die häusliche Gewalt so diskutiert wird, als ginge es dabei ausschließlich um gesellschaftliche Faktoren, besteht die Gefahr, dass die persönliche Verantwortung des Mannes aus dem Blickfeld rückt. Hydén betont, dass die Misshandlung von Frauen kein Frauenproblem ist, sondern vielmehr unser aller Problem. Sie verquickt die beiden am meisten beschriebenen Perspektiven – die individualpsychologische und die feministische – und betrachtet die Gewalthandlung als einen aus mehreren Phasen zusammengesetzten sozialen Prozess. Das bedeutet, dass die Handlung zwar einzelne Personen betrifft, aber über das Private hinaus Relevanz hat. Der soziale Prozess besteht in diesem Fall aus einer Vorgeschichte, dem Akt der Gewalt und einem Nachspiel. Um die Wiederholung zu verstehen, muss das Augenmerk auf den gesamten Prozess gerichtet werden. Hydén stellt fest, dass die eigentliche Gewalthandlung von Frau und Mann ganz unterschiedlich erlebt wird. Die Vorgeschichte beschreiben Frau und Mann aber erstaunlich ähnlich (Hydén 1995).

Hydén interviewte 20 Paare, bei denen die Frau den Mann wegen Misshandlung angezeigt hatte. Beide Partner hatten ein ähnliches Bild davon, wie »das Ganze begann«: Ausgangspunkt für die Gewalt war meistens ein Streit über etwas, das sich im Nachhinein als unwesentlich herausstellte. Bei zwei Paaren blieb Streit als wichtiger Aspekt der Vorgeschichte jedoch ganz unerwähnt; einer der beiden Männer rechtfertigte die Gewalthandlung als Reaktion auf jahrelange schlechte Behandlung durch seine Frau, wohingegen das Ereignis für die Frau völlig unbegreiflich war (Hydén 1995).

Beim Streit und dem Auftakt zur Gewalt geht es oft um Unzufriedenheit mit dem anderen: Die Partner sind unterschiedlicher Meinung über beispielsweise Geld oder Alkoholkonsum. Der Mann fasst die Kommentare seiner Frau diesbezüglich als Beleidigungen auf, als Provokation und Aufforderung zum Streit – nicht als Aufforderung zur Diskussion. Aber spielt in diesem Zusammenhang nicht auch Rache eine Rolle? Der Mann versucht, das Gleichgewicht wiederherzustellen, indem er die Frau buchstäblich »heruntermacht«. Er stellt die Kompetenz der sich beklagenden Partnerin infrage und betont ihren vermeintlich niedrigen Status oder ihre persönliche Unvollkommenheit. Er weist weniger den Inhalt der Klage, sondern vielmehr die Art des Sichbeklagens und seine Frau als Person ab. Werden wichtige partnerschaftliche Themen wie Vertrauen, Fürsorge und Solidarität ignoriert, bleiben oft nur Macht und Kontrolle übrig (Hydén 1995).

Unterdrückung ist ein beeinflussbares Phänomen. Deshalb kann nicht genug betont werden, dass die Misshandlung von Frauen unser aller Problem und von besonderer Relevanz für uns alle ist. Eine Gesellschaft, die so autoritär ist, Frauen in einer unerträglichen Position der Entwertung zu halten, ist dazu imstande, auch andere Formen der Unterdrückung anzuwenden – gegen Menschen bestimmter Hautfarbe, mit bestimmter sexueller Orientierung oder mit bestimmten Ansichten (Hydén 1995).

Mit diesem Ausgangspunkt verlegen wir den Fokus auf das Thema Völkermord, um verwandte psychologische Phänomene in ihren extremsten Ausprägungen zu illustrieren – systematische Verfolgungen ethnischer Minderheiten.

7 Völkermord – die extreme kollektive Rache

Anhand James Wallers Ausführungen beschreiben wir in diesem Kapitel die Anatomie des Völkermordes, um uns dann dem Beispiel Ruanda zu widmen und die Stimmung im Land, rund zehn Jahre nach dem Völkermord, zu schildern. Das Zusammenspiel zwischen Führern und Geführten ist zentral; gleichzeitig lassen sich bei den Tätern in Ruanda ganz spezielle Phänomene erkennen. Wir diskutieren das Täterverhalten mithilfe der Interviews eines französischen Journalisten und widmen uns schließlich den Rachemorden, die dem Genozid folgten.

Michael Harris Bond (2004) schreibt über die Völkermorde in Armenien, der Ukraine und Ruanda, die politische Schlacht der Roten Khmer in Kambodscha sowie die militärischen Massaker in My Lai in Vietnam und in El Salvador. Er arbeitet heraus, dass die Täter glauben, dass die von ihnen Verfolgten in der Vergangenheit mehr Vorteile als sie selbst gehabt hätten, und dass die Täter ihre Gewalt dann als Rache legitimieren. Wir können Bonds Ausführungen insofern ergänzen, als dass sich Täter, wenn es um eine legitimierende Erklärung ihres Handelns geht, generell auf ihr Gefühl berufen, der andere sei unrechtmäßig bevorteilt worden. Aber kann Rache denn überhaupt legitimiert werden? Kann rächende Gewalt – um sie »noch legitimer« wirken zu lassen, oft als Vergeltung bezeichnet – denn berechtigter sein als andere Gewalt?

Wallers Modell

James Waller (2002) zeigt einen Prozess auf, in dem sich der Täter – sowohl bei der Vorbereitung als auch bei der Tat selbst – verändert. Er hört auf, eine

»normale« Person zu sein, und seine Grausamkeit wird zu einem Teil seiner selbst. Dieser Prozess beginnt, wenn die Voraussetzungen in ausreichendem Maß gegeben sind und Gegengewichte fehlen.

Mehrere Faktoren aus Wallers komplexem Modell sind auch in Ruanda wiederzuerkennen mit seiner armen, ungebildeten Bevölkerung, die mit Radiopropaganda überschwemmt wurde und von Belgiern und Priestern unterjocht unter Tutsi-Führung lebte. Gegengewichte in Form von oppositionellen Kräften oder Hilfe durch die Vereinten Nationen gab es nicht.

Kommen wir nun zu einigen der Faktoren, die den Täter steuern:

Zurück zu unseren Vorfahren

Wir beschrieben mit Waller eine evolutionspsychologische Perspektive, die die Entstehung von Ethnozentrismus, Fremdenfeindlichkeit und Dominanzbedürfnis erklärt. Entsprechend dieser Perspektive wurden besonders grausame Menschen psychobiologisch mit »killer apes« verglichen, wobei auf die lange Tradition von Gruppengewalt in der Menschheitsgeschichte verwiesen wurde. Das Phänomen der Gruppengewalt zeigte sich erstmals bei den Vorfahren der Schimpansen und des *Homo sapiens*. Die tödlichen und in der Gruppe relativ risikolosen Überfälle hatten zum Zweck, sich fortpflanzungsfähiger Weibchen zu versichern, Nachbarn einzuschüchtern, sich vor Überfällen zu schützen und das eigene Territorium zu erweitern. Wenn dieser Ansatz auch fantasievoll klingen mag, kann doch auf paläontologische und interdisziplinäre Forschungsbefunde verwiesen werden. Nicht zuletzt kann dieses Phänomen bei Jungen in Form von Bandenbildung und Überraschungsangriffen gegen »Feinde« beobachtet werden (Anderson Thomson Jr., in: Varvin 2004). Männliche Gruppengewalt kann auch als ein Aspekt des »Schattens unserer Vorfahren« betrachtet werden, zu dem die primitive Rache gehört, also die auf Verteidigung ausgerichtete, nicht hinterfragte Gewalthandlung.

Gemeinsame kulturelle Überzeugungen

Die sozialpsychologische Forschung scheint zeigen zu können, dass religiöse Glaubenssysteme den Hang zu vorgefassten Meinungen fördern – obwohl sie angeblich Botschaften der Liebe beinhalten. Menschen in solchen Systemen reagieren auf Anweisungen von Autoritäten oft passiv, anstatt die Situation gemäß den eigenen Werten umzudefinieren. Ruanda ist ein vollständig christianisiertes Land mit Katholiken und Protestanten. Aber trotz ihrer Botschaft der Liebe hatte die Religion auch dort keinerlei hemmende Wirkung auf den Genozid – ganz im Gegenteil: Priester mordeten im Namen der Religion.

In den meisten Kulturen, die Völkermord begingen, ist eine autoritäre Orientierung auszumachen, und so wird auch in Ruanda der Gehorsam gegenüber Autoritäten betont. Ein ruandischer Rechtsanwalt sagte uns einmal (persönliche, anonyme Mitteilung): »Man nehme einen armen, ungebildeten Bauern, gebe ihm eine Waffe und sage zu ihm: ›Das ist deine Waffe. Töte!‹. Er wird gehorchen.«

Die Problematik der Prozesse gegen die Täter des Völkermordes in Ruanda liegt darin, dass die Täter ihre Verbrechen auf mechanische, gefügige Art reuelos gestehen oder den Politikern die Schuld zuschieben (»Wir bekamen den Befehl …«). Oder sie gestehen auf eine äußerliche religiöse Weise, also ohne echte Reue, Schuld oder Scham – schließlich hält die Religion, insbesondere das Christentum, eine Formel zur Vergebung in petto. Während eines Prozesses sagte ein Angeklagter zur Mutter des von ihm getöteten Kindes (Pagnier 2004, S. 108; eigene Übersetzung): »Du wirst mir bald verzeihen, und selbst, wenn du das nicht tust, wird Gott mir vergeben.« Die Prozesse der traditionellen Gacaca-Gerichte werden dadurch erschwert, dass sich die Täter hinter christlichen Formulierungen verstecken. Außerdem wird es als Beleidigung aufgefasst, seine Schuld öffentlich eingestehen zu müssen, weshalb die »Geständigen« arrogant und aggressiv auftreten. Wir konnten persönlich miterleben, wie die Täter während eines Gacaca-Prozesses ihre Verantwortung heftig abstritten.

Kollektive, entwertende Ideologien gründen sich oft auf Hass und werden über die Gesetzgebung und massenmediale Propaganda vermittelt. In Ruanda wurden Großgruppenregression (als eine Voraussetzung für primitive Racheprozesse) und Massengewalt vier Jahre lang durch Propaganda im Radio vorbereitet, einem Medium, mit dem die meisten Bewohner des Landes erreicht werden können.

Moralische Veränderung

Die moralische Veränderung ist ein Prozess, bei dem sich das Individuum schrittweise von den moralischen Normen abwendet: (a) *Moralische Legiti-*

mierung, indem man sich selbst als bedroht, als Opfer oder als potenzielles Opfer betrachtet: In jedem Völkermordgeschehen wird sich eines moralischen Imperativs bedient: religiös, ideologisch, ökonomisch oder durch Segregation und Nationalismus (»Wir müssen uns verteidigen!«). (b) *Beschönigende Beschreibung bösartiger Handlungen*, indem man mithilfe der Sprache Grausamkeiten mystifiziert und umdefiniert: Ausdrücke wie »bush clearing« oder »tea party« in Ruanda, »Endlösung«, »Sonderbehandlung«, oder »Evakuierung« im nationalsozialistischen Deutschland oder passive subjektlose Bezeichnungen wie »Säuberung« oder »Reinigung« schaffen in Völkermordzusammenhängen einen psychologisch sicheren Bereich der Dissoziation, Verleugnung und Distanz (»Wenn wir sie nicht töten, töten sie uns!«). Indem sie mit der idealisierten Gruppe verschmelzen, ersetzen unsichere Menschen die Frage »Wer bin ich?« mit der Frage »Zu welchen Leuten gehöre ich?«. Die anderen werden zu Treulosen, Unterwanderern und Unruhestiftern. (c) *Entschuldigende Vergleiche oder Kontrasteffekte*, mit deren Hilfe Täter ihr Handeln in Bezug zu angeblichen Grausamkeiten gegen sich setzen: In Ruanda wurden aus Angst vor dem Verlust der eigenen sozialen Dominanz die Tutsi und die »Ruandische Patriotische Front« dämonisiert (»Die anderen machen viel schlimmere Dinge als wir!«). Die anfänglich unmerkliche moralische Veränderung ist auch ein Aspekt der sich bei einer Großgruppenregression wandelnden Sichtweise auf menschliche Beziehungen, die schließlich nicht mehr als horizontal gleichberechtigt, sondern als vertikal machtgeprägt wahrgenommen werden.

Rationales Eigeninteresse

Rationales Eigeninteresse ist ein Phänomen, das der eigenen Position nutzt: (a) *Professionelles Eigeninteresse* kann zum Beispiel vorliegen, wenn sich das Militär mit der führenden Gruppe identifiziert und von ihr Anerkennung will: In Ruanda empfand man Stolz darüber, an einer »Aktion« beteiligt gewesen zu sein und sich zum Töten überwunden zu haben, und Scham, wenn dies nicht der Fall war. (b) *Persönliches Eigeninteresse*: Wir diskutierten bereits an früherer Stelle unter Bezugnahme auf Staub (2000), dass es nicht ein schwaches Selbstwertgefühl zu sein scheint, das Aggression auslöst, sondern vielmehr ein von früheren Kränkungen stammendes defensives Überlegenheitsgefühl. Die Täter haben ein typisches kompensatorisches pseudostarkes Selbstwertgefühl, das bei Provokation Wut auslöst. Eine angebliche Bedrohung steigert das Überlegenheitsgefühl der Täter noch. Der subjektive Eindruck der Bedrohung des Selbstwertgefühls und der Gruppe, der mit einer verdrehten Wahrnehmung infolge der Großgruppenregression zusammenhängt, ist Bestandteil jeden Rachedramas. Die Täter reagieren unbewusst mit kompensatorischer Gewalt auf eine angebliche Kränkung und Bedrohung. Gleichzeitig können machthungrige Führer die Bevölkerung dahingehend manipulieren, dass sie eben solche Bedrohungen wahrnimmt, und auf diese Weise Kriege und Verfolgung durchsetzen.

Die Kultur der Grausamkeit

Die schrittweise entstehende Kultur der Grausamkeit wird von Faktoren unterhalten, von denen viele mit der Gruppendynamik zusammenhängen:

Professionelle Sozialisierung

Professionelle Sozialisierung bedeutet, dass man das Morden lernt: (a) *Eskalierendes Engagement* beinhaltet, dass zunächst zögernde Personen als Täter immer einen Schritt weiter gehen. Nach dem ersten Schritt wächst der psychische und soziale Druck, weiterzumachen. In Ruanda wurde zunächst der Terror toleriert, dann auch das Töten. Die Schuldgefühle wurden dann auf die Opfer projiziert. (b) Zum *rituellen Verhalten*, das die Kultur der Grausamkeit verstärkt, gehören beispielsweise Appelle, Märsche und sinnlose körperliche Ertüchtigungen, sowie Entkleiden, Quälen und schließlich das Töten von Opfern. (c) Die *Verdrängung des Gewissens* hat desensibilisierende Wirkung. Brutalisierung ist nicht Ursache, sondern Folge des Verhaltens. Im Zuge der fallenden Hemmungen sind sogar Exaltiertheit und perverser Genuss möglich. In Ruanda zum Beispiel entschuldigt man sein Verhalten im Nachhinein damit, zum Morden gezwungen worden zu sein, was verdeutlicht, dass das Gewissen auch dann nicht funktioniert. Die Veränderung des Gewissens ist einer der Faktoren, die bei der Veränderung der Handlungen eine besonders wichtige Rolle spielen. Oft kennen manipulative Führer diese Faktoren und machen sie sich zunutze, um das Volk zu primitiven Rachehandlungen zu bewegen.

Effekte des Gruppenzusammenhaltes

Zu den Effekten des Gruppenzusammenhaltes gehören: (a) *»Verwässerung« der Verantwortung:* Je größer die Gruppe, desto geringer die persönliche Verantwortung. Durch die Fragmentierung und Segmentierung der »Aufgabe« des Tötens fühlt man sich nur für die eigene, abgegrenzte »Teilaufgabe« verantwortlich. Die Distanz erlaubt, »während der Arbeitszeit« zu töten und sich »in der Freizeit« der Familie zu widmen. Das Gewissen wird herabgesetzt und die moralische Beurteilung anonymen Führern überlassen. In Ruanda verstanden viele Täter des Völkermordes erst im Umschulungslager schockiert das Ausmaß des Verbrechens, an dem sie beteiligt waren (Kubai 2005, persönliche Mitteilung). (b) *Entindividualisierung*: Die Gruppenmitglieder verändern vor der Tat ihr Äußeres. Sie tragen Masken, bemalen sich im Gesicht, schneiden sich die Haare, nehmen Drogen oder schreien. Auf diese Weise können sie sich von ihren persönlichen Werten frei machen. Ist dann die Gruppenidentität später wieder aufgelöst, erkennt das Individuum nicht, dass es sich etwas hat zuschulden kommen lassen. Viele der nach dem Völkermord in Ruanda Angeklagten haben Schwierigkeiten zu erklären, warum sie sich am Genozid beteiligten und verschweigen die schlimmsten Vergehen (»Das war jemand anderes …«). (c) *Konformität durch Gruppendruck* führt mit sich, dass freundschaftliche Verbindungen (»Kameradschaft«) und Abhängigkeiten es den Betroffenen erschweren, ihre Beteiligung zu verweigern. Haffner (2002), von dem bereits an anderer Stelle die Rede war, beschreibt, wie deutsche Nationalsozialisten junge Menschen auf die Völkermordideologie vorbereiteten, indem sie sie in Jugendlagern sammelten, in denen nicht einmal ideologischer Einfluss ausgeübt wurde. Das war auch gar nicht notwendig, schließlich sollte für Kameradschaft gesorgt werden – und damit für Empfindlichkeit gegenüber Gruppendruck.

Verschmelzung von Rolle und Person

Während man sich in eine Kultur der Grausamkeit »einarbeitet«, tut diese Kultur dasselbe mit einem. Der Mensch neigt dazu, außen und innen zu integrieren, also sein Handeln und seine Persönlichkeit miteinander in Übereinstimmung zu bringen. Je schwächer der Zwang anfänglich ist, desto stärker betrachtet der Mensch die Aktivität als Teil seiner selbst. Initialhandlungen, die nur begrenzten Schaden anrichten, führen zu psychischen Veränderungen, die die Fortführung destruktiver Handlungen möglich machen. Im Vergleich mit dem konstruktiven Veränderungseffekt bei einer Psychotherapie könnte man dies als negative Bearbeitung bezeichnen. Diejenigen, die durch ihre Handlungen einmal destruktiv verändert wurden, führen ihre Handlungen wohl fort, wenn die Situation es erlaubt. Viele Täter des Völkermordes in Ruanda und ehemalige deutsche Nationalsozialisten gaben gleichermaßen scheinheilige Geständnisse ab. Die pseudonormale Persönlichkeit (Böhm 2005) behält einen abgespaltenen destruktiven Anteil, der bei einer Straßenschlägerei ebenso wie bei Hooliganismus, bei einer Terrortat oder bei einem Genozid ausgelöst werden kann.

Wer ist der andere?

Um töten zu können, muss der Tötende zuerst einen »sozialen Tod« erleiden. Das »wir«-»sie«-Denken geht von der menschlichen Neigung zur sozialen Kategorisierung aus. Im Sinne eines Verstärkungseffektes werden alle anderen als eine einzige Gruppe wahrgenommen; es wird wichtiger, die anderen zu besiegen, als die Verhältnisse der eigenen Gruppe zu verbessern. Hier geht es wohl um eine primitive Fantasie, sich endgültig von Störfaktoren frei machen und Perfektion für die eigene Gruppe erzielen zu können.

Warum hörten die Nationalsozialisten nicht damit auf, Juden zu ermorden, als der Krieg bereits verloren war? Oder mussten die Juden vielleicht gerade deshalb sterben, weil der Krieg verloren war? Richard Koenigsberg (2004) diskutiert, ob Hitler die Juden wohl opfern wollte, weil deutsche Soldaten im Ersten Weltkrieg geopfert worden waren. Möglicherweise verlangte die Psyche Hitlers und der Nationalsozialisten nach dieser revanchistischen Rache an den Juden: »Weil wir starben, müssen sie sterben!« (an Gasvergiftung, in Massengräbern, an Hunger, eben auf die Art und Weise, wie die deutschen Soldaten in den Schützengräben des Ersten Weltkrieges gedemütigt wurden). Und wie stellte sich die Hutu-Power-Bewegung Ruanda nach der Ermordung der Tutsi vor? Wahrscheinlich hatten die Hutu die utopische Vorstellung eines gereinigten, harmonischen Landes ohne Widersprüche.

Auch beim Fehlen von Antagonisten ist die Begünstigung der eigenen

Gruppe gefährlich: Gibt es keinen Feind, so wird er erschaffen. Das »wir«-»sie«-Denken nimmt überhand, wenn vitale Interessen bedroht werden.

Dehumanisierung der Opfer

Die Dehumanisierung ist am leichtesten herbeizuführen, wenn eine Minderheitengruppe identifiziert und abgegrenzt und dann Projektionen auf sie gerichtet werden können. Zunächst werden die Angehörigen der entsprechenden Gruppe ihrer Identität beraubt, dann werden sie aus der Gemeinschaft ausgeschlossen. Dem Völkermord geht üblicherweise eine sprachliche Dehumanisierung voraus: Es ist die Rede von Kakerlaken oder anderen Insekten, von gesichtslosen »die«. Je stärker die Opfer dehumanisiert werden können, desto mehr wächst die Grausamkeit.

Auf individueller Ebene ist nachvollziehbar, wie entwertete, gedemütigte Selbstanteile auf andere projiziert werden können. Die Projektion nimmt zu, wenn der Zusammenhalt der Großgruppe durch Gruppenregression verloren geht. Auf gesellschaftlicher Ebene wird das Gleichgewicht durch fundamentalistische Ideologien gestört, deren rechtgläubige Anhänger die Wahrheit für sich beanspruchen. Persönlichkeitsspaltung und Projektion können also auf allen Ebenen vorkommen, und die Mechanismen führen zu geistiger und emotionaler Verarmung. Das Ziel ist eine Utopie der Reinheit. In deren Rahmen projiziert der Täter alle schambeladenen, entwerteten Selbstanteile auf den anderen, der schließlich »entfernt« wird. Die Rache gehört zu dieser Verlagerung des Bösen auf den anderen.

Beschuldigung der Opfer

Sein Bedürfnis, an eine gerechte Welt zu glauben, lässt den Menschen für wahr halten, dass Opfer ihr Schicksal verdienen und selbst zu verantworten haben. Der Begriff »just-world-phenomenon« (Gerechte-Welt-Phänomen) bezeichnet diese menschliche Neigung, glauben zu wollen, dass die Welt gerecht sei, und unverständliche Ungerechtigkeit damit zu erklären, dass die Menschen erleiden, was sie verdienen. Indem sie das Bild der Umwelt von sich selbst verinnerlichen, können sogar die Opfer diesen Standpunkt einnehmen, wie Volkan (2005) im Rahmen seiner Diskussion der Großgruppenidentität beschreibt. Diese Neigung dient dem Menschen als Schutz, wenn er seine eigene Verletzlichkeit wahrnimmt. Ein Beispiel hierfür ist die geschichtsrevisionistische Anzweiflung des Holocaust und die Bezichtigung der Opfer, falsche Zeugenaussagen vorgebracht zu haben (»Wie sollen denn alle ermordet worden sein, wenn es doch Überlebende gibt?«). Ein anderes Exempel ist die ewige Tendenz, den Juden und nicht den Antisemiten die Schuld am Antisemitismus zu geben. Aber gäbe es denn Antisemitismus ohne Menschen mit antisemitischen Auffassungen?

Der Völkermord in Ruanda

Ruanda ist ein kleines, sehr armes Land mit etwa acht Millionen Einwohnern. Es liegt mitten in Zentralafrika auf einer Hochebene und grenzt an Burundi, die Demokratische Republik Kongo, Uganda und Tansania. Ruanda wird das »Land der tausend Hügel« genannt, und auch wir konnten bei unserem ersten Flug auf Kigali den Blick über viele grüne Anhöhen bewundern. Kigali, die Hauptstadt Ruandas, besteht aus einfachen Häuschen. Die meisten Wege sind nicht mit einer Asphaltdecke versehen; asphaltierte Straßen findet man nur in den Vierteln, in denen Einwanderer wohnen und Botschaften und Regierungsgebäude stehen. Die Stadt dehnt sich über die umliegenden Hügel aus. Wegen der Hochplateaulage sind die Temperaturen um 25 Grad Celsius angenehm; mitten am Tag regnet es etwa eine halbe Stunde lang.

Während unserer Forschungsreisen in den Jahren 2003 und 2004 interviewten wir ruandische Wissenschaftler, Traumatherapeuten und Jugendliche sowie Völkermordforscher aus verschiedenen Teilen der Welt.

Der Journalist Peter Gourevitch (2008) berichtet, dass beim Völkermord in Ruanda von April bis Juni 1994 in 100 Tagen zwischen 800.000 und 1.000.000 Ruander, vor allem Angehörige der Volksgruppe der Tutsi, ermordet wurden. Ungefähr 75 Prozent aller ruandischen Tutsi wurden umgebracht. Die Mörder waren extremistische Hutu, die große Teile der Bevölkerung für ihre »Hutu-Power« genannte Bewegung gewinnen konnten. Vermutlich waren über 120.000 Menschen aktiv am Völkermord beteiligt. Die Tutsi stellten 15 Prozent der Bevölkerung und waren lange die gut ausgebildete gesellschaftliche Elite;

die meisten Tutsi waren Viehzüchter. 85 Prozent der Bevölkerung waren Hutu; sie gingen mehrheitlich dem Ackerbau nach.

Laut der Menschenrechtsorganisation »Human Rights Watch« sind infolge des Genozids und wegen HIV-Ansteckungen beziehungsweise Aids-Erkrankungen infolge der Vergewaltigungen während des Völkermordes heute über 10 Prozent der ruandischen Kinder Waisen (Rakita 2003). Die Suche nach eventuell überlebenden Familienmitgliedern erwies sich als extrem schwierig.

Wie Mahmood Mamdani, Experte für afrikanische Geschichte und Politik, betont, nimmt die Gewalt gegen Eingeborene mit wachsender Zahl an Kolonisten und Siedlern zu, weil ein Kampf um die Landgebiete entsteht (Mamdani 2001). Im Jahr 1904 vernichteten die Deutschen 80 Prozent des Herero-Volkes in Deutsch-Südwestafrika (Namibia). Man könnte dies den ersten rassistisch motivierten Völkermord des 20. Jahrhunderts nennen. Oft politisieren Kolonisatoren das Eingeborensein – und zwar negativ –, woraufhin es die Eingeborenen selbst positiv politisieren. In diesem Sinne konstruierte Belgien die Tutsi als eine Gruppe Privilegierter, woraufhin die Hutu-Power sie nach 1990 als eine Gruppe »Nicht-Eingeborener« negativ konstruierte. Mamdani meint, dass der Genozid in Ruanda sich als Völkermord derjenigen darstellt, die sich als Eingeborene betrachteten, an denjenigen, die sie als Fremde oder Siedler wahrnahmen. Für die Hutu waren die Tutsi keine Nachbarn, sondern Fremde.

Die Belgier definierten die Hutu in den 1920er-Jahren als eingeborene Bantu und die Tutsi als fremde »Hamiten«. Um durch Spaltung zu herrschen, bedienten sie sich einer direkten und indirekten Steuerung über die Tutsi. Auch andere afrikanische Länder wurden von Kolonisatoren auf ähnliche Weise in »subject races« – wie Farbige, Asiaten und Araber – aufgeteilt. Diese wurden politisiert, es wurde ihnen also unterschiedlicher Wert zugewiesen. Mamdani meint, dass Tansanias Julius Nyerere der einzige afrikanische Führer war, der sich gegen diese kolonisatorische Tendenz stellte und sich für eine einheitliche Staatsangehörigkeit engagierte.

Als Ruanda Anfang des 20. Jahrhunderts eine belgische Kolonie war, wurden die Hutu und Tutsi gegeneinander aufgewiegelt. Belgien nutzte die Führung der Tutsi aus. Als die Tutsi dann 1959 die Selbstständigkeit forderten, wechselten die Belgier die Seite und unterstützten die Hutu, die dann ihrerseits die Führung übernahmen. Bei der Befreiung von der Kolonialherrschaft im

Jahr 1962 hatte also eine von den Hutu gesteuerte Regierung die Macht, und die Hutu statteten sich zum Beispiel in Bezug auf Arbeit und Studium mit mehr Rechten aus, als sie den Tutsi zugestanden.

Das Radio stellte das wichtigste Kommunikationsmittel dar. Die ruandischen Hutu-Extremisten begannen ihre rassistische Propaganda bereits 1990 zu verbreiten. Ab 1993 wurde der Hass zwischen den Volksgruppen dann mithilfe der inzwischen wohlbekannten Radiopropaganda geschürt (»Radio-Télévision Libre des Milles Collines«). Die Tutsi wurden zu fremdem Ungeziefer erklärt und als Kakerlaken bezeichnet, die dorthin verschwinden sollten, wo sie hergekommen waren. Durch schrittweises Vorgehen sorgte man dafür, dass sich die Menschen an die Ausrottung der Tutsi gewöhnten (Mamdani 2001). Ständige verbale Abwertung bereiteten der Verfolgung den Weg.

Obwohl in verschiedenen Teilen Ruandas Massaker an Tausenden Tutsi verübt wurden, verließen die meisten überlebenden Tutsi das Land nicht. 1990 versuchte die in Uganda ausgebildete, von den Tutsi dominierte Befreiungsarmee »Ruandische Patriotische Front« (RPF), den Hutu-Diktator abzusetzen. Die RPF drang bis in die Außenbezirke der Hauptstadt vor. Die Hutu-Macht wurde aber dank eines Telefonates mit dem französischen Staatspräsidenten François Mitterrand gerettet, der die französischsprachige Hutu-Regierung Ruandas als Teil der frankophonen Welt betrachtete (Melvern 2004). Die Regierung wurde mit Fallschirmsoldaten, Waffen und Geld ausgestattet, woraufhin die Tutsi zum Rückzug gezwungen waren.

Der Ursprung der beiden Volksgruppen ist sagenumwoben, sagt Gourevitch (2008), und die Mythen scheinen die Racheideologien genährt zu haben. Dem am hartnäckigsten vertretenen hamitischen Mythos zufolge sind die Tutsi vor mehreren 100 Jahren aus Äthiopien eingewandert, während die Hutu hauptsächlich aus anderen zentralafrikanischen Ländern gekommen sein sollen. Inzwischen sind die Bevölkerungsgruppen sehr vermischt, hat man doch immer über die Gruppen hinweg Familien gebildet und Beziehungen gepflegt. Aber die Regierung von 1962 führte Ausweispapiere ein, aus denen hervorging, ob man Tutsi oder Hutu war, was von der jeweiligen ethnischen Zugehörigkeit des Vaters abgeleitet wurde. So wurde die Volksgruppenzugehörigkeit immer akzentuiert, und zwar auf eine Weise, die an die Methoden der europäischen Faschisten erinnert. Aus dieser Akzentuierung entwickelte sich im Laufe der Jahre ein biologisch begründeter Rassismus. Wie im Europa der 1930er-Jahre maß man in Ruanda Nasen und Köpfe. Große, schlanke Personen mit schmaler Nase wurden als Tutsi klassifiziert, kleinere Menschen mit dunklerer Hautfarbe und breiteren Nasen als Hutu. Ein ruandischer Jugendlicher erzählt, dass er einmal seine Handflächen zeigen sollte, angeblich wären Hutu und Tutsi nämlich am Verlauf der Mittellinie zu unterscheiden (Gourevitch 2008).

Ruanda ist ein gut organisiertes, aber sehr armes Land. Die Einwohner werden in einem strikt hierarchischen System unter Aufsicht gehalten. Nach einer vierjährigen Hetzkampagne wurde ein Flugzeug-Attentat verübt, bei dem die Präsidenten Ruandas (ein Hutu) und Burundis ums Leben kamen. Eine stark propagierte Erklärung des Anschlages ist, dass Hutu-Faschisten die Maschine abgeschossen hätten, um den Tutsi das Attentat in die Schuhe schieben und den Völkermord als Rache auslösen zu können. Auch habe der Präsident zu wohlwollend mit den Tutsi und der UN verhandelt. Der Anschlag fand im April statt, dem Monat, in dem die größte Not herrscht und in dem damit gerechnet werden konnte, bei Plünderungen Hungernde und Schutzlose für sich zu gewinnen.

Die schonungslosen Massaker des Genozids nahmen ihren Lauf. Dass Ruanda eine Geschichte des zivilen Gehorsams hat und die Bevölkerung dazu neigt, den Autoritäten zu glauben, hat zur schnellen Entwicklung des destruktiven Prozesses beigetragen, so die Anthropologin Jet Pagnier (2004). Die Gewalt wurde trivialisiert und als selbstverständlich dargestellt; die Behörden griffen nicht ein. Im Zusammenhang mit der Ermordung von Frauen und Kindern verwendete man Ausdrücke wie »pulling out the roots of the bad weeds« (die Wurzeln des Unkrautes ausreißen). Man wollte die Voraussetzungen einer kommenden Generation zerstören. Die Idee einer »final solution« (endgültige Lösung) fand allgemeine Anerkennung. Indem das Präsidentenflugzeug abgeschossen worden war, schienen die Hürden für den Beginn eines Völkermordes gefallen zu sein, bei dem die »génocidaires« die heimlich vorbereiteten Pläne umsetzen sollten.

In den ersten 48 Stunden des Genozids wurde die politische Opposition ermordet, bald darauf waren auch 50.000 moderate Hutu umgebracht worden. Trotz zahlreicher Berichte und Warnzeichen, die das Geplante ankündigten, wurde der Völkermord von den Vereinten Nationen oder anderen internationalen Organen nicht gestoppt. Im Gegenteil, Frankreich versorgte die Hutu permanent mit Waffen. Auf Druck vonseiten der USA und Frankreichs zogen die Vereinten Nationen sogar zwei Wochen nach Beginn des Genozids ihre Schutztruppen zurück. Die Journalistin Linda Melvern (2004) meint, dass Boutros Boutros-Ghali, als UN-Generalsekretär zuständig für diese Truppen, einen großen Teil der Verantwortung für die Entwicklung trägt. Der kanadische UN-General in Ruanda, Roméo Dallaire, brachte mehrmals seine Überzeugung zum Ausdruck, dass es den 5.000 in Ruanda stationierten UN-Soldaten möglich gewesen wäre, den Genozid zu stoppen – hätten sie nur das Mandat zum Eingreifen gehabt. Ohne Mandat und nach dem Truppenrückzug blieb den zurückgelassenen Soldaten nichts anderes übrig, als der Tragödie zuzuschauen.

Tutsi und neutrale Hutu wurden erschossen oder aber mit Machete, Axt, Keule oder Pfeil und Bogen getötet. Es wurden bestialische Methoden angewendet, und was diesen Völkermord so einzigartig macht, ist die Tatsache, dass er von über 100.000 Zivilisten durchgeführt wurde, viele von ihnen in Milizen organisiert. Priester und Bischöfe der mehrheitlich katholischen Landesbevölkerung nahmen am Genozid teil. Tutsi-Gemeinden wurden in Kirchen eingesperrt, die niedergebrannt oder mit Planierraupen dem Erdboden gleich gemacht wurden. Ärzte ermordeten ihre Patienten, Lehrer ihre Schüler, Nachbarn ihre Nachbarn.

Als die Mitglieder der ruandischen Befreiungsarmee schließlich von Uganda aus in Ruanda einmarschierten, konnten sie das Morden stoppen. Mit General Paul Kagame, einem Tutsi, als Präsidenten wurde eine neue Regierung ernannt, der auch mehrere Hutu angehörten. Ausweispapiere, aus denen die ethnische Zugehörigkeit hervorging, wurden abgeschafft. Man betonte, dass man die Ruander einigen wolle und dass man das Geschehen aufarbeiten und einen Versöhnungsprozess einleiten müsse – oder soll man es eher als Prozess des »Akzeptierens« der Geschichte bezeichnen?

Im Jahr 2003 saßen noch 120.000 Täter des Völkermordes im Gefängnis. Sie alle in normalen Gerichtsprozessen zu verurteilen, würde ein Jahrhundert dauern. Nach dem Krieg fehlte es an allem, auch an Juristen und Richtern. Die Vereinten Nationen bildeten in Arusha in Tansania ein Gericht, wo einige der schlimmsten Führer angeklagt werden. Die Prozesse schlucken Millionen von Dollar, und bisher konnten nur einige wenige Urteile verkündet werden. Deshalb belebte die neue Regierung in Ruanda 1998 die alten, »Gacaca« genannten Dorfgerichte wieder (Pagnier 2004), die wir bereits an früherer Stelle erwähnten. Man beschloss, Fälle im Zusammenhang mit dem Genozid in einem System zu prüfen, das auf dem traditionellen ruandischen Rechtssystem basierte. Im Jahr 2000 wurde das Gacaca-Gesetz erlassen. Alle Völkermordverbrechen aus den Jahren 1990 bis 1994 sollen durch Gacaca-Gerichte überprüft werden, wobei die gesamte ruandische Gesellschaft an dem juristischen Prozess beteiligt wird (Pagnier 2004). Für die Gacaca-Gerichte wurden mehrere Tausend Richter und andere Mitarbeiter im Schnellverfahren ausgebildet. Mit Tausenden neuer Dorfgerichte in kleineren geografischen Einheiten sollen über 120.000 mutmaßliche Völkermordbeteiligte verurteilt werden können. In acht Schritten wird durchgearbeitet, wer in der jeweiligen Provinz umkam, wer dort noch wohnhaft ist, wer vermisst ist, was man über die Getöteten weiß und was über die Mörder bekannt ist. So soll die Voraussetzung für Versöhnung, Gerechtigkeit und Rehabilitation geschaffen und Rache verhindert werden. Die Dorfgerichte werden nach dem Gras, auf dem der traditionelle Rat der Dorfältesten früher vor der ganzen Gemeinde sitzend Zwistigkeiten löste, »Gacaca« genannt.

Einer der tonangebenden Hutu-Faschisten war Théoneste Bagosora, der auch »Afrikas Hitler« genannt wurde, wie Lars Berg (2001) erwähnt. Bagosora war einer derjenigen, gegen die der Internationale Strafgerichtshof für Ruanda – ein internationales Gericht in Arusha unter Federführung der Vereinten Nationen – Anklage erhob. Bagosora gilt als maßgeblicher Vorbereiter des Völkermordes. Mit seinem Stab plante er den Genozid seit 1992, innerhalb von zwei Jahren also, minutiös. Bagosora importierte und verteilte mit seinen Leuten eine halbe Million Macheten. Er baute die Hutu-Milizen auf und organisierte die Propaganda im Radio, mit der das Volk angestachelt wurde, sich auf die endgültige Ausrottung der Tutsi, der »Kakerlaken«, vorzubereiten.

Führer wie Bagosora unterhalten einen Völkermordprozess mit einer destruktiven Ideologie, die wie ein Motor wirkt. Darüber, was sich im Inneren solcher Menschen abspielt, geben frühere Kapitel dieses Buches Aufschluss. Indem sie destruktive Prozesse bei einem genügend großen Bevölkerungsanteil in Gang setzen, haben die Machenschaften solcher Führer verheerende Konsequenzen. Dies ist ganz besonders der Fall, wenn Gegengewichte – wie das Eingreifen der Vereinten Nationen oder anderer Länder – fehlen oder – wie die Opposition im eigenen Land – aus dem Weg geräumt wurden.

Die Situation in Ruanda kann im Zusammenhang mit der Thematik dieses Buches als extremes Beispiel erscheinen. Was soll Völkermord schon mit Rache im Alltagskontext in europäischen Ländern zu tun haben? Aber es sind gerade die extremen Racheprozesse wie die bei einem Genozid, die die

Alltagsmechanismen bei Individuen und Gruppen deutlich machen. Sie können uns illustrieren, wozu Hass sich bei fehlenden Gegengewichten auch in unserem eigenen Land entwickeln könnte.

Die lange Geschichte der Unterdrückung und eine Kultur des Misstrauens führten dazu, dass Ruander sich gern »hinter« Gruppen verstecken, um nicht – im konkreten wie im übertragenen Sinne – den Kopf abgeschlagen zu bekommen (Pagnier 2004). Dies erklärt auch zum Teil den für Ruanda typischen sozialen Konformismus. Aus Angst vor Rache seitens der Unterdrücker und auch aus Furcht, von den Mitgliedern der eigenen Gruppe angeprangert zu werden, passen sich untergeordnete Gruppen an.

Doch auch wenn es eine über lange Zeit aufgebaute Kultur der Furcht und des Gehorsams gab, können wir nicht davon ausgehen, dass die Bevölkerung bei ihrer Beteiligung am Völkermord blind gehorchte. Es gab auch Widerstand. Wo es Macht gibt, gibt es immer auch Widerstand.

Die Stimmung in Ruanda

Pagnier (2004), die lange unter Ruandern lebte, ist der Auffassung, dass die stark hierarchische und kontrollierende Gesellschaft zu einer Misstrauenshaltung geführt hat. Auch die Ruander selbst bezeichnen sich oft als misstrauisch. Eine Frau meinte einmal: »Warum sollte man antworten, wenn jemand nach dem Weg zu einem bestimmten Ort fragt? Du weißt ja nicht, warum der Fragende sich erkundigt oder warum er zu jenem Ort will. Es ist nicht gut, die ganze Wahrheit zu sagen.«

Ruanda ist auch immer noch ein ideologisiertes Land. Die Ideologie wird vom Staat »da oben« zur Bevölkerung »da unten« vermittelt. Es wird von Moral, Regeln und Traditionen gepredigt. Will man keine Bestrafung riskieren, muss man Regeln befolgen und sich an Dorfversammlungen beteiligen. Sowohl für ehemalige, zu resozialisierende Häftlinge als auch für Menschen, die in der Administration tätig sind, werden Solidaritätslager organisiert. Einigkeit und Versöhnung sind Schlüsselbegriffe der heutigen Regierungsideologie. Aber blinder Gehorsam und soziale Ungerechtigkeit beinhalten Risiken für neue Misstrauensäußerungen.

Zu wissen, dass vor wenigen Jahren eine Million Menschen getötet wurde, ist abstrakt. Sich in Ruanda aufzuhalten, Einheimische persönlich kennenlernen und zentrale Orte wie Kirchen und Museen besuchen zu dürfen, und auf diese Weise das Geschehene hautnah geschildert zu bekommen, ist jedoch eine überwältigende, die Lebenseinstellung nachhaltig verändernde Erfahrung. In Ruanda ist alles vom Völkermord geprägt, weshalb die Rache- beziehungsweise Versöhnungsdynamik in der Stimmung gleichsam greifbar ist.

In Ruanda gab es auch heroische Geschichten, wenngleich sie angesichts der Tatsache, dass 75 Prozent aller Tutsi ermordet wurden, natürlich selten waren. Aber es gab Hutu, die sich aus moralischen Gründen weigerten, sich am Völkermord zu beteiligen, und es gab Hutu, die ihr Leben riskierten, um einen Tutsi zu retten. Fast jeder Tutsi, der den Genozid überlebte, tat dies mithilfe eines Hutu (Pagnier 2004).

Wie weiterleben nach dem Inferno? In Ruanda war alles zerstört – eine Million Menschen tot, Wege und Häuser zerstört, die Infrastruktur zusammengebrochen. Hunderttausende Kinder leben in Haushalten, die von jungen Menschen geführt werden, die kaum älter sind als diejenigen, um die sie sich kümmern. Wir besuchten die vierzehnjährige Josefin, die sich nach dem Aids-Tod der verwitweten Mutter um ihre drei jüngeren Geschwister kümmerte. Auf reife Weise besorgte sie den Haushalt und unterstützte ihre schulpflichtigen Geschwister. Welchen Einfluss hat dieses vorzeitige Ende der Kindheit – diese »Altersverzerrung« – wohl auf das Erwachsenwerden und die spätere Elternschaft?

Ein Jugendlicher, dessen Eltern und Geschwister ermordet worden waren, und der daraufhin meistenteils auf der Straße lebte, sagte uns mit einer Geste in Richtung auf den eigenen Brustkorb (Kaplan 2008, S. 178; eigene Übersetzung): »In meinem Herzen werden Trauer und Wut immer weiterleben. Versöhnung wird es für mich nicht geben, ich kann das Geschehene höchstens versuchen zu akzeptieren.«

Nach dem Völkermord wurden abermals Begriffe geprägt, deren Aneignung und Benutzung die Behörden von der Bevölkerung erwarten. Das Motto ist Versöhnung und nationale Einheit. Für die Behörden sind die Bezeichnungen Hutu und Tutsi aus dem Vokabular gestrichen – alle sind Ruander. Tutsi, die den Völkermord überlebten, werden »rescapés« (Davongekommene, Gerettete) genannt. Früher »génocidaires« genannt, werden die Hutu als »non-survivors« oder »non-rescapés« bezeichnet. Pagnier, die während ihrer Forschungstätigkeit mit der Bevölkerung in einem Teil Ruandas zusammenlebte, in dem es nach dem Völkermord besonders viele Racheraktionen gab, meint aber, dass es unmöglich ist, über den Genozid oder damit zusammenhängende Fragen zu sprechen, ohne sich auf die beiden Kategorien Tutsi und Hutu zu beziehen. Kann es sich hier wirklich um eine konstruktive Politik handeln, oder ist dies vielmehr der Versuch, das Geschehene vergessen zu machen oder zumindest die Gefühle zu überdecken, die eigentlich an die Oberfläche kommen sollten und bearbeitet werden müssten?

Pagnier konzentriert sich auf das Verhältnis zwischen autoritärem Staat und folgsamer Gesellschaft. Die Anthropologin meint, dass übergreifende Studien über den Völkermord in Ruanda ein Bild und die Erzählungen der einzelnen Individuen ein anderes Bild ergeben. Diejenigen, die den Mördern von Angesicht zu Angesicht gegenüberstanden, empfinden großes Misstrauen, und die Bevölkerung ist keinesfalls schon bereit für die Etablierung eines kollektiven Geschichtsbildes. Außerdem käuen die Leute die von den Behörden »vorbereiteten« Wörter oft einfach wieder. Der Völkermord, Gacaca und Versöhnung sind äußerst heikle Themen, bei denen vieles ungesagt bleibt. Außerdem zeigt man in der ruandischen Kultur seine Gefühle nicht; die Mimik der Menschen ist schwer zu deuten. Die wahren Geschichten bekommt man vielfach erst zu hören, nachdem man sein Aufnahmegerät ausgestellt hat.

Wir besuchten das Völkermord-Museum »Kigali Memorial Centre« in Gisozi, einem Stadtteil von Kigali. Dort befinden sich auch Massengräber für die 250.000 in Kigali ermordeten Menschen. Mit ausländischer Hilfe konnte man eine eindrucksvolle Gedächtnisstätte errichten, in der die Vergangenheit mit der Gegenwart verknüpft wird. Nach einem Besuch des Völkermord-Museums versteht man besser, warum es so viele verkrüppelte Bettler, ängstliche Gestalten und ernste Soldaten gibt.

Führung und Gruppenphänomene

Wie möchten noch einmal betonen, dass ein Völkermord sich nie aus spontanen Handlungen einer Gruppe oder Bevölkerung entwickelt. Die individuellen oder sozialpsychologischen Faktoren sind nicht ausreichend. Die impulsgetriebene Gruppendestruktivität ist zeitlich begrenzt. Der Aufruhr verebbt, wenn die Wut verraucht ist. Ein Genozid bedarf einer Führung, einer Ideologie und einer Organisation. Die beteiligten Menschen brauchen Zeit, um sich zu verändern und sich in der immer mechanischer werdenden Ausführung spezifischer Aufgaben sowie im »Verwässern« der Verantwortung zu üben. Zwischen der ideologischen Organisation und den Gruppenphänomenen, die die ideologischen Führer nutzen, um die Anhänger zu blinder Gefolgschaft zu bewegen, besteht eine Wechselwirkung. Um Anhänger zu gewinnen, werden aus politischen Machtstreitigkeiten oft auch ethnische Kämpfe gemacht. Führer können die Großgruppenregression manipulieren – und entweder für eine besser funktionierende Großgruppe sorgen oder für regressives blindes Vertrauen der Gruppenmitglieder (Volkan 2005).

Hier folgt eine Zusammenstellung der von Staub (2000) beschriebenen sozialpsychologischen Faktoren, die den Hintergrund eines Völkermordes bilden:

- Entwertung – von oben nach unten gesteuert
- destruktive Ideologie – Fehlen einer komplexen gemeinsamen Wirklichkeit
- ungeheilte Verletzungen, die in einem defensiven Überlegenheitsgefühl resultieren
- unkritischer Respekt vor Autoritäten und gemeinsamer eindimensionaler Blick auf die Geschichte
- monolithische Gesellschaft
- soziale Ungerechtigkeit
- passive Zuschauer, von den Tätern als Rückhalt betrachtet
- oberflächlicher nachbarschaftlicher Kontakt mit wenigen gemeinsamen Interessen

Noch ein paar Bemerkungen zur Bedeutung der passiven Zuschauer: Bulgarien war zwar mit dem nationalsozialistischen Deutschland alliiert. Als die bulgarische Regierung aber versuchte, Juden zu deportieren, protestierten Vertreter wichtiger gesellschaftlicher Gruppen: die orthodoxen Bischöfe, die Lehrer, die Advokaten und die Schriftsteller. Ein Mitglied des Parlamentes brachte einen Antrag ein. Schließlich reagierte der König und stoppte die Deportation, weshalb 82 Prozent der bulgarischen Juden den Holocaust überlebten. Hieraus kann der Schluss gezogen werden, dass die deutschen Nationalsozialisten Mitläufer und passive Zuschauer brauchten, um den Völkermord durchführen zu können.

In Ruanda beorderte man die UN-Soldaten zunächst, passive Zuschauer zu werden, zu Beginn des Genozids zog man sie schließlich ab (Kotek 2004).

Kann man den Gehorsam der Soldaten als gleichermaßen kriminell einstufen wie das Morden auf Befehl? Wäre es nicht die moralische Verantwortung der Soldaten gewesen, die Zivilbevölkerung zu schützen?

Extreme politische Bewegungen scheinen eine große Gruppe passiver Zuschauer zu schaffen, die unabsichtlich – durch Akzeptieren oder aktives Mitläufertum – die Unterdrückung von Teilen der eigenen Bevölkerung unterstützen (Hollander 2005, persönliche Mitteilung). Der Zuschauer leugnet die Geschehnisse, um sich »außen vor« halten zu können. Um keine Angst empfinden zu müssen, fühlt er mit dem Opfer kein Mitleid, sondern identifiziert sich mit dem Unterdrücker. Er richtet die eigene Aggressivität, die bei politischer Unterdrückung zunimmt, gegen die verfolgten Opfer (»Es wird schon einen Grund haben, dass sie getötet werden!«), womit auch die psychische Distanz zu den Verfolgten wächst. Um Todesängsten zu entgehen, nehmen viele passive Zuschauer Abstand von ihrem früheren politischen Engagement und pflegen wieder einen individualistischen Lebensstil. Schließlich praktizieren sie ein tödliches Schweigen (Staub 1989).

Staub (2003) beschreibt zwei Typen passiver Zuschauer: Typ 1 sind innere Zuschauer, die bemerken, dass Gesellschaftsgruppen schlecht behandelt werden, aber nicht darauf reagieren. Ihr Schweigen und halbaktives Mitwirken an der Verfolgung ermuntert die Täter häufig. Sie fürchten das Regime zu Recht, wobei diese Furcht ihre Passivität allerdings nicht hinreichend erklärt. Im nationalsozialistischen Deutschland wurde gegen die sogenannte Euthanasie oder den schlechten Geruch aus den NS-Tötungsanstalten protestiert, worauf die Tötungsmaßnahmen allmählich gestoppt wurden. Gegen die Behandlung der Juden wurde allerdings nicht aufbegehrt, und die Ermordung der Juden wurde auch ins Ausland verlegt. Auch andere Länder nahmen zu einer Zeit, als sie das deutsche Regime nicht fürchten mussten, eine Beobachterhaltung ein. Bei den Olympischen Spielen 1936 zogen die USA zum Beispiel jüdische Sportler aus ihrer Mannschaft zurück, obwohl dies von deutscher Seite gar nicht gefordert worden war. Auch lieferten die USA während des Spanischen Bürgerkrieges Öl an Deutschland, was zum Luftkrieg gegen die republikanische Seite beitrug.

Zum Typ 2 gehören Menschen, die von den neuen gesellschaftlichen Werten, die in der unterdrückenden Gesellschaft gelten, verändert wurden. Sie ziehen sich zurück, fokussieren auf sich selbst und wenden sich eigennützig dem Individualismus zu. Sie fühlen keine soziale Verantwortung; politische Unkenntnis macht sich breit (Staub 2003).

Außerdem wird Opposition vonseiten des totalitären Regimes als unpatriotisch und illoyal definiert. Die Menschen fühlen sich auch machtlos als Individuen, reagieren mit Verleugnung oder werden psychisch stumm, wenn sie glauben, nichts bewirken zu können. Ein weiterer Aspekt kann versteckter Neid sein, die Möglichkeit, eine vermeintliche Bevorteilung zu beenden und sich an der exponierten Gruppe durch Passivität zu rächen.

Der Staatswissenschaftler Benjamin Valentino (2000) unterstreicht die Bedeutung der spezifischen Ziele hoher politischer oder militärischer Führer bei Massakern. Wenn der Großteil der Bevölkerung zu passiven Zuschauern gemacht wurde, können sie ihre Ziele mithilfe einer kleinen Gruppe bewaffneter Mitläufer durchsetzen.

Täter in Ruanda

Der Anthropologe Charles Mironko (2004) interviewte ruandische Völkermörder in sechs Gefängnissen. Weil er die lokale Bantusprache Kinyarwanda beherrscht, konnte er sich auf den sozialen Mechanismus konzentrieren, der »igitero« (Gruppenangriff) genannt wird. Der Ausdruck bezieht sich eigentlich auf die vom König geleitete Jagd. Indem die neuen Anführer mit diesem Begriff das Ermorden von Menschen und die Jagd auf Tiere miteinander vermischten, benutzten sie die Sprache, um ihre Opfer zu dehumanisieren. Auch die Bezeichnung der mordenden Milizen »interahamwe« wurde verdreht, hatte das Wort ursprünglich doch für »wir, die wir zusammenarbeiten« – also eine neutrale Arbeitsgemeinschaft – gestanden. In anderen Berichten aus Ruanda wird häufig betont, dass magische Vorstellungen die Dehumanisierung des Feindes färbten (Berg 2005). So mussten beispielsweise die Soldaten der Befreiungsarmee der Tutsi beweisen, dass sie keine Teufelsfüße hatten, indem sie die Schuhe auszogen.

Den Tätern fiel es schwer, Mironkos Fragen zu Schuld oder Trauer zu verstehen, und sie antworteten daher entsprechend affektlos. Das Muster solch flacher Affekte ist in mehreren Dokumentarfilmen aus Ruanda erkennbar, in denen Gefangene interviewt werden. Dies könnte auf eine primitive Schuldabwehr hindeuten, allerdings lassen andere Faktoren vermuten, dass es sich um eine noch tiefergreifende Persönlichkeitsveränderung handelt. Gewöhnlich wehren die Täter ihre Verantwortung durch Projektion auf die verfolgte Gruppe ab. Sie haben keine Empathie für den anderen und betrachten das

Töten als Pflicht. Sie haben ein althergebrachtes unterdrücktes Gefühl der Feindseligkeit gegenüber der anderen Gruppe. Gleichzeitig bagatellisieren oder leugnen sie ihre destruktiven Handlungen und idealisieren die eigene Gruppe. Der Mythos der Notwendigkeit von Rache ist ein kraftvolles Vorurteil. Es ist, als fordere der Verlust eines Menschen, das eigene Selbstbewusstsein oder die eigene Ehre die Rache als Genugtuung ein.

Um mit seinem plagenden Gewissen umgehen zu können, muss der Täter die der Rache entspringenden Grausamkeiten in einem – oft durch Alkohol intensivierten – Zustand der Erregung begehen, in dem er seinen früher vertretenen Werten abschwört (Berg 2005). Wenn seine Gefühlswallung dann abgeklungen ist, muss er die primitiven Schuldgefühle in Form von verfolgender Schuld abwehren können. Sicherlich verdeutlichen auch Mironkos Interviews diese Mechanismen.

Die Identität des Täters

Wir gingen bereits an anderer Stelle auf die Bedeutung der Großgruppenidentität ein und schilderten, wie Volkan (2005) unser Verhältnis zur Großgruppenidentität mit dem Atmen vergleicht: Das Atmen ist uns nicht bewusst, bis uns jemand an die Tatsache erinnert, dass wir Luft brauchen, um zu überleben. Wenn Großgruppen – oft manipuliert durch politische Führer – regredieren, rückt die Großgruppenidentität in den Vordergrund und kann sogar wichtiger werden als die individuelle Identität. Das Grundvertrauen des Individuums wird zu blindem Vertrauen in die Gruppe pervertiert.

Jean Hatzfeld (2004), ein erfahrener internationaler Journalist und Autor, interviewte und begleitete eine Gruppe ruandischer Gefangener und schrieb ein schockierendes Buch über seine Erfahrungen. Die Hutu-Jungen, mit denen er sich befasste, waren einfache Bauernsöhne, Freunde, die sich von Kindesbeinen an kannten. Sie arbeiteten auch mit einigen älteren Männern aus der Nachbarschaft zusammen. Hatzfelds beeindruckende Interviews lassen uns nachvollziehen, wie diese »ganz normalen« Jungen sich mit der vom faschistischen Regime manipulierten Großgruppenregression und dem darauf folgenden Morden in Monster verwandelten.

Hier folgen, in mehrere Rubriken unterteilt, Zitate aus Hatzfelds Buch und unsere Kommentare dazu.

Vorbereitungen

Es gab eine lange Tradition der Angst und des Hasses (Hatzfeld 2004, S. 180): »Ich bin mit der Angst vor der Rückkehr [...] der Tutsi-Könige und ihrer Beamten aufgewachsen.«

Die eigenen Erfahrungen unterschieden sich von dem, was verlautbart wurde (Hatzfeld 2004, S. 181): »Ich hatte immer Bekannte, die Tutsi waren [...]. Doch ich bin mit Geschichtsdarstellungen und Radioprogrammen im Ohr aufgewachsen, in denen täglich von größten Schwierigkeiten zwischen Hutu und Tutsi die Rede war; gleichzeitig hatte ich mit Tutsi Umgang und keine Probleme mit ihnen.«

Die Tutsi als Gruppe wurden beneidet (Hatzfeld 2004, S. 235): »Auch wenn ein Hutu seine ganze Jugendzeit hindurch einen Tutsi zum Freund hatte, er mit ihm durch dick und dünn ging und sie manches Glas gemeinsam leerten, so richtig anvertrauen sollte er sich ihm nicht. [...] Von Natur aus war er ein Grund zum Misstrauen.«

Diese Paranoia wurde über Generationen genährt (Hatzfeld 2004, S. 236): »Sie erzählten sich auch, dass ein Hutu [...], der eine Tutsi geheiratet hat, sich damit nur wichtig machen wollte. [...] Neben einem [...] Tutsi-Kind empfindet ein Hutu-Kind eine gewissermaßen naturgegebene Eifersucht, es sieht in ihm einen Angeber.«

Diese Schilderungen verdeutlichen auch die Verführung der Utopie und die Kraft der schönen Worte, mit deren Hilfe die Machthaber den Erfolg beschwören und potenzielle Täter für sich gewinnen. Die Versuchung bestand nicht nur darin, sich von allen eigenen Ängsten zu befreien. Die Plünderungen bei den Ermordeten stimulierten auch die Hoffnung, die Utopie verwirklichen zu können. Gleichzeitig rivalisierte man um Grund und Boden, wurde doch verkündet, dass es »in diesem Land nicht genug Ackerfläche für zwei Volksstämme [gibt]« (Hatzfeld 2004, S. 246).

Im Radio und bei öffentlichen Zusammenkünften war ständig die Rede von angeblichen Ungerechtigkeiten. Alle Programme der Hutu-Parteien seit 1992 sahen vor, die Tutsi zu töten (Hatzfeld 2004, S. 192): »Sie wurden bei den Versammlungen verlesen und von den Anwesenden aus vollem Herzen beklatscht.«

Gruppenidentität

»Innerhalb der Bande bestand ein guter Gemeinschaftsgeist; wir vereinbarten gemeinsam die neuen Aktivitäten [...]« (Hatzfeld 2004, S. 15). Wie in den Jugendlagern der faschistischen Länder, in denen die Destruktivität einzig durch die Stärkung eines scheinbar harmlosen Gruppenzusammenhaltes angebahnt wurde (Haffner 2002), bereitete auch hier die Kameradschaft den Boden für die Ideologie. Allmählich wurde die Gruppenidentität wichtiger als die individuelle Identität. Die interviewten Jungen waren gegenüber den Tutsi als Individuen auch nicht feindlich eingestellt. Aber die Solidarität siegte (Hatzfeld 2004, S. 243): »Ich bin der Meinung, dass einer, der [...] gezwungen wurde zu morden, wollte, dass [...] sein Nachbar in gleicher Weise gezwungen wurde, damit das Ansehen des einen dem des anderen gleichkam.«

Und auch nach dem Ende des Mordens, im Gefängnis, änderten sie ihre Einstellung nicht (Hatzfeld 2004, S. 38–39): »[...] die Freundschaft [blieb] ebenso fest bestehen wie vor dem Töten. [...] Wir tun das, was wir als Kameraden untereinander tun müssen, und das in jeder Lage.«

Das Töten

Einerseits wurden sie von einer verfolgenden Schuld geplagt (Hatzfeld 2004, S. 26): »Die Augen eines Sterbenden sind für den, der ihm den Tod gibt, wenn er in dem Moment gerade hineinschaut, ein wahres Verhängnis. Sie sind der Fluch des Opfers über den, der es gerade tötet«, erklärt einer der Mörder. Dem Blick seines Opfers zu begegnen, erschwert das Töten also; gleichzeitig muss man aber töten, um diesen Blick loszuwerden.

Andererseits hatte der Mörder das Empfinden, es bei seinem Opfer gleichsam mit einem Tier zu tun zu haben (Hatzfeld 2004, S. 26 u. 29): »Ich hatte es noch nicht einmal an einem warmblütigen Tier versucht. [...] Im Vergleich zur Machete ist das Töten mit dem Gewehr ein Kinderspiel; man ist sehr viel weniger berührt.«

Die Tutsi wurden dehumanisiert (Hatzfeld 2004, S. 51): »Wenn wir in den Sümpfen Tutsi aufspürten, sahen wir in ihnen keine Menschen mehr. [...] Es war eine wilde Jagd [...]. Die Wildheit bemächtigte sich unserer Köpfe.«

Das Töten wurde durch wiederholtes Üben gelernt (Hatzfeld 2004, S. 40–41):

»Den Bogen bekam man sowieso nur durch Nachahmung heraus. Durch ständiges Erklären und Wiederholen ging man gegen die Ungeschicklichkeit an. Das ist eine Wahrheit, die […] für jede Handfertigkeit gilt. […] [Diejenigen] waren die im Vorteil, die schon mal Hühner und vor allem Ziegen geschlachtet hatten, das kann man gut verstehen.«

Die vertikale Beziehung von Überlegenheit und Unterlegenheit wurde zu einer Notwendigkeit (Hatzfeld 2004, S. 51 u. 253): »In den Sümpfen […] war kein Platz für irgendwelche Ausnahmen. Wir hatten die Bosheit und die Härte beim Töten, um die Zweifel zu vergessen, und eine Arbeit, die beendet werden musste – mehr nicht. […] Wenn du ausdrückliche Befehle erhältst, dir Gewinne auf lange Zeit hinaus versprochen werden und du dich noch vom Zuspruch deiner Kollegen getragen fühlst, dann tötest du, was das Zeug hält.«

»Verwässerung« der Verantwortung und Dissoziation

Der Mörder scheint in seiner Persönlichkeit gespalten zu sein und sich deshalb weniger verantwortlich für seine Handlungen zu fühlen (Hatzfeld 2004, S. 52): »Es war so, als ob ich einer anderen Person mein Erscheinungsbild als Lebender und die Eigenheiten meines Herzens überlassen hätte, ohne dass mir das in der Seele weh getan hätte. […] Aus dem Grund kann ich mich als Einzelmensch in dem da nicht wiedererkennen.« »Töten – auch wenn es nur ein Tier ist – ist äußerst deprimierend, wenn du selbst die Entscheidung triffst, es zu tun. Aber wenn du nur Anweisungen der entscheidenden Leute gehorchen musst, wenn du gehörig darauf vorbereitet worden bist, […] wenn du erkennst, dass bei dem Töten sowieso keiner übrig bleiben wird und es keine nachteiligen Folgen für deine Zukunft haben wird, dann fühlst du dich beruhigt und erleichtert.«

Ausbildung und Lebenserfahrung schienen bei den Verfolgungen keinen Einfluss zu haben (Hatzfeld 2004, S. 73): »Ein Priester, der Bürgermeister, […] ein Arzt haben eigenhändig getötet. […] Diese hervorragend gebildeten Leute haben in aller Seelenruhe die Ärmel aufgekrempelt, um mit festem Griff die Buschmesser zu handhaben.«

Gewissen, Entscheidung und Verantwortung wurden anderen überantwortet (Hatzfeld 2004, S. 75): »Wenn du durch die Radios und die Ratschläge, die man dir gibt, so richtig eingestimmt bist, gehorchst du umso leichter […].«

Die ruandischen Mörder schienen wie die Mörder in den deutschen nationalsozialistischen Vernichtungslagern die Fähigkeit zu haben, zwischen »Arbeit« und »Privatleben« zu trennen (Hatzfeld 2004, S. 118): »Seine Messer ließ er [der Gatte der Frau] stets draußen. Zu Hause zeigte er keine Bösartigkeit, sondern redete viel vom lieben Gott.«

Pervertierte menschliche Beziehungen

Da die Tutsi als widerliche Kakerlaken oder als Tiere betrachtet wurden, die sich als Menschen ausgaben, mussten sie radikal ausgerottet werden (Hatzfeld 2004, S. 129): »Wir hatten nicht zu wählen zwischen Männern oder Frauen, Säuglingen oder Alten: Alle sollten erschlagen werden, bevor das Ende da war. [...] Wer wegen eines Bekannten die Machete sinken lässt, der untergräbt den guten Willen seiner Kollegen.« Es war besonders wichtig, bekannte Menschen zu töten, konnte man dadurch doch zeigen, dass man die radikalen Ziele verstanden hatte (Kubai 2005, persönliche Mitteilung).

Werden die Mörder durch das Töten traumatisiert?

Hatzfeld hat den Eindruck, dass diese Mörder von nichts überwältigt werden. Sie denken eher an ihr eigenes Schicksal und haben kein Mitgefühl für andere Menschen. Sie wirken abgeschirmt und egozentrisch (Hatzfeld 2004, S. 172): »Ich glaube, dass mein Schlaf erst einigermaßen zur Ruhe kommt, wenn ich meine Freiheit wiedererlangt habe und mein früheres Leben aufnehme.«

Manchmal werden schlechte Erinnerungen wach, Erinnerungen, die sogar im Rahmen des pervertierten Lebens eines Mörders außergewöhnlich sind (Hatzfeld 2004, S. 171): »Aber die Erinnerung an den Bergwerksschacht, in dem wir die Tutsi bei lebendigem Leibe ausgeräuchert haben, wird mich nie loslassen. [...] Ich glaube, das ist wegen des Geruchs von den Verbrannten: Es ist wider die Natur, dass Menschen andere Menschen durch das Feuer töten.«

Anstatt Einfühlung in das Opfer zu zeigen, sprechen die Mörder typischerweise vom Bedürfnis, dass man ihnen verzeiht. Ihr Verständnis von Vergebung wirkt sehr oberflächlich. Bei den Überlebenden hingegen ist das Verzeihen selten ein Thema; bei ihnen geht es vielmehr um Gerechtigkeit.

Angst vor Demütigung

Unter Männern kursiert oft die Angst, gedemütigt zu werden. Diese Angst war auch Teil der Gruppendynamik beim Morden (Hatzfeld 2004, S. 245): »[Es] ist es schrecklich schwer, dem Gespött der Kollegen etwas entgegenzusetzen, vor allem wenn es sich noch in deiner Nachbarschaft ausbreitet. In der Schule [...] ist es genauso, aber in den Sümpfen ist es viel schlimmer. Solcher Hohn kann einem das Leben vergiften.«

Dieses Phänomen ist sicherlich schwer zugänglich. Die pervertierte Logik, dass Menschen andere Menschen umbringen, um eine mögliche Demütigung vonseiten der Kameraden abzuwehren, kann man höchstens dann nachvollziehen, wenn man all die anderen absurden Umstände berücksichtigt. Hier geht es um eine Extremvariante der Psychodynamik der Machokultur.

Das Gerechte-Welt-Phänomen

In der Sozialpsychologie wird dieser Begriff benutzt, um das autoritäre Weltbild zu beschreiben, demzufolge man glaubt, die Welt sei gerecht, und demzufolge man unverständliche Ungerechtigkeit damit erklärt, dass die Menschen erleiden, was sie verdienen. Das Gerechte-Welt-Phänomen trägt auch zum Verständnis dazu bei, inwiefern die Passivität der Zuschauer das Morden zu legitimieren scheint (Hatzfeld 2004, S. 250): »Jeder in seinem Inneren [dachte] auf gewisse Weise [...], es wäre ihnen vorherbestimmt, hier und jetzt alle gemeinsam zu sterben. Wir dachten, dass diese Arbeit, weil sich ihr nichts in den Weg stellte, auch getan werden müsse.«

Die Verwandlung zum Psychopathen

Wie Waller (2002) beschreibt, verändert die Handlung des Mordens den Mordenden, ohne dass er diese Metamorphose selbst bemerkt. Obwohl sie sich durch ihre Taten wahrscheinlich radikal gewandelt hatten, glaubten die Mörder unverändert geblieben zu sein (Hatzfeld 2004, S. 264): »Wir zogen unsere Sachen an, mit denen wir aufs Feld gingen, [...] wir schlossen Wetten ab, wer von uns wie viele töten würde, wir machten unsere Scherze über

Mädchen, die unseren Messern zum Opfer gefallen waren, wir lagen uns wegen irgendwelcher Kleinigkeiten mit der Aussaat in den Haaren. […] Wir beschummelten uns gegenseitig, wir amüsierten uns darüber, wie die Gejagten um Erbarmen flehten, wir zählten die Beute und verstauten sie.«

Die hier zitierten Personen wurden durch ihre Taten zu Psychopathen, zu beziehungslosen Menschen ohne Schuldgefühl und Empathie. Möglicherweise hatten sie bestimmte Voraussetzungen, ausschlaggebend für ihre Verwandlung schienen aber gleichwohl die destruktiven Handlungen zu sein. Den Jugendlichen fehlten Gegengewichte, aber entsprechend Hatzfelds Beschreibung wirkten vor dem Völkermord fast alle wie gewöhnliche junge Leute. Die Jungen bemerkten ihre Verwandlung nicht. Sie ähneln dem wegen seiner Tatwaffe »Lasermann« genannten Mörder John Ausonius, der sich für »ganz normal« hält, tatsächlich aber emotional abgeschirmt ist von Schuld und Empathie (Gellert 2002).

Rachemorde nach der Machtübernahme der RPF

Das Morden in Mutete zog sich über mehrere Tage hin (Pagnier 2004). Mitte April gelang es der Tutsi-dominierten RPF, das Gebiet zu kontrollieren. Die Soldaten fanden die Gegend menschenleer vor, weit und breit waren nur Leichen ermordeter Tutsi zu sehen. Nach den Schilderungen der fliehenden Hutu töteten die Soldaten alle Hutu, die sie zu Gesicht bekamen. Allerdings herrscht große Unsicherheit über das tatsächliche Ausmaß solcher Racheaktionen.

V. war einer der überlebenden Hutu. Er hatte versucht, Tutsi zu schützen; sein Vater und seine Frau hatten deshalb ihr Leben lassen müssen. Als die RPF kam, floh V. nach Zaire und verbrachte einige Zeit im Flüchtlingslager, wo andere Hutu ihn töten wollten. Als V. an seinen Heimatort zurückkam, berief die RPF eine Dorfversammlung ein, anlässlich der sie alle Tatverdächtigen auslas (Pagnier 2004, S. 78; eigene Übersetzung). »Bis heute wissen wir nicht, wo sie sind. Zwei versuchten zu fliehen und wurden erschossen […]. Ich kann sagen, dass es Rache war […], das müssen mindestens hundert Menschen gewesen sein […], und auch wenn sie gar nicht Zeugen des Völkermords waren, sagten sie: Der da beging Völkermord […], die Listen waren im Voraus aufgestellt worden. Es war furchtbar. Alle hatten Angst.« Nicht nur hier scheinen Rachemorde verübt worden zu sein, wenn Soldaten beim Anblick der Leichen verstümmelter Tutsi auf den Wegen Leute erschossen.

Pagnier betont die Komplexität der Problematik. Völkermord und Massentöten sind nicht identisch. Aber bei den Dorfgerichten wurde wiederholt gefragt, ob Rachefälle auch behandelt würden. Niemand vonseiten der Behörden schien hierzu bereit. Es hieß, die Opfer seien von der RPF für ihre eigenen Sünden (oder die Sünden ihrer Familien) getötet worden. Im Hinblick auf eine Versöhnung sagte ein Hutu: »Wir sind alle Überlebende des Krieges!«. Diese Einstellung erschwert einen gemeinsamen Blick auf die Geschichte und den Entwurf eines Gerechtigkeitsmodells. Sie berührt auch die Debatte um einen »doppelten Völkermord«, mittels der der Fokus weg vom Völkermord an den Tutsi verschoben werden soll. Unserer Meinung nach treibt man die Rachespirale an, wenn man von doppeltem Völkermord spricht und dadurch weitere Konflikte legitimiert. Die Rachemorde wurden von den Involvierten in der chaotischen Situation vielleicht als unausweichlich erlebt, doch sie waren natürlich inakzeptabel.

In Südafrika musste auch der Afrikanische Nationalkongress (ANC) seine Verbrechen zugeben, wenngleich man betonte, dass diese Vergehen anderer Art waren als die des Apartheidregimes. In der allgemeinen Diskussion in Ruanda hingegen ist wenig Raum für die Morde an den Hutu. Diese Morde werden auch in den Gacaca-Prozessen nicht aufgegriffen. Die Sieger entscheiden, worüber gesprochen werden soll. In Ruanda ist alles einseitig. Vielleicht auch weil die Tutsi-Regierung sich als Minderheitsregierung unter Druck fühlt. Es ist die Rede davon, dass es »gewisse Zwischenfälle« gegeben habe. Ein paar wenige RPF-Soldaten wurden inhaftiert. »Erst einmal beschäftigen wir uns mit dem Genozid, dann wenden wir uns den Rachemorden zu«, heißt es. Man weiß nicht so recht, ob man das glauben kann.

Teil III: Der Verzicht auf Rache

Postludium – Sara, Jean und Lotta schaffen psychischen Raum

Saras Mutter schaut eine Fernsehsendung für Erwachsene an (C. Wirsén/S. Wirsén 2004, S. 21; eigene Übersetzung). »Du wirst nur quengelig, wenn du auch guckst. Mach lieber was Lustiges!«, sagt sie zu Sara.

Aber kurz darauf erhebt sich die Mutter: »Komm, wir malen zusammen.«

Sara freut sich so, dass sie ihre Mama – oder vielmehr deren Beine, sie reicht ja nur bis kurz über die Knie der Mutter – stürmisch umarmt. Sie sagt: »Du brauchst dich nicht zu entschuldigen, ich hab dir schon verziehen.«

Die Mutter scheint sich bewusst geworden zu sein, dass ihr die vermeintliche Quengeligkeit ihrer Tochter nur als Vorwand diente, um in Ruhe ihre Sendung anschauen zu können. Sara ist so froh über die Kehrtwendung der Mutter – ihre Art und Weise, sich zu entschuldigen –, dass sie sie ungestüm drückt und ihr vergibt.

***

Gegen Ende des ersten Interviews entspannen sich Jeans Gesichtszüge immer mehr (Kaplan/Eckstein 2004, S. 48): Jean erinnert sich an eine ganz besondere Dame, »eine Dame, die mich mochte und zu einem Ort namens Nkurunziza mitnahm, um dort zu beten. Sie gab mir Geld […]. Sie war später sehr glücklich, zu sehen, dass ich nicht mehr auf der Straße lebe und dass ich zur Schule gehe. Heute denke ich nicht mehr wie früher. Die Toten können nun mal nicht in unser Leben zurückkehren. Ich hoffe nur auf ein besseres Leben in der Zukunft.« Jean weiter (Kaplan 2008, S. 209; eigene Übersetzung): »Ich hoffe nur auf eine bessere Zukunft mit Frau und Kindern. Ihnen werde ich erzählen, was ich durchgemacht habe.«

Jeans »ganz besondere Dame« war eine Frau, die dem Jungen zuhörte, wenn er sich über seine destruktiven Gedanken äußerte, und die ihn emotional auffing und praktisch unterstützte. Dass Jean seine Ausführungen mit der Aussage schließt, dass er später einmal seiner Frau und seinen Kindern schildern werde, was er mitgemacht hat, lässt darauf schließen, dass er allmählich an eine Zukunft zu denken beginnt.

Als Jean ein Jahr später zum zweiten Mal interviewt wird, hat er bereits gut ein Jahr bei einem Kinderarzt gelebt, der Straßenkindern hilft. An jenem 7. April 2004 ist es genau zehn Jahre her, dass der Völkermord in Ruanda seinen Lauf nahm. Jean trägt ein schönes afrikanisch gemustertes buntes Hemd. Er ist ruhig und ernst. Der grimmige Gesichtsausdruck, den er beim Gespräch ein Jahr zuvor noch gehabt hatte, ist verschwunden. Jean lächelt hie und da freundlich und höflich. Während er beim vorigen Interview seine Finger gegen die Stirn gepresst hatte, balanciert er dieses Mal eine blaue Kappe auf den Fingerspitzen. Seit er bei dem Arzt wohnt, »hat sich alles in eine gute Richtung entwickelt«. Das, woran er »am meisten denkt, ist die Schule. In dieser Welt gibt es in der Zukunft viel zu tun«, sagt Jean. Er träumt davon, einmal in einem Krankenhaus zu arbeiten. »Ich hoffe, Arzt werden zu können«, meint Jean. »Ich will für mein Land arbeiten«, ergänzt er (Kaplan 2008, S. 228; eigene Übersetzung).

An diesem Tag werden im großen Stadion Kigalis Zeremonien zum Gedenken an den Genozid abgehalten und im Fernsehen übertragen. Das Fernsehgerät im Nachbarzimmer läuft den ganzen Tag. Jean sieht traurig aus. Er erzählt, dass er es nicht lange vor dem Fernseher aushalte. Er wandere zwischen den Räumen hin und her (Kaplan 2008, S. 228; eigene Übersetzung): »Ich kann nicht vor dem Fernseher bleiben […]. Ich gehe aus dem Zimmer, um nicht ins Grübeln zu kommen«, sagt er. Als Jean im Verlauf des Gesprächs gefragt wird, ob er Albträume hat, beginnt sein Blick zu flackern; er schaut weg.

Auch wenn seine Zukunftsträume teilweise eine Abwehrstrategie sind, gibt es Hoffnung für Jean, Hoffnung auf eine konstruktive Entwicklung. Man darf erwarten, dass eine generationale Einbindung (fruchtbare assoziative Verbindungen zu wichtigen Personen und Ereignissen) die Traumabindung (die wiederholten Traumaassoziationen) langfristig dominieren wird. Jean ist fähig, Hilfe anzunehmen, er kann seinen Schulabschluss machen und die Affekte adäquat regulieren, die beim Sehen und Hören der Gedenksendung aufkommen. Das Oszillieren zwischen der generationalen Einbindung und der Traumabindung scheint ein besonders zentraler Aspekt des Traumaverarbeitungsprozesses zu sein, weshalb ihm – abweichend vom traditionellen Ansatz der Bearbeitung als intensive Auseinandersetzung mit dem Trauma – besondere Aufmerksamkeit gewidmet werden sollte (Kaplan 2007, 2008).

***

Wie versprochen, ist Gunilla nach zehn Minuten bei Lotta. Sie findet ihre Freundin apathisch auf dem Sofa sitzend vor. Als Gunilla das Küchenmesser auf dem Couchtisch liegen sieht, fährt sie zusammen. Sie setzt sich neben Lotta und drückt die Freundin an sich.

»Also – was ist denn passiert? Erzähl!«

Lotta berichtet schluchzend und schreiend. Gunilla versucht sie – auch der schlafenden Kinder wegen – zu beruhigen.

»Ich bring ihn um, den Mistkerl! Da kommt der und erzählt mir, dass er auf der Arbeit diese verdammte Hure kennengelernt hat. Und dass unsere Beziehung eingerostet ist. Das hab ich ihm doch schon seit Monaten zu sagen versucht. Ich schneide sämtliche Hemden in seinem Schrank in Fetzen und seine Studentenmütze und seine Anzüge auch.«

»Komm jetzt, Lotta«, sagt Gunilla, die angesichts des Küchenmessers schon die schlimmsten Befürchtungen hatte, tröstend. Sie kann Lotta dazu bewegen zu beschreiben, wie sie ihre Beziehung mit Peter in den vergangenen Monaten erlebte. Lotta schildert auch, welche Gedanken sie sich in letzter Zeit über ihre Ehe machte und erzählt von ihrer Sehnsucht nach etwas anderem. Gunilla sagt, dass es so klingt, als habe Peter einen Schritt getan, den Lotta wohl genauso gut hätte machen können. Sie fragt ihre Freundin: »Bist du verletzt, weil er dir untreu war, oder hast du Angst, ihn zu verlieren?«

Lotta weiß nicht recht. Aber sie beginnt nachzudenken. Ihr mentaler Raum weitet sich, Reflexion wird begünstigt. Lotta glaubt, dass sie in erster Linie gekränkt ist. Sie scheint sich eher ihrer Gekränktheit widmen als daran arbeiten zu wollen, wieder mit Peter zusammenzukommen. Sie fühlt sich von Peter verraten, kann ihn aber auch verstehen. Vielleicht hat er ja einen Schritt getan, den einer von ihnen beiden einfach machen musste? Ihr war es in erster Linie wichtig, die Familie zusammenzuhalten. Aber war der Preis vielleicht zu hoch? Das Gespräch mit Gunilla und das wiedergefundene Reflexionsvermögen geben Lotta ein Stück Selbstrespekt zurück.

8 Widerstand – Raumschaffen

Der Verzicht auf Rache beginnt mit dem eigenen Widerstand und kann idealerweise in ein reflektierendes Raumschaffen übergehen, wie wir in diesem Kapitel anhand von Sara, Jean und Lotta zeigen werden. Der individuelle Widerstand wird anhand von Forschungsergebnissen über das Verhalten misshandelter Frauen erläutert. Es wird deutlich, dass sich Selbstbild und Einstellung auch durch das Anerkennen dessen und die Versöhnung mit dem, was der Täter einem angetan hat, verändern können. Um die Notwendigkeit dieser inneren Arbeit zu beleuchten, führen wir Beispiele an, die von einem schwedischen Schulhof stammen.

Der Verzicht auf Rache wird von vielen spontan als Feigheit betrachtet – als ob man es nicht wagt, sich zu behaupten und die vermeintliche Balance durch eine schnelle Gegenattacke wieder herzustellen. Wir wollen nicht infrage stellen, wie wichtig es ist, die eigene Integrität zu bewahren und sein Gegenüber zurechtzusetzen, um die Situation und das eigene Selbstwertgefühl wieder unter Kontrolle zu bekommen. Aber ist es denn nicht gerade billig und feige, es dem anderen mit gleicher Münze heimzuzahlen? Wahre Stärke zeigt man, indem man auf Rache verzichtet. Man wird zu demjenigen, der die Rachespirale stoppt, zu einem Modell, das zeigt, dass Rache nicht die einzige Handlungsmöglichkeit ist. Man muss sich darüber klar werden, was man letzten Endes beabsichtigt – vielleicht trotz allem einen gütlichen Vergleich zu suchen, bei dem man die Situation des anderen zu respektieren und nachzuvollziehen versucht, auch wenn man findet, dass der andere dies gerade nicht getan hat. Jemand muss schließlich den Anfang machen.

In Zeitungsreportagen werden regelmäßig Reaktionen von Angehörigen im Zusammenhang mit Misshandlung und Ermordung von Kindern enthüllt. Manche Eltern kommen nicht zur Ruhe, bevor der Täter verurteilt und mit einer langen Gefängnisstrafe belangt wird. Andere Eltern konzentrieren sich darauf, in Schulen über den Hergang der Ereignisse zu berichten. Möglicherweise können dadurch ja andere Verbrechen verhindert werden? Sie gründen vielleicht einen Fonds, um eine wirtschaftliche Basis für Vorträge zu schaffen und auf diese Weise die Erinnerung an das Geschehene am Leben zu erhalten. Die Suche nach Gerechtigkeit schließt den Versuch nicht aus, Präventionsarbeit zu leisten. In der Praxis gibt es viele Reaktionsmöglichkeiten. Die Frage, die sich hier aber stellt, ist, wie man nach unerwarteten und furchtbaren Ereignissen wie Gewalttaten mit den eigenen Gefühlen umgeht. Bleibt man durch ständig neues Überprüfen des Geschehenen dem Trauma verhaftet? Oder gelingt die Konzentration auf konstruktive Lösungen, die Licht in das Geschehene bringen und es möglich machen, im Leben weiterzugehen? Zivilcourage angesichts Gewalthandlungen – gegen den Widerstand oder trotz Passivität der Umwelt das zu tun, was man für richtig hält – wird vielleicht durch die Furcht vor Rache verhindert.

Individueller Widerstand

Margareta Hydéns Artikel (2005) über misshandelte Frauen macht deutlich, welche Voraussetzungen nötig sind, andere und sich selbst davon abzuhalten, Rache zu nehmen.

In vielen Kulturen der westlichen Welt wagten Frauen, die Opfer von Übergriffen wurden, noch vor wenigen Jahrzehnten nicht, über ihre Situation zu sprechen. Sie konnten sich nicht vorstellen, dass ihnen Glauben geschenkt würde und befürchteten vielleicht auch, dass ihnen die Schuld für die erlittenen Übergriffe gegeben würde. Schwedische Frauen bildeten in den 1970er-Jahren politische Gruppen, die es ihnen erlaubten, ihre Erfahrungen mit anderen zu teilen und Aufklärungsarbeit zu leisten. Ihre Schilderungen schockierten. Im Laufe der Zeit entwickelte sich der Kampf einzelner Frauen zu breiter angelegten politischen Konfrontationen gegen das Patriarchat.

Mit ihrer Studie wollte Hydén (2005) die individuellen Strategien untersuchen, mit denen sich die Frauen der Gewalt der Männer widersetzen. Hydén fokussiert auf das Verlassen des Mannes als Widerstandshandlung. Eine destruktive, von Gewalt geprägte Beziehung zu beenden, ist eine Handlung, die zwar von Stärke zeugt, allerdings nicht immer erfolgreich ist. Die Handlung kann schwerwiegende Konsequenzen mit sich bringen, wenn der Mann sich rächt – wenn er den Befreiungsakt der Frau zu unterbinden versucht oder die Frau zu verfolgen beginnt. Die Studie illustriert, inwiefern Begriffe wie »geschlagene Frau« und »Opfer« auch Beschreibungen beinhalten, die die Frau nicht auf eine leidende Person reduzieren. Durch wiederholte Interviews entsteht ein nuanciertes Bild dessen, wie sich die Frau den Handlungen ihres Mannes widersetzt. Hydén kategorisiert und analysiert den Widerstand und beschreibt drei Grundpositionen: die geschädigte, die selbstanklagende und die brückenbauende Position. Diese sind wiederum mit drei Beziehungsthemen verbunden: Verletzlichkeit, Isolation und Verbindung. Wir nehmen die drei Positionen und Themen als unterschiedliche Grade der Integration des Traumas in die Lebensgeschichte wahr.

Wenn sie das Machtverhältnis als zentralen Faktor hervorhebt, geht Hydén – wie übrigens auch Pagnier bei ihren Gacaca-Untersuchungen – von Michel Foucault aus. Die Frauen wurden Übergriffen ausgesetzt und müssen mit den eigenen Gefühlen der Hilf- und Machtlosigkeit konfrontiert werden. Wo es Unterdrückung gibt, gibt es eine parallele Geschichte der Opposition, betont Hydén. Sie meint, dass sich Widerstand oft subtil und indirekt ausdrückt und nicht immer vorhersagbar ist. Möglicherweise lange unbewusst bleibend, können die kleinen Protesthandlungen im Alltag Schutz und Widerstand darstellen. In dieser Hinsicht erinnern Hydéns Befunde an das Raumschaffen, wie es in den Studien über Kinder im Völkermord deutlich wurde. Hierauf gehen wir im letzten Kapitel näher ein. Möglicherweise sind Widerstandsaspekte leichter in Beziehungs- als in Kriegssituationen auszumachen. Die alltäglichen Handlungen des Raumschaffens machen es möglich – ausgehend von der Angst, aber auch vom Überlebenswillen – zu reflektieren und durch die eigene Fantasie Widerstand zu leisten. Hydén sieht in der Angst eine unartikulierte Fähigkeit und meint, dass Angst, Hilflosigkeit und Widerstand eng miteinander zusammenhängen. Das Gefühl der Angst zuzugestehen und tatsächlich zu empfinden zu wagen, kann auch als ein Aspekt des Raumschaffens betrachtet werden – die Grundlage der Heilung (Kaplan 2007).

Es zeigte sich, dass die Frauen – vielleicht ohne sich dessen bewusst zu sein – einen inneren Dialog zwischen »der Frau, die ging« und »der Frau, die blieb« pflegten und zwischen den verschiedenen Positionen hin- und herpendelten.

Das »Widerstands-Selbst« manifestierte sich in den drei genannten Positionen auf unterschiedliche Weise: Die geschädigte Position macht die Frau frei von Schuld. Die Frau bekommt viel Unterstützung und Sympathie vonseiten der Umwelt, was für sie kurzfristig einen Gewinn darstellt. Langfristig ist diese Opferposition aber die am stärksten begrenzte Position. Bei der selbstanklagenden Position verhält es sich umgekehrt wie bei der geschädigten Position: Sie verhindert es, Unterstützung zu bekommen. Es handelt sich um eine riskante Position, die von unterdrückter Aggressivität und Selbstdestruktivität gekennzeichnet sein kann. Wenn die Frau ihre Schwäche nicht ernst nimmt und sich nicht selbst schützt, sondern vielmehr ihre Möglichkeiten idealisiert, ist das Risiko groß, dass sie von neuem Unheil überrascht wird – von lebensbedrohlichen Rachehandlungen vielleicht. Die brückenbauende Position ist die günstigste, ermöglicht sie doch Versöhnung und Bindeglieder – vital für den Aufbau eines neuen Lebens. In dieser Position ist die Frau handlungsfähig. Sie kann in ihrem Selbst »die Frau, die ging« und »die Frau, die blieb« nebeneinander tolerieren. Diese Position kann jedoch erst erreicht werden, nachdem die beiden anderen durchlebt wurden, betont Hydén (2005). Sich psychisch an diesem Punkt zu befinden, bedeutet auch, Abstand davon zu nehmen, als bemitleidenswert – als »Überlebende« – identifiziert zu werden und nur von einem Aspekt der eigenen Identität ausgehend gesehen werden zu wollen. Wird das Opfer – geschlagene Frau wie Völkermordüberlebender – nicht mit seiner Vergangenheit konfrontiert und versucht es nicht, »damals« und »jetzt« zusammenzubringen, riskiert es, sich nicht als ganze Person zu fühlen und in einem chronischen Zustand der Dissoziation zu leben, bei dem Erfahrungen abgespalten werden. Das Opfer verliert an Handlungskraft und wird anfälliger für direkte Rachehandlungen oder Fremdenfeindlichkeit. Eine geschlagene Frau kann also nicht aus einer einheitlichen Perspektive verstanden werden, sondern muss aus einer Perspektive der Vielfalt begriffen werden: Sie trägt mehrere widersprüchliche Positionen in sich.

Anerkennen, Verzeihen und Versöhnen

In seinem Film »Min morfars morder« (Der Mörder meines Großvaters) aus dem Jahr 2004 sucht der dänische Dokumentarfilmemacher Søren Fauli nach 60 Jahren den dänischen Nationalsozialisten auf, der 1943 im Krieg seinen

Großvater ermordete. Faulis Mutter war 13 Jahre alt, als ihr Vater erschossen wurde – ein Ereignis, das ihr Leben und damit auch das Enkelkind prägte. Fauli gelingt es, den Mörder in Deutschland zu finden. Er trifft einen alten, kranken Mann, der um Entschuldigung für das bittet, was er Faulis Familie angetan hatte. Dies ermöglicht eine Lösung der »psychischen Knoten«, die Fauli empfand, obgleich der juristische Prozess natürlich ungelöst blieb. Fauli meint, dass ihm durch die Begegnung mit dem Täter die »eigene Existenz bestätigt« wurde. Der Täter ist »kein Gespenst mehr, sondern wird zu einem Menschen«. Aber seine Mutter, der er von der Begegnung erzählt und eine Videoeinspielung zeigt, sagt, dass sie dem Mörder ihres Vaters nicht verzeihen kann, auch wenn sie ihm gegenüber keinen Zorn mehr empfindet. Ihr Bedürfnis nach Rache hat gleichermaßen abgenommen wie ihr Hass.

Die Ethikforscherin Ann Heberlein kommentierte den Film, als er im schwedischen Fernsehen gezeigt wurde. Sie meint, dass das Verzeihen den Wert der benachteiligten Person wiederherstellt. Die traumatische Erfahrung des Mordes am Großvater stellt für Fauli eine Kränkung und Entwertung dar. Durch die Begegnung werden die Ereignisse anerkannt – eine Voraussetzung für die Versöhnung mit dem Geschehenen. Faulis Existenz erlangt wieder Berechtigung. Wie Faulis Mutter erklärt, ist ein Verzeihen allerdings nicht möglich, obwohl der Zorn verschwunden ist. Anders als bei der zuvor beschriebenen Situation Annika Östbergs kam hier ein Dialog zustande, der Versöhnung ermöglichte.

In einer Diskussion auf einer Konferenz in Stockholm machte Igra (2002) die für uns denkwürdige Aussage, dass Verzeihen mehr mit magischem Denken als mit Versöhnung zu tun habe. Verzeihen ist laut Igra ein gleichsam kindlicher Prozess, eine magische Geste, dank der man nicht den Respekt vor jemandem verlieren müsse, von dem man abhängig sei. Vonseiten des Täters, der sich – ohne seine Schuld ernsthaft zu überdenken und tatsächlich einzugestehen – oberflächlich entschuldigen könnte, würde viel zu wenig psychische Arbeit verlangt. Das Verzeihen erfordert bei Opfer und Täter keine Umwandlung; es ist, so Igra, eher zeremoniell als umwandelnd. Es verlangt dem Täter nichts ab, sondern bietet ihm vielmehr etwas – Entlastung nämlich. Gewisse Handlungen sind unverzeihlich. Sie müssen anerkannt werden; sonst ist Versöhnung nicht möglich. Gelingt Versöhnung nicht, steigt die Gefahr von Rache und Gewalt. Zeigt der Täter wie der dänische Mörder Reue, entspricht das einem Anerkennen des Geschehenen, was für Täter und Opfer gleichermaßen wichtig ist. Im

Gegensatz dazu steht die mechanische, gefügige Art des reuelosen Gestehens mancher Täter in Ruanda zur Vermeidung psychischen Schmerzes. Die Täter bekennen unter der Bedingung, dass man ihnen verzeiht.

Auch in der Gesellschaft gibt es Bestrebungen, solche Muster ausgebliebener Dialoge und fehlenden Anerkennens zu unterbrechen und für Versöhnung zu sorgen – so zum Beispiel wenn Theater und Jugendhäuser die Problematik in gemeinsamen Produktionen bearbeiten. Solche Versuche, mithilfe des Kultursektors auf die Gesellschafts- und Beziehungsebene Einfluss zu nehmen, machen Hoffnung darauf, dass Veränderung möglich ist.

Jungen auf dem Schulhof

Wir unterhielten uns mit einigen Schuljungen. Sie erzählten, wie sie in den Pausen regelmäßig frustriert würden und wie sie sich für die Demütigungen rächen wollten. Die Erlebnisse der Jungen waren dadurch gekennzeichnet, dass es niemanden gab, der ihnen helfen konnte – Helfer »glänzten mit Abwesenheit«.

> Max, 14 Jahre, berichtet von Ereignissen auf dem Fußballplatz und von seinem Hass (eigene Übersetzung):
>
> »Du hast davon erzählt, was schwer für dich ist. Dass du so ärgerlich wirst, wenn du mit deinen Kameraden draußen bist und dass dich das Geschrei und der Lärm stören.«
>
> »Mmm.«
>
> »Wie oft kommt es vor, dass du wütend wirst?«
>
> »Jaaa, jeden Tag. Ich habe Kopfweh.« (Er berührt eine Seite des Kopfes mit der Handfläche.) »Gestern hab ich mich auf dem Hof mit mehreren Jungs geprügelt.«
>
> »Was ist passiert?«
>
> »Das sind doch Langweiler, kapieren nichts. Idioten.«
>
> »Ja, aber wie fing es denn an?«
>
> »Sie haben was gesagt, und ich hab zugeschlagen – aber richtig. Oder ich habe mit jemandem rumgealbert, und der hat zugeschlagen, und ich hab dann hart zurückgeschlagen!«
>
> »Waren Erwachsene in der Nähe?«
>
> »Die glänzten immer mit Abwesenheit. Und die kommen auch nicht

im Nachhinein. Wenn ich morgen immer noch so Kopfweh habe, werd ich's ihm zeigen! Ich werd mich rächen.«

»Was fühlst du, wenn du daran denkst?«

»Hass! Ich habe mein ganzes Leben lang gehasst.«

»Dein ganzes Leben lang?«

»Ja, dort wo wir früher gewohnt haben, waren auch Jungs, die mich aufgezogen haben.«

»Sprichst du darüber mit deinen Eltern?«

»Ja, aber das kommt nicht gut.«

»Wie meinst du das?«

»Die haben das schon von meinem Trainer gehört.«

Tom und Daniel, 13 Jahre alt, die in eine Schlägerei auf dem Schulhof »verwickelt wurden« (eigene Übersetzung):

»Zu Hause bin ich anders als in der Schule«, sagt Tom.

»Wie meinst du das?«

»Zu Hause bin ich normal, und in der Schule bin ich aggressiv.«

»Aha, es gibt also einen normalen Tom und einen aggressiven Tom. Wie ist der aggressive Tom?«

»Mmm ... Ich muss mich an vier Jungs rächen.«

»Meinst du, du könntest dich ihnen gegenüber auch anders verhalten?«

»Nö, ich hab mich schon immer gerächt.«

»Daniel, erzähl doch bitte mal ganz genau, wie das abläuft, wenn du in eine Schlägerei verwickelt wirst.«

»Es fängt alles ganz ruhig und harmlos an.«

»Und was passiert dann?«

»Meistens werde ich heftig. Sobald mich jemand angreift, schlag ich zurück.«

»Und wenn wir noch weiter zurückgehen. Was passiert? Du kommst auf den Schulhof, wen siehst du zuerst?«

»Einen von den vier anderen. Gehe ins Klassenzimmer. Esse zu Mittag. Dann fang ich an, mich auf das Schlimmste vorzubereiten. In der Mittagspause sehe ich die Langweiler. Die kommen mir zu nahe. Die übertreiben einfach.«

»Sie provozieren dich also, ohne dich zu berühren?«

»Ja. Ich spür den Zorn. Bereite mich auf das absolut Schlimmste vor. Sie stehen mir mit einem Abstand von zehn Zentimetern gegenüber. Stehen da und starren mich an. Und hören nie auf damit, wenn ich es ihnen sage. Ich schlag zu.«

»Gibt es andere Möglichkeiten? Kannst du deinen Zorn mit Worten ausdrücken?«

»Wenn ich weggeh, laufen die einfach hinterher. Außerdem setzen die meisten Wörter und den Körper ein [...].«

»Und was ist mit denen, die nur Worte benutzen und nahe bei dir stehen?«

»Die schaffen es selten, auszureden, bevor ich zuschlage.«

»Stell dir vor, du wärst derjenige, der die Rachespirale unterbricht.«

»In dem Fall müsste ich wohl auch meine DNA-Spirale unterbrechen.«

In solchen Situationen fehlen Erwachsene, die bei den Jugendlichen für psychischen Raum sorgen. Stattdessen ist die Bahn frei für Rache und sich zuspitzende Gewalt – und damit für Einsamkeit und Isolation. Forschung im schulischen Umfeld zeigt, wie die Stimmung und die Beziehungen in einer Schule von aktiven Zuschauern positiv beeinflusst werden, von Erwachsenen also, die die Konflikte wahrnehmen und etwas gegen die Zerwürfnisse unternehmen (Böhm 2006).

Mädchen auf dem Schulhof

Mädchen der ersten bis sechsten Klassenstufe haben oft Probleme, zu dritt zu spielen. Es entstehen leicht lautstarke Auseinandersetzungen – schließlich will man seine beste Freundin doch ganz für sich allein haben. Ein Grundschullehrer, dem es einfach nicht mehr gelang, sich sämtlichen Pausenerlebnissen der aufgelösten Kinder zu widmen, kam auf eine Lösung: Diejenigen, die Streit gehabt hatten, mussten sich paarweise in die Ecken des Klassenzimmers setzen und, während der Pädagoge zuhörte, einander beim Erzählen der abwechseln. Nachdem der Zuhörende die Perspektive des jeweils Erzählenden zur Kenntnis genommen hatte, wurde gewechselt. Mehr war nicht nötig; beide Kinder bekamen Respekt für die jeweils andere Blickweise auf das Geschehnis, und die Spannungen lösten sich meistens – zumindest vorübergehend.

9 Der Verzicht auf Rache

Um Rache zu verhindern oder ihre Entwicklung zu stoppen, sind Gegengewichte notwendig. Gerechtigkeit ist auch ein wichtiges Instrument zur Verhinderung von Rache. Private Initiativen und Idealisten können für die Betroffenen von unschätzbarer Bedeutung sein. Helfer können exponierte Gruppen retten und sind wichtige Vorbilder. Auf gesellschaftlicher Ebene versucht man mithilfe sozialer Rekonstruktionen Gruppen zur Versöhnung zu befähigen, so wie im ehemaligen Jugoslawien oder in Ruanda.

Gegengewichte

In Ruanda fehlte es in besonderem Maße an Gegengewichten. Im Verlauf der ersten 48 Stunden des Völkermordes wurde ja die gesamte politische Opposition ermordet und in der Folgezeit wurden auch mindestens 50.000 moderate Hutu getötet. Wer sich nicht am Morden beteiligte, musste befürchten, selbst getötet zu werden. Es kann nicht leicht gewesen sein, den eigenen gedanklichen Freiraum aufrechtzuerhalten, insbesondere vor dem Hintergrund der hierarchischen Gesellschaftsstruktur, die auf Gehorsam gegenüber Autoritäten und orthodoxer christlicher Religiosität basierte. Es gab wenig Raum dafür, ein konstruktiver Patriot mit prosozialer Wertorientierung zu sein und eine gewisse Distanz gegenüber der eigenen Gruppe zu bewahren. Wie die Interviews mit den Tätern vermuten lassen, konnte man sich nicht einmal als denkendes Individuum betrachten, das das Recht hatte, die Führungsbehörden infrage zu stellen. Selbst Intellektuelle erlebten die Passivität vonseiten der Umwelt inklusive der Vereinten Nationen als moralische Bestätigung, die Tutsi töten zu dürfen.

Es gibt Menschen, die mentale Gegengewichte in sich tragen, ohne sich selbst als Denker zu betrachten. Hutu, die unter Gefährdung ihres eigenen Lebens Tutsi-Familien retteten, äußerten sich ähnlich, wie Menschen, die in anderen Ländern Menschenleben retteten – sie sagten, sie hätten einfach nicht anders gekonnt. In der Literatur werden solche Retter oft als Menschen mit pantopischer Identität beschrieben, womit gemeint ist, dass sie die Fähigkeit haben, sich in die jeweils andere Gruppe einzufühlen (Böhm 2006). Menschen mit pantopischer Identität führen in ihrer eigenen Gesellschaft oft ein marginales Dasein. Sie wachsen meist mit starken moralischen und humanistischen Werten auf, die sie dazu bringen, Verantwortung zu übernehmen und das Leiden anderer zu lindern. Sie haben Vertrauen in ihre eigenen Fähigkeiten, sind mutig und risikobereit. Viele sind regelrecht abenteuerlustig (London, in: Staub 2003), so zum Beispiel Raoul Wallenberg bei seinem Auftrag in Ungarn beziehungsweise Budapest – ein Wesenszug, der an Wallenberg übrigens schon während seiner Aufenthalte in den USA, in Israel und Südafrika zu erkennen gewesen war (Böhm 2004). Auch Oskar Schindler, von dem der Spielfilm »Schindlers Liste« (1993) handelt, scheint ein marginales Dasein geführt zu haben und legte in seiner Opposition gegenüber den Nationalsozialisten Abenteuerlust an den Tag. Der in der Tschechoslowakei geborene Schindler arbeitete mit den Nationalsozialisten zusammen und konnte eine konfiszierte Fabrik übernehmen. Um seinen Reichtum zu vergrößern, benutzte Schindler jüdische Sklavenarbeiter. Gleichzeitig war er aber darauf bedacht, seine Arbeiter zu schützen und sie menschlich zu behandeln. Wie Täter entwickeln sich auch Helfer durch ihre Handlungen (Staub 2003). Sie werden zu »guten Fanatikern«, die sich der Rettung von Leben widmen.

In Ruanda scheinen mehrere der Retter religiös motiviert gehandelt zu haben, auch wenn die meisten kirchlichen Führungspersönlichkeiten sich an den Gräueltaten beteiligten. Es gab aber auch andere Retter, wie den im Film »Hotel Ruanda« (2004) porträtierten Direktor Paul Rusesabagina, der sein Hotel mit Tutsi-Flüchtlingen füllte. Selbst wenn Filme wie »Schindlers Liste« und »Hotel Ruanda« letztlich ein breites Publikum bedienen, funktionieren sie sicher für viele Menschen – und vielleicht besonders für Jugendliche – als wichtige Gegengewichte gegen Grausamkeit und als Vorlagen für den Kampf für das Gute.

Rache und Gerechtigkeit

In Simon Wiesenthals Autobiografie ist beschrieben, wie Wiesenthal gleichzeitig als Vorkämpfer der Gerechtigkeit und von österreichischen Landsleuten als unbarmherziger Rächer gesehen wird (Wiesenthal 1995). Es ist uns wichtig, diese auf Schuldgefühlen basierende Verdrehung von Rache und Gerechtigkeit zu erläutern.

Wiesenthal hatte wahrscheinlich schon in jungen Jahren das Gefühl, dass es ein Gleichgewicht zwischen Schuld und Buße geben müsse. Dies hängt wohl mit seiner jüdischen Erziehung und dem jüdischen Versöhnungsbegriff zusammen, nach dem – anders als beim christlichen Vergebungsbegriff – Schuld nicht verziehen werden kann, sondern gesühnt werden muss. Und die Schuld wird an dem gemessen, was man getan hat. Wiesenthal meint wohl, dass einem nur durch Gott Vergebung geschenkt werden kann (oder, wie wir es als Psychologen ausdrücken würden, durch die innere Bearbeitung des Schuldgefühls), während in Bezug auf andere Menschen Buße und Versöhnung möglich sind. Aus psychologischer Perspektive scheint Wiesenthal als Hintergrund für seine Jagd nach Gerechtigkeit seine eigene Überlebensschuld zu beschreiben (»Warum durfte ich weiterleben, obwohl doch so viele ermordet wurden?«). Er bezahlt einen Preis für sein Überleben. Das Rachebedürfnis muss bestimmten Regeln unterworfen, die Wahrheit von Gerichten ermittelt werden. Wiesenthal muss seine Racheimpulse auch deshalb beherrschen, weil er selbst extremen Grausamkeiten ausgeliefert war, was unvermeidlich zu Rachefantasien führt. Hierauf kommen wir später im Zusammenhang mit der Affektregulierung zurück.

Wiesenthals Betrachtungsweise zeigt, dass es bei Rache und Gerechtigkeit um verschiedene Ebenen geht. Der Racheimpuls ist eine der vielen Reaktionen, die auf Grausamkeit und Ungerechtigkeit folgen können. Gerechtigkeit wird durch juristische Überprüfung aus einer neutralen, sachlichen Position heraus herbeigeführt und gründet sich auf das gesellschaftliche Bedürfnis nach der Festlegung von Grenzen und der Wiederherstellung eines Gleichgewichtes. Die Suche nach Gerechtigkeit ist eine gesellschaftliche oder persönliche Reaktion, die es möglich macht, nicht so zu werden wie derjenige, an dem man sich rächen will. Gerechtigkeitssuche ist mehr als sublimierte Rache; sie ist ein Streben nach moralischer und psychischer Reife und Entwicklung, also eine gegen die Rachehandlung gerichtete Kraft.

Interessant in diesem Zusammenhang ist auch die Gesetzgebung verschiedener Länder in Bezug auf Notwehr. Um einen Angriff abzuwehren, darf man sich in manchen Ländern unter Anwendung von Gewalt verteidigen, die sogar die Gewalt übertrifft, der man selbst ausgesetzt war. Zwischen Notwehr und Rache liegt ein schmaler Grat, wie wir meinen.

Idealisten

In den vergangenen Jahrzehnten haben viele Menschen und Organisationen Zivilcourage und bewundernswertes Engagement bei der direkten Arbeit gegen Hass und Rachetendenzen bewiesen. Oft handelt es sich um private Initiativen, die manchmal nach einer gewissen Zeit institutionalisiert werden. Exemplarisch wollen wir den polnisch-jüdischen Arzt, Schriftsteller und Pädagogen Janusz Korczak nennen, der 1942 einer großen Gruppe Kinder in den Tod folgte, die Sozialarbeiterin Irena Sendler, die 2.500 jüdische Kinder aus dem Warschauer Ghetto schmuggelte, und den schwedischen Diplomaten Raoul Wallenberg, der während des Holocaust ungarische Juden rettete, sowie Organisationen wie »Amnesty International«, das Kinderhilfswerk »Rädda Barnen«, »Ärzte ohne Grenzen« und internationale Gruppen, die gegen Folter kämpfen.

Die Liste ist lang und ermutigend, auch wenn die auf der Welt wirkenden destruktiven Kräfte manchmal erdrückend wirken. Wir stellen im Folgenden zwei zeitgenössische Idealisten vor, mit denen wir persönlich Kontakt hatten. Mit diesen Beispielen wollen wir die Möglichkeiten und die Bedeutung des individuellen Widerstands illustrieren.

Man sollte sie nicht zu mehr machen, als sie sind

Emerich Roth ist ein ehemaliger Konzentrationslagerhäftling, der einen Großteil seines Lebens dem Versuch widmete, in nazistischen Gruppierungen gelandete junge Männer zum Ausstieg zu bewegen. Roth nennt die Jungen jedoch nie »Nazis«, sondern höchstens »sogenannte Nazis« oder »sogenannte Rassisten«. Meistens bezeichnet er sie aber als »Hasser«. Sie sind zwar Mitglieder einer kriminellen oder gewalttätigen Gang. Wenn man ihnen aber einen politischen oder ideologischen Stempel aufdrückt, so gibt man ihnen Macht oder misst ihnen eine Bedeutung zu, die sie nicht verdienen, meint Roth. Es handelt sich um Jungen – fast ausschließlich um Jungen –, die in schwierigen Verhältnissen und ohne positive männliche Vorbilder aufgewachsen sind. Die Mädchen spielen in der Gruppe meist eine untergeordnete Rolle; viele von ihnen werden – wie oft auch in Motorrad-Gangs – sexuell ausgebeutet (Roth 2005).

Es ist wichtig, die Jugendlichen aufzufangen, bevor sie sich ganz in destruktiven Ideologien verstrickt haben. Das Warum verstehen zu wollen, bedeutet nicht, gleicher Meinung zu sein, meint Roth, der in Schweden 30 Jahre lang als Sozialarbeiter mit Jugendlichen arbeitete. Weil Politik anfänglich nichts mit der Sache zu tun hat, lohnt es sich nicht, mit hasserfüllten Menschen zu diskutieren oder zu argumentieren; diese Jugendlichen haben die Wahl, eine ungeliebte Null zu sein oder einer Gang anzuhören, so Roth (2005).

Wenn Roth in Schulen Vorträge hält oder unterrichtet, wird er oft von Aussteigern aus der nationalsozialistischen Szene begleitet. Der Hintergrund dieser Aussteiger sieht oft ähnlich aus. Viele wurden selbst Opfer von Kränkungen. Roth hat ihnen dabei geholfen, ihren Hass und ihr Bedürfnis, sich für die ihnen widerfahrenen Kränkungen zu rächen, hinter sich zu lassen. In unseren Worten ausgedrückt: Er hat ihnen dabei geholfen, einen reflektierenden mentalen Raum zu entwickeln, in dem sie Selbstrespekt finden können. Roth beurteilt äußerst kritisch, wie die Jugendlichen in den Medien als Bedrohung beschrieben werden. In Schweden mit seinen neun Millionen Einwohnern gibt es ungefähr 1.000 aktive Neonazis (die Roth ja nicht mit diesem Begriff benennt). Roth postuliert, diesen den Rücken zuzukehren. Man solle lieber über all die anderen Jugendlichen schreiben, die gute Dinge tun (Roth 2005).

Das Gefühl der Ohnmacht, das Roth selbst aus der Zeit des Krieges kennt, weckt bei diesen Jugendlichen das Bedürfnis, andere mit Gewalt kontrollieren zu müssen. Auf diese Dynamik gingen wir bereits an anderer Stelle ein. Roth musste erleben, wie das Hitler-Regime fast seine ganze Familie auslöschte. Roth hätte nach dem Lager selbst zu einem Hasser werden können. Aber er betont, dass seine von Liebe geprägte Kindheit es ihm ermöglichte, seinem Leben allmählich eine Wendung zu geben und es zu normalisieren. Roth meint, dass Passivität uns mitschuldig macht, auch in unserem Alltag (Roth 2005).

»Der Sinn des Lebens besteht [...] darin, für andere [...] da zu sein [...]« (Roth 2005, S. 89–90; eigene Übersetzung)

Alfred Jahn wuchs in der ehemaligen DDR auf. Als Kind erlebte er die Luftangriffe auf Dresden und sah die Menschen, die bei den Bombardierungen verletzt wurden. Jahn wurde Kinderarzt und war fast zwei Jahrzehnte lang Chefarzt des Kinderkrankenhauses von Landshut. Er engagierte sich sozial und arbeitete ab 1967 – während des Vietnamkrieges – auf einem Krankenhausschiff und auch auf dem vietnamesischen Festland. Zwischen 1978 und 1982 war er in Flüchtlingslagern und in über 20 thailändischen Krankenhäusern tätig. Zunächst nutzte er für diese Tätigkeiten seinen Urlaub, später kündigte er seine Chefstelle in Deutschland. Nach dem Völkermord in Ruanda suchte man nach einem Kinderchirurgen, der mithelfen konnte, die kinderchirurgische Versorgung aufzubauen und das enorme Leid der Kinder zu lindern. Außer Jahn antwortetet niemand auf die Anzeige in der medizinischen Zeitschrift »Lancet«. Noch immer ist Jahn, der inzwischen Kollegen ausbildet, der einzige qualifizierte Kinderchirurg in Ruanda.

Als Jahn all die bettelnden Straßenkinder sah, die den Völkermord als Waisen überlebt hatten, organisierte er im Jahr 2002 ein Haus, das er mit sieben Jungen bezog, denen er bei Schulbesuch und Versorgung unter die Arme griff. Inzwischen stehen siebzig Schuljungen, die vier Häuser bewohnen, in Jahns Obhut. Abgesehen davon, dass einige der älteren Jungen als Nachtwachen und Köche arbeiten, hat Jahn kein Personal, und die Jungen sorgen selbst für sich. Dr. Jahn ist natürlich eine Vaterfigur für diese Jungen, von denen einige nach dem Völkermord 1994 mehrere Jahre auf der Straße lebten und verwahrlosten. Jahn muss viele Konflikte lösen, gewaltsame Auseinandersetzungen verhindern, nach weggelaufenen Jugendlichen suchen, den Schulbesuch kontrollieren, traurige Jungen trösten, die ihre Familie vermissen, und ihnen Hoffnung für die Zukunft machen – und das alles in einem von Krisen geschüttelten Land. Jahn wird zur neuen Bezugsperson der Jugendlichen und hilft seinen Schützlingen, die diese Fähigkeit durch den Verlust ihrer Bindungspersonen einbüßten, beim Mentalisieren. Bald siebzig Jahre alt und manchmal müde und erschöpft, kann Jahn sich nicht vorstellen, etwas anderes zu tun. Jahn, der tagsüber immer noch im Kinderkrankenhaus tätig ist, glaubt nicht, dass ihm etwas anderes mehr geben könne als dieses Engagement für seine Jungen. Mittels E-Mail-

Verkehr und gewöhnlicher Korrespondenz arbeitet er mit Organisationen zusammen, die sich in anderen Teilen der Welt um Straßenkinder kümmern. Dieser Austausch schenkt Jahn einen gewissen Rückhalt.

Bei einem unserer Aufenthalte in Ruanda holt Jahn uns mit seinem Jeep in Kigali ab. Er wird von einigen älteren Jungen begleitet. Sie sprechen Französisch mit uns, einer von ihnen kann auch Englisch. Jahn beherrscht neben seiner Muttersprache Deutsch auch Englisch und Französisch. Der große, sehnige Mann strahlt Ruhe aus; aber er macht sich Sorgen über die Zukunft des Landes und der Jungen. Aus seinem früheren Leben hat Jahn erwachsene Kinder in Deutschland, jetzt aber sind die ruandischen Jungen seine Familie. Er ist sich der Tragweite seiner Arbeit bewusst. Viele der Jungen sind schwer traumatisiert und kommen in der Schule kaum zurecht. Aber Jahn versucht, ihnen so viel Sicherheit und Struktur zu geben, wie er nur kann.

Der Hintergrund des Helfers

Diejenigen, die anderen helfen oder andere retten, müssen oft Abstand von der eigenen Gruppe nehmen. Im nationalsozialistischen Deutschland gehörten viele Helfer Randgruppen an. Sie hatten eine andere Religion, waren Zugezogene oder hatten einen ausländischen Elternteil.

In Untersuchungen wird betont, dass viele Helfer aus Familien mit starken moralischen Werten stammten, aus Familien, in denen die humanistischen Werte mit einer Aversion gegenüber dem Nazismus einhergingen (London/Tec/Oliner, in: Staub 2003). Solche Menschen rechnen auch den Fremden zur eigenen Gruppe. Sie haben, wie Staub es nennt, eine prosoziale Wertorientierung und fühlen sich persönlich für andere verantwortlich. Sie haben moralische Prinzipien und Empathie für das Leiden anderer. Gleichzeitig waren die Helfer manchmal aber keine abweichenden Personen. Als »Normozentriker« fühlten sie sich den Werten der Gruppe, der sie angehörten, verpflichtet und halfen verfolgten Menschen zuweilen gar nicht, wenn die eigene Gruppe sich auf die Seite der Täter stellte. Helfer brauchen grundsätzlich ein Gefühl der Kompetenz, also Vertrauen in die eigene Fähigkeit und Intuition, sowie Risikobereitschaft und eine furchtlose Toleranz (Ajzen/Bandura, in: Staub 2003).

Man kann nicht erwarten, dass Zeugen ihr Leben für andere opfern. Aber man kann erwarten, dass Individuen, Gruppen und Nationen bei destruktivem

Geschehen frühzeitig eingreifen, zu einem Zeitpunkt, wo sich die Gefahr für sie in Grenzen hält, aber trotzdem noch die Möglichkeit besteht, eine gefährliche Entwicklung zu stoppen (Böhm 2006).

Versöhnung oder Akzeptanz

Widerstand kann auf individueller oder interpersoneller Ebene stattfinden, aber natürlich ist er auch auf gesellschaftlicher Ebene notwendig. Gegenüber den destruktiven Kräften, die die Welt beeinflussen, kann man sich schnell machtlos fühlen. Es ist leicht, wegzuschauen oder die Augen zu verschließen, sich resigniert in seine eigene sichere und überschaubare Welt zurückzuziehen. Vielleicht weiß man auch nicht, welche Kanäle man nutzen kann? Wie soll man Einfluss nehmen können auf Ölkriege, Umweltprobleme, Atompolitik, ethnische Säuberungen, Folter und Diktaturen? Die Rachemechanismen um uns herum können so übermächtig wirken, dass man nicht weiß, wo man anfangen soll. Deshalb ist es wichtig, im Kleinen und Schritt für Schritt dort anzusetzen, wo man sich befindet.

In den vergangenen Jahrzehnten widmeten sich viele Forscher den Aspekten der Resilienz – der Fähigkeit, auf wechselnde Anforderungen flexibel zu reagieren und schwierige Lebenssituationen zu meistern – und der Salutogenese – den Faktoren, die Gesundheit bewirken und erhalten (Helmreich 1992; Suedfeld 1996). Wir teilen die Auffassung, dass es wesentlich ist, Ressourcen und ermutigende Aspekte nicht aus den Augen zu verlieren. Doch können wir uns nicht vor dem Ballast der Erinnerungen verschließen, den Opfer von Übergriffen bewusst oder unbewusst mit sich tragen. Wir müssen auf solche Probleme aufmerksam machen. Wir haben den Eindruck, dass die Opfer häufig mit ihrem äußeren Leben auf zufriedenstellende Weise umgehen können, dass ihr Innenleben aber vom erlittenen Trauma beherrscht wird. Vielleicht belebt der schwer zu handhabende Unterschied zwischen außen und innen die Resilienz-Debatte (Kaplan 2008).

Versöhnung in der Gesellschaft

Studien belegen, dass Krieg Krieg schafft (Brounéus 2008). Länder, die von langwierigen Konflikten betroffen sind, gehen in die »Konfliktfalle«, geraten in einen Teufelskreis sich wiederholender Kriege. Der israelische Sozialpsychologe Daniel Bar-Tal (2000) schildert, wie während langwierigen Konflikten bei der Bevölkerung – statt eines für beständigen Frieden notwendigen Friedensethos – ein Konfliktethos geformt wird. Der Konfliktethos erinnert an die zuvor geschilderte vertikale Beziehung und an Volkans Beschreibung der Regression von Großgruppen: die Überzeugung, recht zu haben, Sicherheit, positives Selbstbild, Opferidentität, Entlegitimierung des Gegners, Patriotismus, Einigkeit (Bar-Tal 1998). Versöhnung verlangt jedoch eine Veränderung der Einstellung nach dem Ende des Konflikts, wenn ein Friedensvertrag oft den Anfang eines solchen Prozesses darstellt.

Die Bedeutung des Begriffs der Versöhnung und inwiefern durch Versöhnung weitere Konflikte in von Krieg betroffenen Gesellschaften verhindert werden können, wird seit mehreren Jahren diskutiert. Nach eingehender Literaturrecherche formulierte die Friedens- und Konfliktforscherin Karen Brounéus in einem Report folgende Definition (Brounéus 2008, S. 4; eigene Übersetzung): »Versöhnung ist ein gesellschaftlicher Prozess, der gegenseitige Anerkennung früheren Leidens und eine Veränderung destruktiver Einstellungen und destruktiven Verhaltens zu konstruktiven Beziehungen in Richtung eines dauerhaften Friedens beinhaltet.«

Bar-Tal stellte Methoden zusammen, die in der Gesellschaft Versöhnung erleichtern, einen Friedensethos schaffen und Rache vorbeugen können (Bar-Tal 1998):

- formelle Entschuldigung der Machthaber
- Wahrheits- und Versöhnungskommissionen
- öffentliche Gerichtsverfahren (z. B. durch den Internationalen Strafgerichtshof in Den Haag)
- Entschädigungszahlungen an die Opfer
- gemeinsame Geschichtsschreibung
- Ausbildung
- Massenmedien
- Veröffentlichungen zu Treffen zwischen Vertretern der ehemaligen Konfliktparteien
- Arbeit einzelner Organisationen
- Kooperationsprojekte zwischen ehemaligen Konfliktparteien
- Tourismus
- Kulturaustausch

Diese Faktoren erinnern auch an die Überlegungen Staubs und Volkans. Trotz unterschiedlicher Begrifflichkeit ist die Übereinstimmung zwischen den Forschern also groß. Verschiedene Studien scheinen auch zu zeigen, dass sich die Einstellung der Bevölkerung bereits mit der Unterzeichnung eines Friedensvertrages zu verändern beginnt und sich durch die anderen Faktoren weiter wandelt (Brounéus 2008).

Es sei daran erinnert, dass das Verzeihen gewöhnlich ein einseitiger Prozess ist, während Versöhnung ein zwei- und gegenseitiger Prozess ist, in den sowohl Täter als auch Opfer involviert sind.

Hier folgen einige inspirierende Beispiele dafür, welche Schritte an verschiedenen Orten der Welt unternommen wurden, um Rachehandlungen zu verhindern.

Soziale Rekonstruktion

In dem Buch »My Neighbor, My Enemy« wird der Wiederaufbau von Ländern nach ethnischer Säuberung und Völkermord diskutiert (Stover/Weinstein 2004). Die Ausgangspunkte sind Ruanda und das ehemalige Jugoslawien. Wie können Überlebende von Kriegen mit Zügen starken ethnischen Hasses ihr Leben neu strukturieren? Wie lange dauert es, bis Nachbarn, die durch nachbarschaftliche Gewalt entfremdet wurden, einander wieder Vertrauen schenken? Für uns ist die übergreifende Frage dieses Abschnittes die, wie die Rachespirale unterbrochen und die Rückkehr zu einem »normalen« Leben ermöglicht werden kann.

Der im Buch gezogene Schluss wird von vielen kontrovers betrachtet. Die Autoren meinen, dass lokale und internationale Gerichtsverfahren nur wenig Relevanz für den Versöhnungsprozess haben. Die Gesellschaftsmitglieder haben eine andere, von den strikt juristischen Standpunkten der internationalen Gemeinschaft abweichende Rechtsauffassung. Das Verhältnis zwischen Traumatisierung und Gerichtsverfahren ist auch nicht eindeutig. In dem Buch werden Modelle für eine soziale Rekonstruktion illustriert. Damit soziale Heilung möglich ist, müssen mehrere Strategien koordiniert werden. Die Autoren meinen, dass Gerichtsverfahren zwar wichtig sind, um die Schuldigen zu strafen, dass sie für die Bevölkerung aber nicht ausreichen.

Um die juristische Situation und die Voraussetzungen für Versöhnung zu untersuchen, führte eine Forschergruppe eine Studienreihe über das Alltagsleben im ehemaligen Jugoslawien durch (Corkalo et al., in: Stover/Weinstein 2004). Eine intensive zweijährige Feldforschung, Interviews mit Schlüsselpersonen und die Arbeit in Fokusgruppen bilden die Grundlage für die Schlussfolgerungen der Forscher. Die Vorkriegszeit wurde von einer Erfahrung der Harmonie geprägt (»Wir lebten ein normales Leben.«). Wie bereits an anderer Stelle aufgegriffen, wussten viele damals nicht einmal, wer welcher ethnischen Gruppe angehörte. Dann wurden bis dahin blühende Städte radikal nach ethnischen Gesichtspunkten geteilt. Es zeigte sich, dass das Gefühl, von einstigen Freunden nicht gewarnt, sondern verraten worden zu sein, den sozialen Heilungsprozess am stärksten behindert. Die Menschen erlebten unerhörte Kränkungen. Nach ethnischen Säuberungen können die Gesellschaften nie wieder so werden, wie sie einmal waren. Wichtig ist, wie sich junge Menschen, die die Zeit vor den Verfolgungen nicht erlebt haben, normative Muster aneignen, die sich von den Werten früherer Generationen unterscheiden.

Die »Alte Brücke« in Mostar

Wiederaufbau – sowohl der physischen Umwelt als auch des sozialen Lebens – ist eine Notwendigkeit. Je schneller zerstörte Gebäude wieder aufgebaut werden, desto schneller kehren die Geflohenen zurück. In der physischen Umgebung gibt es Strukturen mit starkem symbolischem Wert. Ein Beispiel hierfür ist die »Alte Brücke« in Mostar, die 1993 zerstört wurde. Die Brücke muss eine wichtige Verbindung zwischen den Einwohnern dargestellt haben. Sie gilt als Meisterwerk der Baukunst und als einzigartiges Symbol für eine ungeteilte Stadt. Die Zerstörung war ein brutaler Angriff auf ein reiches, multikulturelles historisches Erbe. Nach dem Krieg sollten die Sprungwettkämpfe von der Brücke wieder aufgenommen werden können. Selbstverständlich sollte es allen möglich sein, sich zu beteiligen. Ein Mann sagte, dass das einzige Teilnahmekriterium Mut sei, nicht nationale Zugehörigkeit oder ein anderes Merkmal.

Die internationale Gemeinschaft wurde dafür kritisiert, dass die Restaurierung der Brücke so lange Zeit in Anspruch nahm. Diese Verzögerung kann als Symbol für die Fragmentiertheit des Versöhnungsprozesses betrachtet werden. Gleichzeitig ist es aber nicht möglich, den sozialen Wiederaufbau zu forcieren. Die Wiedererlangung eines »normalen« Lebens bedeutet nicht, dass alles wird wie früher. Das ist unmöglich. Die Einwohner müssen – in ihrem Tempo – Formen der Koexistenz finden. Die Mehrheit muss die allmähliche Wandlung akzeptieren. Die Veränderungen können sich in bescheidenen Gesten widerspiegeln, zum Beispiel darin, wie man einander grüßt. Im Großen und Ganzen ging der physische Wiederaufbau schneller voran als der soziale.

Schule – Zukunft

Ehemaliges Jugoslawien

Nirgends sonst in Mostar und Vukovar ist die ethnische Segregation so deutlich wie in den Bildungsstätten. Sowohl Schulen als auch Klassen sind längs ethnischer Linien geteilt. Da die Absonderung in den beiden Städten so vollständig durchgeführt wurde, haben die Kinder auch nach dem Unterricht keinen natürlichen sozialen Umgang. Es liegt nahe, dass die Schulsegregation besonders fatale Konsequenzen zur Folge hat, pflanzt sie doch ein »wir«-»sie«-Denken in die neue Generation, die keinerlei Erfahrung mit einer Koexistenz hat, die sie auf die nächste Stufe der Geschlechterfolge übertragen kann. Dabei kämen Ländern, die ethnische Säuberungen erfuhren, gerade Strukturveränderungen in der Schule zugute.

Im Hinblick auf das Unterrichtssystem können Programme auf die verschiedenen ethnischen Gruppen zugeschnitten oder aber die Gruppen in gemeinsamen Programmen integriert werden. Ersteres birgt die Gefahr der Exklusivität, Letzteres mag zwar gesellschaftliche Heilung und Versöhnung begünstigen, kann aber so aufgefasst werden, als ob die Anrechte der Identitätsgruppen infrage gestellt würden. Die Autoren in Stovers und Weinsteins Buch betonen, dass man sich im Hinblick auf die Schule von der strengen Perspektive »entweder Integration oder Separation« verabschieden muss und dass man in Bezug auf die Gesellschaft auf mehreren Ebenen ansetzen muss – auf der individuellen mit persönlicher Traumabehandlung ebenso wie auf der gesellschaftlichen mit der Reetablierung früherer Netzwerke.

Südafrika

Auf der Welt gibt es viele Unruheherde. Ein Beispiel ist der afrikanische Kontinent, der in den vergangenen Jahrzehnten von inneren Konflikten und Aufständen zerrissen wurde. Im Jahr 2005 waren 18 der 53 Länder Afrikas in bewaffnete Konflikte involviert oder hatten solche gerade hinter sich gebracht. Die psychischen Traumatisierungen, die afrikanische Kinder und Jugendliche erleben, haben unterschiedliche Hintergründe und verschiedene Kennzeichen. Eine ganz besonders exponierte Gruppe ist die der Kindersoldaten, die oft brutal aus ihrem heimischen Umfeld gerissen werden, um in Kriegshandlungen verwickelt zu werden. Angebliche freiwillige Beteiligung kann wohl nur durch anderweitige Zwänge erklärt werden. Kinder in von Kriegen betroffenen Ländern werden außerdem oft Opfer von Gewalt und Zeugen von Übergriffen, die im Zusammenhang mit den kriegerischen Auseinandersetzungen stehen. Das Rachepotenzial ist offenkundig. Besondere Aufmerksamkeit verdienen Mädchen und Frauen, die von Kriegstruppen heimkehren. Wenn sie in die zivile Gesellschaft zurückkommen, erfahren sie wahrscheinlich eine stärkere Stigmatisierung als Jungen und Männer. Deshalb ist es wichtig, traditionelle lokale Heilmethoden und Anpassungsmechanismen in westliche Therapiemodelle zu integrieren (Kaplan 2005).

Es gibt kaum Forschung über Modelle der Traumabehandlung, die für Kinder in Afrika entwickelt wurden. Der Großteil solcher Untersuchungen stammt aus Südafrika, wo die Infrastruktur besser ausgebaut ist und wo es mehr akademische Forscher gibt als in den meisten anderen afrikanischen Ländern. In den letzten Jahren wurden verschiedene Modelle der Reintegration betroffener Kinder geprüft, wobei die spezielle psychische Situation der Kinder besonders berücksichtigt wurde. Viele Untersuchungen lassen erkennen, dass man darum bemüht ist, westliche Modelle und traditionelle Heilungsprozesse zu integrieren.

Im letzten Jahrzehnt haben UNICEF, USAID und viele Nichtregierungsorganisationen verschiedene psychosoziale Programme entwickelt, mit deren Hilfe Kinder unterstützt werden sollen, die von Kriegssituationen betroffen sind. Die Entwicklung therapeutischer Methoden für Kinder, die Kriegserfahrungen machen mussten, steht ganz am Anfang. Es bedarf noch viel Forschungsarbeit, um zu verstehen, welche westlichen Therapiemethoden – die ursprünglich ja zur Behandlung von Europäern und Amerikanern entwickelt wurden – sich für afrikanische Kinder eignen. Ein Problem liegt zum Beispiel darin, dass bei den westlichen therapeutischen Techniken auf den individuellen Patienten fokussiert wird, während in vielen afrikanischen Ländern eine Ausrichtung auf die Familie oder die Dorfgemeinschaft sinnvoller wäre. Es ist wichtig, dieses Forschungsfeld besser zu erschließen und zu ermitteln, welche Wissenslücken vorhanden und welche Forschungsaktivitäten nötig sind. Von Krieg betroffene Kinder dürfen nicht als dauerhaft verletzt stigmatisiert werden (Summerfield 1998). Modelle zur Prävention von Gewalt in der Schule haben bei den psychosozialen Programmen hohe Priorität, besonders Modelle zur Vorbeugung von Gewalt gegen Mädchen.

10 Nach dem Völkermord – die Zukunft

Wie gelingt es, weiterzugehen, wenn die Erlebnisse niemals auszulöschen sind? Wir zeigen in diesem Kapitel auf, wie Völkermordopfer und -überlebende mit ihrer Frustration umgehen, und schildern, wie mittels Kultur, Rechtswesen und Politik versucht wird, den Opfern dabei zu helfen, das Erlebte hinter sich zu lassen. Wir diskutieren die Wirksamkeit der Gacaca-Gerichte und inwiefern Erinnerungen politisiert werden.

Während des Völkermordes in Ruanda 1994 wurde die schulische Infrastruktur komplett zerstört. Schulgebäude wurden demoliert. Mindestens 75 Prozent der Lehrer wurden getötet oder sind jetzt inhaftiert. Es kann nicht genug betont werden, wie wichtig – und wie schwierig – die Entscheidung darüber ist, was im Geschichtsunterricht vermittelt wird (Freedman/Kamband, in: Stover/Weinstein 2004). Die Art und Weise, wie mit Erinnerungen, Geschichte, Mythen und Symbolen umgegangen wird, kann dazu beitragen, dass die Menschen eine Identität entwickeln, die Gruppenkonflikte verstärkt – oder aber die Annäherung der Gruppen begünstigen.

Recht bald nachdem im Juli 1994 die »Ruandische Patriotische Front« (RPF) nach 100 Tagen Völkermord die Macht übernommen hatte, verhängte der ruandische Bildungsminister hinsichtlich des Geschichtsunterrichtes in den Schulen ein Moratorium. Man strebte nach Einigkeit darüber, wie der Unterricht gestaltet werden sollte und welche Inhalte vermittelt werden sollten. Früher waren verdrehte kollektive Erinnerungen für die Konstruktion von Identitäten benutzt worden, die auf Trennung und Differenzierung basierten. Inzwischen ist man sich klar darüber, dass soziale Identitäten auch zum gegenteiligen Zweck konstruiert werden können, nämlich dazu, Gemeinsamkeiten zu unterstreichen, Zusammenarbeit zu fördern und Beziehungen über ethnische Grenzen hinweg anzuknüpfen.

In Kooperation mit gemeinnützigen Organisationen wurden in Ruanda mehrere Projekte zur Überprüfung des Geschichtsunterrichtes ins Leben gerufen. Die Projekte umfassten die Entwicklung eines Lehrplanes zum Thema Menschenrechte, die Veranstaltung von Symposien zum Geschichtsunterricht sowie das Verfassen von Handbüchern und Lehrerfortbildungen zu Gesellschaftsfragen. Trotz dieser guten Initiativen wurden in Ruanda aber erst im Jahr 2004 neue Lehrbücher und sonstige Materialien für Pädagogen veröffentlicht. Zwar waren die meisten Schulen wiederaufgebaut worden, aber mit der Infrastruktur hatte es weiterhin große Probleme gegeben.

Die Diskussion über Ethnizität in Ruanda ist außerordentlich komplex, verneint die Regierung doch offiziell die Existenz ethnischer Gruppen. Deshalb und weil versucht wird, eventuell übriggebliebene Konflikte unter den Teppich zu kehren, steigt das Risiko, dass verdrängte Gefühle wieder an die Oberfläche kommen.

Das Beispiel Kultur

Radioprogramme

Im Projekt »Radio Benevolencija« bedient man sich einerseits der Massenmedien, andererseits verschiedener Graswurzelaktivitäten. Das Projekt wurde im ehemaligen Jugoslawien in Sarajevo auf private Initiative ins Leben gerufen. In Ruanda werden im Rahmen von »Radio Benevolencija« derzeit zwei Arten von Sendungen gesendet: ein Ausbildungsdrama, das in Form einer Soap zwei Mal wöchentlich ausgestrahlt wird, und ein monatliches Dokumentationsprogramm.

In der Dramaserie »Musekeweya« folgen die ruandischen Zuhörer dem Alltag der Bewohner zweier Dörfer, die um ein Stück Land streiten. Allmählich nehmen die Spannungen zwischen den Dörfern zu. Es werden wechselseitig Gerüchte verbreitet und es finden gewalttätige Angriffe statt. Über den in der Serie nachgezeichneten Prozess erfahren die Hörer, wie man Gewalt verhindern, einen Versöhnungsprozess einleiten und Traumaopfern helfen kann. Die Zuhörer lernen, dass Völkermord sich schrittweise als ein Kontinuum der Zerstörung entwickelt. Mit der Sendung sollen möglichst alle Bevölkerungsgruppen Ruandas angesprochen werden. Die Zuhörer sollen dazu ermuntert werden, sich an örtlichen Diskussionsgruppen zu beteiligen; Ziel ist es auch, die Prozesse der Traumaheilung zu unterstützen. Extra Aufmerksamkeit wird besonders verletzlichen Gruppen geschenkt, so Frauen und Kindern, die nach dem Tod ihrer Eltern zum Familienoberhaupt wurden. Im Dokumentationsprogramm »Kuki« werden Themen der Dramaserie aufgegriffen. In den Sendungen wird geschildert, wie es zu Völkermord kommen kann (Staub 2000) und gleichzeitig das Thema der Traumatisierung und deren Behandlung diskutiert. Im Programm wird auch über Genozide an anderen Orten der Welt informiert. Manche Sendungen handeln vom Thema Versöhnung und Gewaltprävention. Wie bei der Dramaserie ist die Zielgruppe die breite Bevölkerung, man richtet sich aber auch an die geistige Elite und an Entscheidungsträger. In Ruanda wird das Programm via »Radio Rwanda« und im Nachbarland Burundi via »Radio Isanganiro« ausgestrahlt.

Die Graswurzelaktivitäten umfassen Workshops und Diskussionen draußen in den Dörfern. Mithilfe dieser Aktivitäten soll die Wirkung der Radioinformationen verstärkt werden. Hörergruppen aus dem ganzen Land geben Rückmeldung zu den Sendungen.

Erwin Staub – ein maßgeblicher Inspirator der Radioprogramme – betont jedoch, dass Massentöten und Genozid so lange möglich sind, wie kein effektives internationales System für Präventionsarbeit und zur Verhinderung und Überwachung solcher Vernichtungshandlungen etabliert wird. Die Schwierigkeiten, ein solches System zu errichten, werden zum Beispiel am Konflikt in Darfur im Sudan deutlich, wo die Vereinten Nationen lange zögerten, das Massaker als Völkermord zu definieren.

Kindertheater und Musik

Vor wenigen Jahren wurde im Flüchtlingslager in Jenin im Westjordanland »The Freedom Theatre« (Freiheitstheater) eingeweiht (Carp 2006). Das Theater wird von internationalen Kulturpersönlichkeiten geleitet, von Juden, Moslems und Christen aus Israel, Palästina, den USA, Großbritannien, dem Libanon und Schweden. Im Rahmen dieses Kulturprojektes, das der Künstler Dror Feiler initiierte, will man auf die Flüchtlingskinder zugeschnittene Theaterstücke produzieren. Die Stücke sollen die Hoffnung der Kinder stimulieren, und das Theater soll in Palästina ein Netzwerk mit ähnlichen Gruppen hervorbringen. Das alte Theatergebäude war 2002 bei den Kämpfen um Jenin zerstört worden, und der Aufbau eines neuen Theaters war für die Lokalbevölkerung ein Akt der Hoffnung. »Wenn die Zerstörungsmaschine das Theater niederreißt, bauen wir ein neues, denn die beste Rache ist der Wiederaufbau des Abgerissenen und nicht das Niederreißen von etwas, das den anderen gehört«, sagt Dror Feiler (Carp 2006; eigene Übersetzung). Feilers »beste Rache« entspricht natürlich genau dem, was wir als Widerstand gegen und Verzicht auf Rache bezeichnen würden. Der Künstler hält es für wichtig, dass friedensbewegte Gruppen in Erscheinung treten, um die gegenseitige Dämonisierung der Menschen zu verhindern, die ihre Ursachen in der Politik hat. Feiler meint (Carp 2006; eigene Übersetzung): »Wir wollen zeigen, dass die Palästinenser, genau wie alle anderen auch, ein normales Leben führen wollen. Der Keim der Freiheit liegt in der Kultur. Für beide Seiten.«

2006 leitete der israelische Dirigent Daniel Barenboim ein palästinensisches Jugendorchester während eines Konzertes in Ramallah. In einem Fernsehinterview äußerte sich der Orchesterleiter begeistert darüber, was man durch das gemeinsame Musizieren erreichen kann. Für Barenboim gibt der Wille den Ausschlag für die Qualität – kein Dirigent der Welt kann ein Orchester dazu bringen, besser zu spielen, als die Mitglieder es wollen. Wenn Barenboim sagt, dass Musik universell ist und dass man beim Musizieren aufhört, Israeli oder Palästinenser zu sein, beschreibt er mit musikalischen Ausdrücken, was wir als horizontale Beziehung bezeichnen. Will man gemeinsam musizieren, muss man sich selbst ausdrücken und zugleich mit Respekt auf die anderen hören, meint Barenboim, der inzwischen natürlich mit einem palästinensisch-israelischen Orchester auf Tournee geht.

Gacaca – ein Schritt zur Veränderung?

Während der zweiten Hälfte des 20. Jahrhunderts wurden in vielen Ländern aus repressiven, totalitären Regimen demokratische Regierungsformen (Pagnier 2004). Jede neue Staatsführung muss sich mit der gewaltsamen Geschichte ihres Landes auseinandersetzen und für eine friedliche Zukunft und für Versöhnung sorgen. Es gibt kein allgemeingültiges Rezept; die Möglichkeiten werden durch politische, wirtschaftliche und militärische Umstände begrenzt. In Europa wurden zur Verurteilung der Täter des Holocaust die Nürnberger Prozesse durchgeführt. In Südamerika wurden Kommissionen ins Leben gerufen, die Verbrechen gegen die Menschenrechte untersuchen sollten. Und in Südafrika sorgte die »Truth and Reconciliation Commission« (Wahrheits- und Versöhnungskommission) für Aufmerksamkeit, die politisch motivierte Verbrechen untersuchte, die während der Zeit der Apartheid begangen worden waren. Seit der ersten international bekannten Kommission von 1984 in Argentinien wurden in vielen Staaten solche Wahrheitskommissionen eingerichtet (Bronéus 2000). Ihre Funktion als Versöhnungsinstrumente war zunächst umstritten. Es zeigte sich aber, dass die Wahrheitskommissionen keine Verschlechterung der Sicherheit der Menschen und der Menschenrechte mit sich brachten, obwohl unter gespannten Verhältnissen gearbeitet werden musste und widersprüchliche Ergebnisse produziert wurden (Bronéus 2000).

Wegen der hohen Zahl der Opfer und Täter ist die Aufarbeitung der Vergangenheit in Ruanda besonders wichtig. Die Schwierigkeiten, die sich hier stellen, sind von beträchtlichem Ausmaß.

Forscher sind sich weitgehend einig darüber, dass zwischen Gerechtigkeit, Wahrheit und Versöhnung ein enger Zusammenhang besteht; ebenso darüber, dass zur Herstellung von Gerechtigkeit rechtmäßige Gerichte erforderlich sind, dass die Wahrheitsfindung über begangene Verbrechen der Gesellschaft dabei hilft, weiterzugehen, und dass Versöhnung von beiden Konfliktparteien Offenheit im Hinblick auf die verübten Verbrechen verlangt (Bronéus 2000). Die Regierung in Ruanda vertritt auch die Auffassung, dass Versöhnung nicht ohne Gerechtigkeit möglich ist.

Auf die Frage danach, wie Versöhnung möglich sei, bekam Pagnier in Ruanda fast immer Antworten wie diese: »Die Schuldigen müssen die Wahrheit sagen und um Verzeihung bitten, und die Opfer müssen verzeihen«, »Die Wahrheit wird die Wunden heilen« und »Die Gerechtigkeit wird die Wunden heilen«.

Gewöhnlich wird Versöhnung in Zusammenhang gebracht mit einer Beziehung, die mehr ist als reine Koexistenz. Versöhnung wird als Heilung von Traumata gesehen. Individuelle Versöhnung wird in diesem Sinne als Voraussetzung für nationale Versöhnung betrachtet. Bei diesem langwierigen, sich möglicherweise über mehrere Generationen erstreckenden Prozess geht es um den Wiederaufbau von Beziehungen, die durch begangenes Unrecht zerstört wurden, und um die Ermöglichung einer gemeinsamen Existenz zur Schaffung eines dauerhaften Friedens. Die Prinzipien der nationalen Versöhnung sind Gerechtigkeit, Wahrheit, Gestehen, Verzeihen, Dialog, Zulassen von Gefühlen, Befriedigung grundlegender menschlicher Bedürfnisse und soziale Gleichstellung. Bei Versöhnung geht es darum, sein Gefühl für jemanden zu ändern, der einem Schaden zugefügt hat. Man gestaltet seine zuvor von Hass und Distanzierung gekennzeichneten Reaktionen so um, dass eine Rachehandlung verhindert wird. Damit Versöhnung möglich ist, muss eine persönliche, eine innere Veränderung geschehen. Sie kann sich nur vollziehen, wenn derjenige, der unrecht handelte, sein Verbrechen gesteht und echte Reue zeigt und wenn das Leiden des Opfers anerkannt wird.

Die Ruander müssen versuchen, ein Dasein ohne künstliche ethnische Gegensätze zu schaffen. Versöhnung ist wichtig, sodass Hutu und Tutsi wieder als Nachbarn im selben Land leben können. Mithilfe der Gacaca-Gerichte soll das reguläre juristische System entlastet und dafür gesorgt werden, dass niemand ungestraft davonkommt.

Wenn die Massenmörder aus dem Gefängnis entlassen werden und den Opfern von Angesicht zu Angesicht gegenüberstehen, besteht das Risiko, dass die Konflikte aufs Neue entbrennen (Berg 2001). Die Prozesse der Gacaca-Gerichte werden fortlaufend dokumentiert und erforscht (de Jonge 2002). Es wurde festgestellt, dass das Vorgehen bei der Bevölkerung zunächst auf große Zustimmung stieß, dass das Interesse inzwischen aber abzuklingen scheint. Schwierigkeiten der Gacaca-Gerichte bestehen zum Beispiel darin, dass die Beteiligung an den Prozessen erzwungen wird, dass die im Schnellverfahren ausgebildeten Laienrichter eine gründlichere Schulung benötigen und dass die Überlebenden eine Retraumatisierung befürchten. Doch es ist nicht nur Traumabehandlung bei Überlebenden und Tätern zu leisten. Die Ereignisse, die ja großen historischen Wert für Gedenken und Versöhnung haben, müssen auch genauestens dokumentiert werden.

Die Gacaca-Gerichte wurden geschaffen, um mit der Vergangenheit abzuschließen; sie hatten gleichzeitig aber auch ein Wiederaufleben des Geschehenen zur Folge. Im Rahmen der Gacaca-Prozesse sollen idealerweise nicht nur die Schuldigen verurteilt werden. Es soll gleichzeitig auch eine Bearbeitung ermöglicht werden, die bei den einzelnen Betroffenen die Risiken einer Retraumatisierung verringert. Die Volksgerichte müssen ausgehend von ihren Chancen und Begrenzungen betrachtet werden. Bei ihrer Beurteilung muss auch das autoritäre System berücksichtigt werden. Pagnier schildert, welcher Schock es für sie war, als sie hörte, wie der Ankläger – ein maßvoller und sensibler Mann – die Gacaca-Beteiligten aufforderte, stets die Autoritäten zu respektieren und deren Instruktionen zu folgen. Und als wir einen Gacaca-Prozess besuchten, wurden die Teilnehmer ermahnt, sich besonders gut betragen: »Ihr müsst euch benehmen, denn heute haben wir Besuch von Weißen«, hieß es.

Pagnier unternahm ihre Gacaca-Studien in einem abgegrenzten geografischen Gebiet. Natürlich herrschen in jedem Gebiet besondere Umstände, aber überall in Ruanda müssen Mörder und Opfer Seite an Seite leben: Sie begegnen sich auf der Straße, trinken in der gleichen Bar ein Bier, und die Kinder besuchen dieselbe Schule. Pagnier betont, wie wichtig es ist, die Lebensrealitäten der Menschen zu berücksichtigen, wenn man die Voraussetzungen für den Versöhnungsprozess verstehen will. Das individuelle Erleben des Völkermordes unterscheidet sich vom offiziellen Bild. Was die Menschen erinnern und schließlich mitteilen, sind gleichsam auf der Netzhaut eingebrannte Bilder des kollektiven Wahnsinns bei der Verwandlung zu wilden Mördern. Der einzelne Mensch erkennt die Beschreibungen in akademischen Arbeiten nicht wieder, in denen Ursache und Wirkung so beschrieben werden, als ob die Ereignisse begreiflich wären. Die fragmentierten Erzählungen der Ruander haben Ähnlichkeit mit den Schilderungen von Überlebenden des Holocaust (Kaplan 2007) und aus dem ehemaligen Jugoslawien (Kirmayer, in: Pagnier 2004). In den teilweise detaillierten Schilderungen geht es oft um Äußerlichkeiten wie das Wetter. Die Details des eigentlichen Mordens werden nicht genannt, das Furchtbarste wird ausgespart (van der Port, in: Pagnier 2004). Pagnier fragt sich, ob das mit dem Bildungsstand der Betroffenen oder mit der vorsichtigen Interviewtechnik zusammenhängt, bei der man sich ständig überlegt »Habe ich das Recht, hierauf eine Antwort zu verlangen?«. Wahrscheinlich hat es mit dem Schock und der Gedächtnisfunktion zu tun, mit der Speicherung der Sinneseindrücke in Ermangelung eines psychischen Raumes zum Reflektieren über das Erlebte – was auch die Dissoziation verursacht.

Politisierung der Erinnerung und Versöhnung

Der belgische Völkermordforscher René Lemarchand (2004) diskutiert den problematischen Ansatz, die Bezeichnungen »Tutsi« und »Hutu« wegzudefinieren und alle Einwohner Ruandas »Ruander« zu nennen, infolge dessen übrigens auch das Strafgesetz um den Tatbestand »divisionism« (Teilung) erweitert wurde. Lemarchand hinterfragt, ob das Verbot ethnischer Erinnerungen wirklich zu gegenseitigem Vertrauen und friedlicher Koexistenz beiträgt. Ethnische Identitäten zu leugnen ist eine Sache, ethnische Erinnerungen auszulöschen eine ganz andere.

Die Vergangenheit wird von Hutu und von Tutsi unterschiedlich betrachtet und erinnert. Überlebende Tutsi, Täter und Retter, haben ungleichartige Erinnerungen. Lemarchand zufolge gibt es auch zahlreiche Hutu, die Zeugen der kaltblütigen Morde der RPF-Truppen in Ruanda und im östlichen Kongo wurden. Außerdem wird die Geschichte vor dem Hintergrund verschiedener Ideologien aus politischen Gründen manipuliert. Solche manipulativen Ideologien gibt es auf beiden Seiten sowie jenseits der ethnischen Linie.

Die Erinnerung kann auf ganz unterschiedliche Weise von der Wirklichkeit abweichen. Lemarchand verweist auf gestoppte, manipulierte Erinnerungen und erzwungene Erinnerungen. Diese verfälschten Erinnerungen können Menschen, die einen Völkermord erlebten, daran hindern, ihre wirklichen Erinnerungen zu bearbeiten. Lemarchand meint, dass dazu tendiert wird, nicht opportune Zusammenhänge unter den Teppich zu kehren, und beklagt, dass man sich – anders als beispielsweise in Südafrika – nicht genügend Zeit nimmt, die Wahrheit ans Licht zu bringen. Deshalb gibt es in Ruandas offiziellem Gedächtnis blinde Flecken. Durch das Verbot, von ethnischen Identitäten zu sprechen, werden die Erinnerungen an die ethnischen Konflikte gestoppt. Auch werden die Erinnerungen an diejenigen Hutu gestoppt, die sich standhaft weigerten, ihre Tutsi-Freunde und -Nachbarn der Miliz auszuliefern und ihnen unter großer Gefahr für ihr eigenes und das Leben ihrer Familie Schutz boten. Damas Mutezintare ist ein Hutu, der in seinem Waisenheim in Nyamirambo fast 400 Tutsi, 300 Kindern und 80 Erwachsenen, das Leben rettete. Aber nicht alle Helden hatten das Glück, ihre Geschichte erzählen zu dürfen.

Lemarchand meint, dass Teile sowohl der Hutu- als auch der Tutsi-Gruppe die Verantwortung für die Katastrophe tragen, dass dies aber durch die offizielle ruandische Ideologie geleugnet wird. Insofern kann man sagen, es wird ein Thema geleugnet, das wir in diesem Buch beschreiben, nämlich dass Täter und Opfer im gleichen Individuum zu finden sind und dass der Täter für seine Verbrechen zur Verantwortung gezogen werden muss.

Es ist richtig, dass Frankreich während der ganzen Ruanda-Krise eine geradezu kriminelle Rolle spielte, dass die internationale Gemeinschaft die Augen verschloss und dass die belgische Kolonialpolitik katastrophale Konsequenzen hatte. Aber auch Paul Kagame, der Führer der RPF, trägt Verantwortung, hatte er doch den Bürgerkrieg ausgelöst, der zum Genozid führte. Lemarchand ist der Auffassung, dass es keinen Völkermord gegeben hätte, wenn Kagame in Missachtung internationaler Gesetze 1990 nicht seine Exilkrieger hätte einmarschieren lassen. Natürlich stoppte Kagame 1994 den Völkermord, aber er provozierte den Genozid auch mit. Die späteren Morde an Zehntausenden Hutu-Flüchtlingen – grob als »génocidaires« definiert – wurden buchstäblich aus der Geschichte gelöscht. Die erzwungenen Erinnerungen werden zu einem Märchen, in dem alle Tutsi Opfer und alle Hutu Täter sind.

Welches Verhältnis besteht zwischen Erinnerungspolitik und den Chancen zur Versöhnung? Lemarchand hält Koexistenz für realistischer als Versöhnung, da man dafür kein Verzeihen erzwingen müsse. Dass die Täter ihre Verbrechen gestehen, ist wichtiger als das Verzeihen der Handlungen.

Wenn man die Hutu-Opfer aus dem offiziellen Gedächtnis Ruandas ausschließt, muss die Bevölkerung das Gefühl haben, die Regierung instrumentalisiere die Erinnerungen für die eigene Sache. Den ethnischen Erinnerungen Freiraum zu lassen, ist aber keine weniger problematische Alternative. Die Erinnerungen können gleich politisiert werden und gleich blind für die Wahrheit sein wie »frisierte« Versionen der Geschichte.

Ein weiterer Ansatz ist der Eva Hoffmans, der das Anerkennen und Akzeptieren der Geschehnisse umfasst (Hoffman 1999): Was passiert ist, kann nicht rückgängig gemacht werden. Anerkennen bedeutet in diesem Zusammenhang mehr als Erinnern. Es bedeutet ein Versöhnen mit den unbeschreiblichen Grausamkeiten gegen Hutu und Tutsi durch Hutu und Tutsi. Lemarchand bezeichnet dies als ein Arbeiten mit den Erinnerungen – eine Völkermordpädagogik wie Staub sie in seinen Radio- und Unterrichtsprojekten erprobt. Das Erinnern allein nützt nichts – die Frage ist, welchem moralischen Zweck die Erinnerung dienen soll.

Der Wunsch nach Vergessen

Die Erfahrungen nach der Schoah zeigen, dass die Überlebenden unter ihren Erinnerungen leiden. Erinnerungen können ständig wiederkehren (Schacter 2001), und emotionale, traumatische Erinnerungen können wiederholt in den

Betroffenen einströmen (Kaplan 2008). Das Gefühl des Überlebenden, von seinen Erinnerungen verfolgt zu werden, kann auch Aspekte der Identifikation mit dem Verfolgenden beinhalten. Nicht vergessen zu können, ist manchmal noch belastender, als zu vergessen und dadurch Teile seiner Lebensgeschichte gleichsam zu verlieren (Schacter 2001). Die Überlebenden wollen ihre quälenden Erinnerungen entweder bearbeiten oder vergessen können.

Bei traditionellen Heilungsritualen wie Reinigungen sollen die Verbindungen des Individuums mit dem Vergangenen (dem Krieg) symbolisch unterbrochen werden, sodass die Vergangenheit dem Vergessen übergeben werden kann. Gleichzeitig wird ein Raum dafür geschaffen, die traumatischen Ereignisse und die Inhalte von Albträumen – wie es bei westlichen Therapiemethoden praktiziert wird – in Worte fassen zu können. Im Hinblick auf Resilienz ist die Verbindung des Individuums mit sozialen und wirtschaftlichen Netzwerken sowie mit kulturellen Institutionen besonders wichtig (Bracken/Giller/Summerfield 1995).

Es gibt andere Begriffe, die zur Definition des Weges zu funktionierenden, friedlichen Gesellschaften benutzt werden. Ein solcher Begriff ist es, das Volk – wie in Ruanda – zu sensibilisieren, um Versöhnung, Wiedervereinigung, Integration oder Resozialisierung zu erreichen. Es ist oft problematisch, einheimische Traumatherapeuten durch nichtafrikanische Experten anleiten zu lassen, die den lokalen kulturellen Kontext nicht kennen. Wie sich in Ruanda zeigte, können aber psychologische Ausbildungsvorträge über die Ursachen des Völkermordes, die psychologische Bedeutung des Traumas, Wege zur Heilung und die Vorbeugung künftiger Gewalt sehr erfolgreich sein (Pearlman 2004).

Was traumatisierte Kinder betrifft, liegt ein Problem darin, dass in vielen afrikanischen Ländern Eltern traditionell wohl nicht mit ihren Kindern über deren emotionale Traumareaktionen sprechen. Kinder werden weitgehend von der Trauerarbeit ausgeschlossen. Jüngere Kinder werden vielleicht zu Verwandten mitgenommen und können indirekt an der Trauerarbeit teilhaben. Kinder zwischen zehn und zwölf Jahren hält man für zu jung, um Gefühle der Trauer und des Verlustes verstehen zu können. Jugendlichen, die mehr unter sich sind als kleinere Kinder, ist eine indirekte Beteiligung an der Trauerarbeit verwehrt. Von ihnen wird erwachsenes Verhalten erwartet – ein hoher Anspruch an einen möglicherweise extrem traumatisierten jungen Menschen –, und niemand spricht mit ihnen über Gefühle (The Traumatic Stress Newsletter 2004). Untersuchungen in von Kriegen betroffenen Ländern zeigten auch, dass Teenager besonders leiden. Eine Studie in Kapstadt verdeutlichte, dass Teenager-Mädchen und Vorschul-Jungen am stärksten unter politischer Gewalt in ihrer Nachbarschaft litten (Dawes/Tredoux/Feinstein 1989).

»Was passiert ist, kann nicht rückgängig gemacht werden«

Was passiert ist, kann nicht rückgängig gemacht werden. Die Zeit kann nicht zurückgedreht werden. Frauen, die Opfer sexueller Übergriffe wurden, drücken sich häufig wie folgt aus: »Ich duschte stundenlang – aber die Gefühle waren nicht abzuwaschen.« In Mosambik und anderen afrikanischen Ländern bedient man sich zur Befreiung von einem Trauma traditioneller Geistheilungsmethoden. Zum Beispiel verbrennt man die Kleider der Kindersoldaten und wäscht die Jugendlichen im Meer. Bei manchen Projekten kombiniert man die Geistheilung mit westlichen Methoden der Psychotherapie (Kaplan 2005).

Was den Holocaust betrifft, gehört die Befreiung paradoxerweise zu den schmerzvollsten Zeitabschnitten des Völkermordes. Nun musste man der Wirklichkeit ins Auge sehen. Die Stunde der Wahrheit war gekommen. Das Hoffen auf das Überleben von Verwandten hatte ein Ende. Die Liebsten waren nicht mehr. Die Einsamkeit war überwältigend.

Wie ist es dem Einzelnen möglich, Hass zu ertragen und sich von dieser Gesinnung zu befreien? Und wie erlangt er Affekttoleranz, wie kann er Abstand zur Vergangenheit gewinnen, weitergehen und die in das eigene psychische Leben eingeströmten Affekte ertragen?

Der Umgang mit Frustration und Wut

Eine zutiefst deprimierte Ruanderin versucht sich auszumalen, wie es wohl sein wird, Haus an Haus mit Menschen zu leben, die am Völkermord beteiligt waren. Sie sagt (eigene Übersetzung): »Das Fenster am Morgen zu öffnen und diejenigen zu sehen, die einem die Familie ausgelöscht haben.« Sie berührt die Außenseite ihrer Hand und setzt fort: »Das reißt die Wunden wieder auf, die gerade ein wenig zu heilen begonnen haben. Man weiß nicht, wie reagieren […]. Jetzt habe ich die Macht, etwas zu tun.« Die Wunden heilen nur langsam;

und sie müssen genügend heilen, damit es dem Betroffenen möglich ist, auf Rache zu verzichten. Wie bereits früher erwähnt, kommen Gefühle, die mit Traumatisierung zu tun haben – wie Rachefantasien – bei Interviewten in Ruanda natürlich deutlicher zur Geltung als bei Schoah-Überlebenden. Das hängt damit zusammen, dass die Erlebnisse noch nicht so lange zurückliegen sowie mit dem Umstand, dass die Überlebenden Haus an Haus mit ihren Peinigern leben müssen (Kaplan 2005).

Überlebende der Schoah können auf unauffällige und sublimierte, also sozial akzeptierte Weise Rache nehmen, indem sie beispielsweise deutsche Waren boykottieren. Ein polnischer Jude beobachtete gegen Ende des Holocaust, wie ein Deutscher von Alliierten geschlagen wurde. Er sagte (Steinmann 2005, persönliche Mitteilung; eigene Übersetzung): »Ich sah sein Gesicht und mir wurde ganz warm ums Herz.« Samuel – wir erwähnten ihn zu Beginn – überlebte Auschwitz und war einer der wenigen Überlebenden, die 1945 nach Norwegen zurückkehrten. Er erzählt (Steinmann 2005, persönliche Mitteilung; eigene Übersetzung): »Ich kam am 30. Mai nach Oslo. Ich wurde zur Nummer 19 im Gefängnis gebracht, in dem Quisling saß. Der Wärter hatte keinen Schlüssel. Er öffnete das Durchreichfenster, und ich schaute in die Zelle. Er saß auf der Pritsche. Blickte nicht auf. Ich sagte nichts. Er sagte nichts. Ich empfand keinen Hass, hatte keine Rachegelüste. Ich war nur froh, dass ich ein freier Mann war und er in einer Zelle saß.« In keinem der beiden Beispiele wurden eigene Rachefantasien ausgedrückt, dafür aber eine deutliche Befriedigung über die vertauschten Rollen.

Ein Junge aus Ruanda erzählt, was seine traumatischen Erinnerungen am stärksten wachruft, nämlich wenn er zwei sich schlagende Jungen sieht. Wie er beim Interview mit Worten und Gesten zu verstehen gibt, wühlt es ihn besonders auf, wenn er die Prügelnden aufeinanderliegen sieht. Vielleicht identifiziert sich der Junge wegen Erinnerungsfragmenten im Zusammenhang mit der Traumatisierung mit dem Unterlegenen und platziert sich, um sich zu rächen, in der Fantasie gleichzeitig in die Position des Überlegenen. Beide Positionen in der vertikalen Beziehung können Angst machen. Die extreme Armut in Ruanda spielt im Hinblick auf den Umgang der Menschen mit ihren Gefühlen wahrscheinlich eine wichtige Rolle (Staub 1989). Interviews mit ruandischen Jugendlichen verdeutlichen nicht nur die destruktive Dimension der Rache sondern auch, wie komplex die psychologischen Reaktionen nach einem Völkermord sind (Kaplan 2008).

11 Leben mit der Erfahrung psychischer Traumatisierung

Wir nähern uns nun immer mehr dem Traumabegriff und den Erlebnissen des Opfers. Je nachdem, wie es mit seinen Gefühlen umgeht, ist das Opfer in der Rachespirale auch ein potenzieller Rächer. Das Trauma kann in Zusammenhang gebracht werden mit Schamgefühlen und dem Phänomen der Dissoziation, der Zersplitterung der Persönlichkeit, die bei extrem Traumatisierten von besonders großer Bedeutung ist.

Erinnerung und Bindung

Vor einigen Jahren besuchten wir Auschwitz in Südpolen. Unweit der bezaubernden Stadt Krakau lagen die grauen und braunen Reste des Konzentrationslagers Auschwitz-Birkenau in strahlenden Sonnenschein gehüllt in der Landschaft – das Krematorium, der Eingangsbereich mit dem Schild »Arbeit macht frei«, Baracken und Schienen. Allein die Größe der Anlage versetzte uns in Erstaunen. Die schreckliche Absicht der dort einst begangenen Taten wirkte durch die gigantischen Dimensionen besonders unbegreiflich.

Kann man sich überhaupt vorstellen, was Menschen durchmachen, die Verfolgung ausgesetzt sind? Durch Interviews, mittels Dokumentationen und über unsere klinische Arbeit können wir – mit so viel Empathie wie möglich – versuchen, uns ansatzweise ein Bild davon zu machen, was es bedeutet, verfolgt zu sein. Der Umgang mit Erinnerungen ist ein häufig diskutiertes Thema. Im Zusammenhang mit Rache sind Erinnerungen wichtig, denn mögliche Ursachen für Rache – Demütigungen, Ängste, enger psychischer Raum – sind in der Lebensgeschichte jedes Menschen zu finden. Es wird immer mehr davon ausgegangen, dass Erinnerungen nicht statisch gespeichert werden. Symbolisierung, Mentalisierung und andere Begriffe, mit denen Umwandlungen körperlicher/affektiver Erlebnisse in mentale Repräsentationen bezeichnet werden, sind in der aktuellen Gedächtnisforschung zentral (Varvin 2003). Die Gedächtnisforschung kann im Licht der modernen Bindungstheorie betrachtet werden. Man nimmt an, dass eine frühe Bindungsstörung schädigenden Einfluss auf die Mentalisierungsfähigkeit hat, also auf die Fähigkeit zu reflektieren und zu verstehen, wie das eigene Verhalten und das Verhalten anderer von mentalen Zuständen und Prozessen beeinflusst wird (Fonagy 2005).

Wir beschrieben bereits an anderer Stelle Winnicotts potenziellen Raum zwischen der inneren psychischen Welt und der äußeren Wirklichkeit. Der potenzielle Raum funktioniert wie ein Ruheplatz für das Individuum, das damit beschäftigt ist, die innere und äußere Wirklichkeit auseinanderzuhalten und gleichzeitig einen Zusammenhang zwischen diesen Wirklichkeiten zu sehen. Der Ausdruck »potenzieller Raum« ist verwandt mit unserem Begriff des Raumschaffens. Winnicott (2006) betont die Bedeutung des visuellen Eindrucks von Gesichtern und diskutiert, wie Kinder auf das reagieren, was sie im mütterlichen Gesicht als Starre (als psychische Abwehr der Mutter) wahrnehmen.

Wie Interviews mit Schoah-Überlebenden aufzeigen, woben die Opfer Gedanken um Erscheinungen und bedeutungsvolle Gegenstände aus ihrem Leben. Dadurch wurden die Gedanken zu Stoff für ein Raumschaffen und ermöglichten es den Überlebenden, das Gefühl der eigenen Existenz und persönlichen Integrität zu entwickeln. Viele Überlebende sagten von sich, dass sie als Kinder schwierig gewesen seien. Unerzogen zu wirken und frech zu sein, könnte man als natürliche Reaktion verstehen, als eine Art und Weise, die Aufmerksamkeit und den Platz zu bekommen, den man als Kind (unbewusst) zu verdienen glaubt. Die Überlebenden provozierten gleichsam, dass man sich um sie kümmerte (Kaplan 2008). Aber man kann die Erinnerungsbilder der Kinder auch anders interpretieren: Kinder nehmen oft die Schuld für das auf sich, was in ihrer Umgebung passiert. Wenn Eltern besorgt wirken, kann ihr Kind glauben, dass es etwas falsch gemacht hat. Ronald Fairbairn (2005) meint, es sei leichter, als Teufel zwischen Engeln zu leben, als ein Engel inmitten von Teufeln zu sein. Sich selbst als schwierig zu betrachten, macht die Umgebung sicherer. Deshalb kann eine solche Wahrnehmung zu einer Überlebensstrategie werden, selbst wenn man dabei das Selbstbild entwickelt, ein schwieriger Mensch zu sein.

Psychisches Trauma

Das psychische Trauma ist ein zentrales Thema dieses Buches sowohl im Zusammenhang mit dem aktuell Betroffenen als auch mit dem Täter. Auch wenn wir deren Umgang mit ihren Gefühlen und Handlungen natürlich ganz unterschiedlich werten, handelt es sich sowohl bei Tätern als auch bei Opfern um traumatisierte Individuen.

Psychische Traumata können durch einzelne oder wiederholte Ereignisse innerhalb und außerhalb der Familie, durch Naturkatastrophen, durch von Menschen gemachte Katastrophen – wie Übergriffe auf Frauen – oder durch gesellschaftliche Katastrophen – wie den Holocaust oder die Völkermorde in Jugoslawien und in Ruanda – ausgelöst werden. Jegliches Trauma weckt beim betroffenen Individuum starken Zorn. Im Zusammenhang mit Naturkatastrophen sagte der Psychologe Åke Iwar, selbst Überlebender der vom Seebeben im Indischen Ozean im Dezember 2004 ausgelösten Tsunamikatastrophe, anlässlich einer Gedächtnissendung (eigene Übersetzung): »Wut ist ein in der Trauer verborgenes Gefühl.« Um mit seinen plötzlichen Stimmungsschwankungen umgehen zu können, reagiert Iwar sich durch sportliche Aktivitäten wie Boxen ab. Auch wenn die Betroffenen nach Naturkatastrophen ebenfalls Wut empfinden, unterscheiden sich solche Ereignisse insofern stark von menschengemachten Katastrophen, als bei ihnen der Aspekt der Demütigung weniger relevant ist. Aber auch hier können Fragen nach dem »Warum«, dem »Warum ich« und dem »Warum ausgerechnet jetzt« aufkommen, und auch hier kann sich das Selbstbild verändern und das Bedürfnis geweckt werden, einen Sündenbock zu finden.

Schamgefühle

Extrem traumatisierte Menschen drücken oft, und meistens indirekt, Schamgefühle aus. Mehrfach wurden wir von ruandischen Jugendlichen gefragt: »Wie seht ihr Europäer uns? Wie sonderbare Monster?« Vielleicht spielt es – zumindest unter gewissen Aspekten – keine Rolle, ob man im Völkermord Täter oder Opfer ist. Man wird in beiden Fällen von den erniedrigenden, beschämenden Ereignissen gleichsam beschmutzt. Und in beiden Fällen verinnerlicht man das Bild des anderen von sich selbst. Wie sich bei einer Erhebung zum Thema extreme Traumatisierung und Scham in Interviews mit Psychotherapeuten zeigte, können besonders bei männlichen Flüchtlingen Schamgefühle mit Wut in verschiedenen Ausdrucksformen einhergehen (Klefbeck 2004). Viele männliche Flüchtlinge provozieren auch Kränkungen, um Grund für einen Wutausbruch zu haben. Es ist denkbar, dass sich Wut kurzfristig positiv auf das Selbstwertgefühl auswirkt. Die Beschäftigung mit Hass und Rache kann auch eine Möglichkeit sein, die Trauerarbeit aufzuschieben, die immer auf Erniedrigung, Scham und Wut folgt.

Wir möchten an dieser Stelle betonen, dass das »fremde Selbst«, das jeder Mensch in sich trägt, am bedrohlichsten wird, wenn traumatische Ereignisse in der Familie oder im näheren Umfeld das Individuum dazu zwingen, das Ich zu zersplittern – also zu dissoziieren – und einen Teil des Schmerzes über die Identifikation mit dem Aggressor zu verbergen (Fonagy 1998). Wenn die Entwicklung eines mentalen Raumes begünstigt wird, steigt die Chance, eine psychische Schädigung/Erniedrigung zu überleben und auf Rachehandlungen verzichten zu können. Zweifellos muss man sich im Sinne eines Abwehrmechanismus auch einer gewissen Zersplitterung bedienen können, um mit einem unverletzten Selbstanteil weiterfunktionieren zu können, während der verletzte Anteil verdrängt wird. Allerdings muss zwischen den Teilen eine gewisse Verbindung bestehen. Sara hilft die Puppe beim Funktionieren. Lotta wird von Gunilla beruhigt, und auf Jean wirken die Betenden ein. Alle drei zeigen Empfänglichkeit für die Entwicklung eines mentalen Raumes. Sie können in ihrem Gefühlschaos innehalten und nachdenken, anstatt den Racheimpulsen nachzugeben.

Dissoziation

Wir erwähnten das Phänomen der Dissoziation bereits mehrfach, wollen ihm an dieser Stelle aber mehr Platz einräumen, da es ein wichtiges Element der Rache darstellt.

Verdrängung ist ein Abwehrmechanismus, mit dessen Hilfe ein psychischer Konflikt vermieden wird, indem ein Teil des Konfliktes aktiv vom Bewusstsein ferngehalten wird. Spaltung oder Dissoziation ist ein primitiverer Abwehrmechanismus, bei dem zur Vermeidung von Angst widersprüchliche Anteile voneinander getrennt gehalten werden. Dissoziation wird zu einem frühen

Zeitpunkt im Leben durch die paranoid-schizoide Position verursacht, aber auch während des gesamten Lebens auf tieferen Ebenen beibehalten. Aus diesem Grund kann Dissoziation auch leicht zwischen beispielsweise einem männlichen und einem weiblichen Identifikationsteil oder einem Täter- und einem »Normalem-Mitbürger«-Identifikationsteil entstehen. Außerdem wird die Dissoziationsneigung durch traumatische Erlebnisse verstärkt, besonders wenn diese unbearbeitet sind und deshalb getrennt gehalten werden müssen.

Dissoziation ist ein zentraler Begriff der Traumatheorie. Er bezeichnet die Aufteilung und Trennung von Erfahrungen nach überwältigenden traumatischen Ereignissen sowie eine Aufteilung der allzu beängstigenden Erinnerungen an diese Erlebnisse. Der Betroffene hält die Erlebnisse – oft in nicht-symbolisierter, nicht-verbalisierter Form – außerhalb des Bewusstseins (Varvin 2004). Dieser Abwehrprozess und diese Veränderungen von Erinnerung und Bewusstsein führen zu einer Schwächung des Selbst. Möglicherweise sollten viele Patienten, bei denen eine Neurose, Borderline-Persönlichkeitsstörung oder Psychose festgestellt wurde, eher als dissoziativ mit früher Traumatisierung diagnostiziert werden (Sundh 2003). Eine israelische Untersuchung mit herkömmlicher Psychodiagnostik an 5.000 chronisch hospitalisierten Patienten ergab, dass 900 von ihnen (also 18 Prozent) Holocaust-Überlebende waren, die in ihrer Lebensgeschichte extreme Traumatisierungen erfahren hatten. Sie waren ohne Erfolg mit traditioneller Psychosebehandlung versorgt worden (Cahn, in: Laub 2005).

Traumatisierte Kinder reagieren auf eine veränderte Atmosphäre hoch sensibel, was eine Retraumatisierung auslösen kann. So ist es möglich, dass frühere Konfrontationen mit der aggressiven Mimik und Stimme des Täters durch den entsprechenden Ausdruck im Gesicht der Bezugsperson reaktiviert werden. Solche eingeprägten Sinneseindrücke von Gesichtern und Stimmen können den Betroffenen im Erwachsenenalter als »flashbulb memories« (Blitzlichterinnerungen) begleiten. Wegen der Schwierigkeiten, mit der durch das Trauma geweckten Angst umzugehen, kann sich der dissoziativ Gestörte als doppelt – in gewissen Fällen als multipel – erleben. Der Dissoziierende nimmt sich dann nicht mehr als ganze Person wahr; in ihm sprechen verschiedene Stimmen. Auch Menschen, die Opfer von Übergriffen wurden, können eine solche Persönlichkeitsspaltung entwickeln (Bremner, in: Schore 2003). Die traumatischen Erlebnisse werden als isolierte Bruchstücke im Gedächtnis gespeichert, was auch die fragmentarischen Erzählungen und die plötzlichen körperlichen Reaktionen Traumatisierter erklärt, die von Signalen im Alltag ausgelöst werden. Der Betroffene ist sich nicht bewusst, dass seine Angst ihren Ursprung an einem speziellen Platz oder einem speziellen Zeitpunkt hat. Sein Zeitgefühl ist gleichsam kollabiert; er hat den Eindruck, die Erlebnisse vollzögen sich, während er über sie spricht.

Lena Teurnell, die mit Opfern sexueller Übergriffe arbeitete, beschreibt deren ständige Wachsamkeit gegenüber Gefahren. Sie meint, dass ein Trauma als »Fremdkörper in der Psyche« erlebt werden kann, »der sich, ähnlich einem Stein, nicht auflösen und in die innere Welt integrieren lässt« (Teurnell 2002, persönliche Mitteilung; eigene Übersetzung).

Bei der therapeutischen Arbeit mit Dissoziierenden versucht man die Verbindung zwischen den zersplitterten Persönlichkeitsanteilen zu stärken. Ein Ansatzpunkt besteht darin, die Bedeutung des Schmerzes ausfindig zu machen, den dissoziativen Wall einzureißen und zu assoziieren, also Verbindungen zu und zwischen den verschiedenen Erinnerungsfragmenten herzustellen (Sundh 2003).

Bei längeren Gesprächen mit traumatisierten Menschen richtet man immer mehr Aufmerksamkeit darauf, wie deren Erzählungen Form annehmen und welche Affekte sie zeigen, aber auch darauf, wie man selbst auf das Mitgeteilte reagiert.

12 Die professionelle Hilfe

Manchmal ist professionelle Hilfe – Unterstützung beim Raumschaffen – notwendig, damit auf Rache verzichtet oder Widerstand gegen die Rache anderer geleistet werden kann. Zu den Aufgaben einer entsprechenden Psychotherapie gehören sowohl die Gestaltung der Rache als auch die Bearbeitung von Racheimpulsen. Beim Hören von Racheschilderungen wird auch der professionelle Helfer Belastungen ausgesetzt. Besondere Einsicht in die eigenen Reaktionen braucht der Therapeut, wenn er beispielsweise gewalttätige Ehemänner behandelt. Das Dilemma des Helfers wird immer häufiger in der Literatur behandelt. In diesem Zusammenhang beschreiben wir das Phänomen des stellvertretenden Traumas und illustrieren dieses anhand eines Interviews mit einem Traumatherapeuten, bevor wir zusammenfassen, auf welche Unterstützung der Helfer selbst angewiesen ist.

Raumschaffende Gespräche mit Überlebenden

Einen mentalen Raum zu schaffen, eine Begegnung mit einem traumatisierten Menschen anzubahnen, ist ein Prozess voller Emotionen: Werde ich als Zuhörer akzeptiert? Was, wenn ich weinen muss? Wie reagiere ich, wenn der Erzählende von seinen Gefühlen überwältigt wird? Soll ich die Fragen begrenzen? Kann ich persönliche Dinge fragen, oder soll ich davon besser absehen und es dem Erzählenden überlassen, ob und wann er heikle Dinge zur Sprache bringt?

Eine optimale Interviewsituation oder Konsultation setzt aufseiten des Fragestellers eine gute Kulturkompetenz voraus: Sachkenntnis über die aktuelle Problematik und – wenn es sich beim Gegenüber um einen Flüchtling handelt – über die Geschichte und die Kultur des Ursprungslandes des Befragten. Es ist von größter Wichtigkeit, dass der Fragesteller im Interview wirklich präsent ist und den Erzählenden angesichts der emotionsgeladenen Thematik des Gespräches »auffängt« und seine Gefühle bestätigt. Ein Interview soll weder der reinen Faktensammlung dienen, noch ausgeprägten therapeutischen Charakter haben, auch wenn eine Befragung therapeutische Wirkung bekommen kann. Ausgehend von diesen Erwägungen kann ein pädagogisch ausgerichtetes Interview, in dem der Erzählende Schritt für Schritt bei der sinnstiftenden Rekonstruktion seiner persönlichen Geschichte angeleitet wird, einer Befragung durch einen Historiker oder Psychotherapeuten vorzuziehen sein.

Der Historiker läuft Gefahr, sich als Interviewleiter an Einzelheiten aufzuhängen. Wenn der Interviewte ins Detail gehende Fragen nicht beantworten kann, kommt er sich möglicherweise »blöd« vor, was sich negativ auf die Interviewinteraktion auswirkt. Im psychotherapeutischen Dialog ist die Fähigkeit zu Containment von besonderer Wichtigkeit, wobei der Patient diese möglicherweise als Passivität wahrnimmt. Für den Interviewer besteht eine weitere Schwierigkeit darin, dass er den Befragten »auffangen« und als »Gefäß« für dessen schmerzhafte Erinnerungen fungieren muss, ohne dabei eigene Reaktionen zu zeigen, könnten diese den Befragten doch belasten oder behindern. Andere Probleme können dadurch entstehen, dass Interviewer und Interviewter unbewusst gemeinsam an der Vermeidung emotionsgeladener Situationen arbeiten, was besonders dann der Fall sein kann, wenn beide Beteiligten den gleichen kulturellen Hintergrund haben oder sogar ähnliche traumatische Erfahrungen machten. Der Umgang des Befragten mit seinen Erinnerungsbildern, Affekten und der Interviewsituation als solcher sowie das Zusammenspiel zwischen Befragtem und Fragesteller liefern einen wichtigen Beitrag für das Verständnis der Lebenswelt des Interviewten (Kaplan 2008).

Hans Keilson unternahm in den 1970er-Jahren eine umfassende – allerdings lange Zeit unbeachtet gebliebene – Forschungsarbeit über die Traumatisierungen, denen Kinder während des Holocaust ausgesetzt waren (Keilson 2005). Seine Ergebnisse, die durchaus Hoffnung machen, zeigen, wie wichtig die Nachkriegsbetreuung für die psychische Genesung der Kinder war. Werden Traumatisierte gut »aufgefangen« und ihre Gefühle bestätigt, begünstigt dies die Heilung. Der mentale Raum der Betroffenen weitet sich; statt ständig über alten Gedanken zu kreisen, kann der Traumatisierte neue zulassen.

Rache in der klinischen Praxis – Psychotherapie

Auch in der Psychotherapie werden die Prozesse des Raumschaffens deutlich, wenn der Patient seine inneren und früheren Beziehungen gestaltet. Bei der Gestaltung der Rache bietet sich die Chance, sie zu bearbeiten und ihr in Worten statt in Taten Raum zu geben.

> Martin, der von Bauchschmerzen geplagt wird, kommt in die psychotherapeutische Praxis. Er stößt Plastikfiguren vom Rand des Sofas, sodass diese mit einem Bums auf den Boden fallen. Einige Figuren landen auf den Füßen des Therapeuten. Triumphierend wiederholt Martin das Prozedere Sitzung für Sitzung. Eines Tages erzählt er plötzlich von den Jungen, die ihm auf dem Schulhof Angst einjagen. Martin will sich rächen! Die Plastikfiguren und die Füße des Therapeuten bekommen Martins Zorn zu spüren. Mithilfe des Therapeuten kann Martin beginnen, seine Gefühle gegenüber den Jungen in Worte zu fassen und mögliche Lösungen der bedrohlichen Situation zu formulieren.

Viele Kinder geraten in solche Schwierigkeiten, dass sie Hilfe von außen benötigen – von jemandem, der nicht zur Familie gehört oder nicht Teil ihrer Alltagswelt ist. Dass der Analytiker/Therapeut dem Kind ein Unbekannter ist, macht einen wichtigen Aspekt seiner Rolle aus, soll sich das Kind bei ihm deshalb doch ganz sicher fühlen und ihm ohne Bedenken seine Probleme vermitteln können. Oft geschieht dies zunächst ohne Worte. Der Analytiker, das Praxiszimmer und alles, was sich darin befindet, werden zu einem Bereich, in dem das Kind über Spiel und Fantasie gestalten kann, was es im Inneren bewegt. Die Aufgabe des Analytikers ist es, ein aufmerksamer, toleranter Empfänger zu sein und all das aufzunehmen, was das Kind vermittelt, um die Wahrnehmungen später in eine Sprache zu übersetzen, die für das Kind einen Sinn ergibt.

> Eine Frau berichtet in der Psychotherapie, dass ihr Freund sich am Vorabend nicht wie zugesagt telefonisch gemeldet habe. Er solle sich ja nicht

einbilden, dass sie ihn anrufe! Allmählich kommt der Therapeut mit der Patientin darauf zu sprechen, dass sie sich an ihrem Freund zu rächen wollen scheint, um auf diese Weise ihren Gefühlen aus dem Weg gehen zu können und mit ihrem Freund nicht über ihre Enttäuschung sprechen zu müssen. Sie stimmt dem Therapeuten bei und beginnt zu schildern, inwiefern sie schon seit Längerem argwöhnt, dass sich niemand für ihre Gefühle interessiere.

In psychotherapeutischen Gesprächen gibt es viele Beispiele für Phänomene zwischen Patienten und Therapeuten, die als Rache bezeichnet werden können:

- Der Therapeut sagt eine Sitzung ab, woraufhin der Patient sich unbewusst für die Abwesenheit rächt, indem er die nächste Sitzung wegen einer Geschäftsbesprechung ausfallen lässt.
- Der Patient fühlte sich in seinem Leben verraten. Als »gebranntes Kind, das das Feuer scheut« rächt er sich, indem er dem Therapeuten kein Vertrauen schenkt.
- Der Patient findet, der Therapeut habe nicht genügend Zeit für ihn. Er behauptet, dass ein Bekannter einen Vortrag des Therapeuten gehört und ihm erzählt habe, dass der Vortrag schlecht gewesen sei.

Im klinisch-psychotherapeutischen Zusammenhang kann sich Rache also darin zeigen, dass der Patient die Behandlung bremst oder sabotiert. Ein Patient kann durch Passivität sein Unbehagen darüber ausdrücken, dass der Therapeut alle Macht zu haben scheint; ein anderer Patient kann die Behandlung behindern, um sich an seinen Eltern zu rächen, die sich ein Gelingen der Therapie wünschen.

Der Therapeut seinerseits kann sich rächen, indem er die Schilderungen des Patienten übertrieben aggressiv kommentiert, indem er zu viel schweigt oder indem er Sitzungen erst in letzter Minute absagt. Bestimmte Interventionen können einen besonders rachsüchtigen Beigeschmack bekommen, zum Beispiel wenn der Therapeut wiederholt aufgreift, wie der Patient ihn anscheinend kontrollieren muss. Dieses Bedürfnis sollte der Therapeut eher zu verstehen und in der Gegenübertragung zu bearbeiten versuchen. Dadurch bearbeitet auch der Therapeut seine Racheneigung.

Rache kann nach innen gerichtet werden

Der neunzehnjährige Robert hat Probleme mit Trennung beziehungsweise Nähe und eine unklare sexuelle Identität (M. Laufer/E. Laufer 1998). Er wuchs in einer allzu engen Beziehung zu seiner alleinerziehenden, mit Selbstmord drohenden Mutter auf und macht jetzt eine Psychoanalyse, um Hilfe zu bekommen. Das Ende der Analysestunden erlebt Robert als Abweisung, und er denkt jedes Wochenende darüber nach, wie er sich selbst Schaden zufügen könne. In der U-Bahn auf dem Weg zur Analyse fühlt sich Robert verfolgt. Er glaubt, die anderen Fahrgäste schauen in sein Inneres und sehen, dass er sexuelle Fantasien hat sowie Impulse, diejenigen zu attackieren, die ihm in den Weg kommen. Er hat große Angst, die Kontrolle zu verlieren. Er ist überzeugt davon, dass der Analytiker ihn als unausstehlich abweist. Robert verspätet sich immer mehr zu den Montagssitzungen. Soll der wartende Analytiker sich doch gleich abgewiesen fühlen, wie er sich jedes Wochenende fühlt! Robert sieht Selbstmord als ultimativen Weg, den Analytiker im Stich zu lassen, statt selbst verlassen zu werden. Allmählich kann Robert sehen, dass der Wunsch, den Analytiker anzugreifen, auf ihn selbst zurückschlägt. Das Schuldgefühl über die Wut darüber, dass sein Vater nicht anwesend ist, verstärkt seine Selbstmordgedanken.

In der U-Bahn wird Robert von einem Mann beschimpft. Robert hat den Impuls, den Mann zu schlagen. Er denkt sich aber, dass das wohl nicht so gut wäre. Vielleicht sollte er sich eher in eine Zelle einschließen lassen, damit er niemandem Schaden zufügen kann? Als der Analytiker Roberts Angst vor Kontrollverlust in Verbindung bringt mit den verzweifelten Versuchen, die Wut zu kontrollieren, sagt Robert (M. Laufer/E. Laufer 1998, S. 95; eigene Übersetzung): »Ich versuche, es nicht so zu fühlen. Aber ich glaube fast, dass wenn ich jemandem Schaden zufügen würde, dann Ihnen!«

Dann spricht Robert – was als Rache am Analytiker gedeutet werden kann – davon, dass er Krebs bekäme und im Krankenhaus liebevoll umsorgt werden würde. Schließlich nimmt er aber wahr, wie sein Wunsch, andere anzugreifen, ihn selbst schädigt.

Negative therapeutische Reaktion

Interaktionen wie die obige werden oft als Ausdruck für Neid und Rivalität betrachtet, der Racheaspekt wird aber häufig übersehen. Manchmal schützt sich der Betroffene vor einer Kränkung und überdeckt beziehungsweise hemmt die Rache, indem er eine Entwertung vornimmt – ähnlich dem Fuchs in der Fabel »Der Fuchs und die Trauben«, der behauptet, die Trauben nicht erreichen zu wollen, um nicht eingestehen zu müssen, dass er sie gar nicht erreichen kann.

In der therapeutischen Situation kann sich Neid auf den Therapeuten sogar darin ausdrücken, dass es dem Patienten schlechter geht, obwohl man in der Therapie zu wichtigen und entscheidenden Fragen vorgedrungen ist. Diese sogenannte negative therapeutische Reaktion wird auch zu einer Möglichkeit, Rache zu hemmen, indem Neid auf die Hilfefähigkeiten des Therapeuten ausgedrückt wird.

Oft sind solche Verhaltensweisen gegenüber anderen auch ein unbewusster Versuch zu schildern, was einem widerfuhr. Sie ermöglichen dem Therapeuten, die Gefühlsgeschichte des Betroffenen indirekt zu verstehen.

Therapie von Männern, die Frauen misshandeln

Misshandelte Frauen sind natürlich auf Unterstützung und Beistand aus ihrem Umfeld angewiesen, in vielen Fällen aber auch auf professionelle Hilfe. Diesem Thema widmeten wir uns schon in einem früheren Abschnitt, und wir werden bald auch noch einmal darauf zurückkommen. Zunächst möchten wir jedoch aufzeigen, welche Behandlung Männer brauchen, die Frauen misshandeln, und vor welche Probleme sich Therapeuten in diesem Zusammenhang gestellt sehen.

Es ist ein Mythos, dass Gewalt immerfort wiederholt wird und dass Gewalttätigkeit »unheilbar« ist. Die Erfahrungen des Stockholmer »Manscentrum« (MC, Krisenzentrum für Männer) zeigen, dass die meisten Männer der Gewalt ein Ende setzen können, wenn sie Hilfe bei der Bearbeitung ihrer Probleme bekommen. Auch wenn noch keine systematischen Studien unternommen wurden, hat man den klinischen Eindruck, dass die Rückfallquote gering ist.

Die besten Erfahrungen machte das MC mit geleiteten Selbsthilfegruppen, in denen den Betroffenen gezeigt wird, wie sie mit schwierigen Situationen umgehen können. Um sowohl persönlichen als auch kulturellen Aspekten der

Männergewalt gerecht zu werden, bedient sich das MC bei seinen Interventionen einer nicht-pathologisierenden Psychotherapie mit profeministischer Ausrichtung.

In Norwegen wurde 1987 »Alternativ til Vold« (ATV, Alternative zur Gewalt) initiiert, bei dem man sich vom 1977 in Boston gegründeten Beratungs- und Schulungszentrum zur Problematik der häuslichen Gewalt »Emerge« inspirieren ließ. Bei ATV ist man empathisch-konfrontativ und bei der Suche nach unbewussten Zusammenhängen größtenteils psychodynamisch orientiert. Gewalttätige Männer suchen oft unter äußerem Druck Hilfe, so zum Beispiel wenn ihnen ihre Partnerin ein Ultimatum stellt.

Im Hinblick auf die Untersuchung der Behandlungseffekte scheint uns noch keine Erhebung wissenschaftlichen Ansprüchen gerecht geworden zu sein. Beim MC plant man eine Kooperation mit Forschern, um zu erarbeiten, wie eine evaluierbare Behandlung angelegt werden könnte. Aber noch müssen wir uns mit den Erfahrungsberichten der betroffenen Männer und der Menschen aus deren Umfeld zufriedengeben. Auch wenn unter den behandelnden Fachkräften weitgehend Einigkeit über die Behandlung gewalttätiger Männer herrscht, scheint es uns wichtig, die Forschungslücken und das Fehlen verifizierbarer Fakten zu betonen.

Die Gruppenbehandlung des MC ist unter diesen Gesichtspunkten in verschiedener Hinsicht zweckmäßig:

- Die mangelhafte Fähigkeit zu innerer Mentalisierung und Bearbeitung wird durch die gemeinsame Bearbeitung in der Gruppe ersetzt, bei der man die Probleme erfahren und diskutieren kann, die alle Gruppenmitglieder haben.
- Die Gruppe symbolisiert einen Raum zum Nachdenken, den die Gruppenmitglieder internalisieren können.
- Verbalisieren wird ebenso begünstigt wie Ventilieren von Unsicherheit, Integration und Toleranz für widersprüchliche Emotionen wie beispielsweise Rachegefühle.
- Die Bindung an das MC, die Gruppe und den Gruppenleiter entlastet die kindliche Abhängigkeit von und die Kontrolle der Partnerin, der in der Folge mehr Bewegungsfreiheit zugestanden werden kann.
- Schließlich können aus der Behandlung Schlussfolgerungen in Bezug auf präventive gesellschaftliche Maßnahmen gezogen werden. Auch hierzu gibt es allerdings noch keine einheitliche, methodisch fundierte Linie;

man hat gerade erst begonnen, praktische Erfahrungen von Therapeuten zu diskutieren, und es bleibt noch vieles wissenschaftlich aufzuarbeiten.

Ausgehend von diesen Punkten, können wir mehrere wünschenswerte Voraussetzungen für die Interventionen im Zusammenhang mit Übergriffen auf Frauen nennen:

- ➢ Die Behandlungsressourcen für Institutionen wie MC und ATV, in denen gewalttätige Männer problemlosen Zugang zu individueller Behandlung und Gruppenbehandlung haben, sind auszuweiten. Entsprechende Einrichtungen sollten in jeder Gemeinde zur Verfügung stehen. Gewalttätige Männer sind behandelbar!
- ➢ Die Gesellschaft muss über Gemeinden und Sozialdienste eine Interventionskette entwickeln, die ein schnelles Eingreifen bei häuslicher Gewalt möglich macht. Tabuisierung, Distanzierung und passive Zuschauerschaft sind fehl am Platz. Frauen müssen ihre Partner im Sinne eines frühzeitigen Ultimatums gegen die Gewalttätigkeit an Institutionen wie das MC verweisen können.
- ➢ Die Gesellschaft hat dafür zu sorgen, dass Fachkräfte, die mit Kindern arbeiten, und andere Erwachsene ihr Augenmerk auf junge Menschen richten, die mit Gewalt und Alkoholmissbrauch aufwachsen.
- ➢ Die Schule muss sich mit der Situation solcher Kinder auseinandersetzen und ihnen empathische Erwachsene zur Seite stellen. Indem sie Themen wie Gleichberechtigung und Dominanz aufgreift, muss sie versuchen, psychische Gegengewichte zu finden.
- ➢ Sowohl Jungen als auch Mädchen müssen dabei unterstützt werden, die Fähigkeit zu entwickeln, Grenzen gegen psychische und physische Gewalt zu setzen. Anti-Mobbing-Gruppen müssen aktiv gegen die Entwertung von Schülern vorgehen.
- ➢ In den Schulen ist für Möglichkeiten des Raumschaffens zu sorgen, sodass der Einzelne über belastende Konflikte nachdenken und sprechen kann.
- ➢ Der Umgang der Medien mit Gewalt sowie mit Dominanz und Unterwerfung muss in den Schulen hinterfragt und diskutiert werden. Der Konsum von Filmgewalt hat wahrscheinlich destruktive Wirkung auf unsichere Jungen und muss überdacht werden.

- Es sind Programme zu entwickeln, in deren Rahmen die positiven Fähigkeiten und Ressourcen von Männern betont werden und bei denen an der männlichen Beschützerfähigkeit und Widerstandskraft gegen Gewalttätigkeit gearbeitet wird. Dies kann beispielsweise geschehen, indem man bestimmte Aspekte der in den Krisenzentren geleisteten Interventionen in die Öffentlichkeit und Schulen trägt.
- Die Gesellschaft muss noch stärker Stellung nehmen, zum Beispiel indem sie sich ideologisch und juristisch von Gewalt, Kontrolle und Dominanz gegenüber Frauen distanziert.

Dem Traumatisierten zuhören

Eigene Verletzlichkeit

Wie wird man als Zuhörer von Biografien beeinflusst, die Opfer und Täter schildern? Lebensgeschichten über extreme Traumata handeln, besonders im Zusammenhang mit Völkermorden, von Situationen mit unvorstellbaren primitiven Affekten, die zu erleben man sich nicht ausmalen kann (Grubrich-Simitis 1984).

Als Zuhörer können wir jedoch mit möglichst viel Empathie versuchen, uns ein Bild von den Erfahrungen des Betroffenen zu machen und gleichsam Zeugen der schmerzvollen Erlebnisse zu werden. Der eigenen Verletzlichkeit wird man sich besonders bewusst, wenn das Gehörte persönlich berührt, wenn der Betroffene durch seine Erzählung vielleicht den Finger auf Wunden eigener Traumatisierungen legt, derer man sich nicht bewusst war.

Einerseits können Holocaust-Überlebende ruandische Völkermord-Überlebende in Gesprächen stützen, haben sie doch ein besonderes Verständnis für deren Situation und können sich mit Entlastungsvorschlägen wie der Schaffung von Denkmälern, Gedenktagen und anderen Symbolen einbringen. Andererseits kann es für sie schwierig sein, die eigenen traumatischen Erlebnisse und die Lebensgeschichte des Erzählenden auseinanderzuhalten. Besonders problematisch wird es, wenn sich Helfer mit unbearbeitetem Trauma zu Betroffenen hingezogen fühlen, denen vergleichbares Unglück widerfuhr, und unbewusst versuchen, über die Leidensgefährten mit den eigenen Schwierigkeiten fertig zu werden. Hier besteht die Gefahr, dass der gemeinsame mentale Raum kleiner wird. Die Erzählung des einen löst die Erzählung des anderen aus, wobei eventuell Katharsis möglich ist. Aber bei dem, was zunächst als seelische Reinigung empfunden wird, kann es sich unter Umständen auch um eine Retraumatisierung handeln.

Eine der Aufgaben als Koordinatorin der Interviews des »Shoah Foundation Institute for Visual History and Education« war für mich, Suzanne Kaplan, geeignete »Paarungen« zwischen Interviewern und Interviewten zu finden (Kaplan 2008). Interessant dabei war, dass die Befragten im Hinblick auf Alter, Religion und Geschlecht der Befragenden keineswegs ähnliche Präferenzen hatten. So war es zum Beispiel durchaus nicht selbstverständlich, dass sich eine ältere Jüdin unbedingt von einer älteren Interviewerin jüdischer Religion befragen lassen wollte. Es kamen alle »Kombinationen« vor. Offenbar ist also nicht immer die nach außen mustergültig erscheinende Zusammenstellung die wirklich ideale »Kombination«, und die individuellen Bedürfnisse des Einzelnen sind gründlich zu ermitteln. Nicht nur Traumatherapeuten, sondern auch beste Freunde oder Nachbarn, Lehrer oder Arbeitskollegen, Polizisten oder Vertreter anderer Behörden können als interessierte und sensible Zuhörer im Verlauf ihres Lebens in die traumatischen Erlebnisse eines Mitmenschen eingeweiht werden.

Was bringt Menschen dazu, mit Traumatisierten zu arbeiten?

Für den – beruflich oder ehrenamtlich tätigen – Zuhörer besteht eine besondere Herausforderung darin, dass er für den Erzählenden Hoffnung verkörpert, Hoffnung auf Veränderung seines Lebens. Der Traumatherapeut muss den Betroffenen darüber hinaus auf professionelle Weise »auffangen«, dem Betroffenen ein Modell für Affekttoleranz sein und ihm zeigen, dass man starke Emotionen aushalten kann, dass man an ihnen nicht zerbricht, selbst wenn es sich so anfühlen mag. Ein erfahrener Therapeut kann auch verdeutlichen, wie es möglich ist, Gefühle zu identifizieren und zu regulieren, die dem Betroffenen nicht handhabbar erscheinen. So kann sich der Betroffene weniger hilflos fühlen und mehr Kontrolle über seine Existenz gewinnen. Die Gegenübertragung des Therapeuten kann natürlich von persönlichen Faktoren wie dem eigenen Alter, den eigenen Traumaerlebnissen und der eigenen Arbeitsmotivation beeinflusst werden. Der Therapeut braucht Kollegen, mit denen er sich im Hinblick auf die Traumaarbeit austauschen kann. Denn die Schwierigkeiten, die der Therapeut bei seiner Arbeit erlebt, können in ein stellvertretendes Trauma münden. Schenkt man der eigenen Verletzlichkeit und dem Verschleiß der eigenen Kräfte keine Beachtung, ist es durchaus nicht risikolos, während längerer Zeit mit traumatisierten Menschen zu arbeiten (Gentry et al. 2004). Um beim Therapeuten frühe Signale eines stellvertretenden Traumas feststellen zu können, ist Supervision von größter Bedeutung (Kihlbom 2004).

Stellvertretendes Trauma

In den letzten Jahren begann man sich mit den Belastungen zu befassen, denen Traumatherapeuten ausgesetzt sind (Kihlbom 2004). Man spricht in diesem Zusammenhang von stellvertretendem Trauma und sekundärem traumatischem Stress. Forschungsergebnisse hierzu stammen vor allem von Untersuchungen der therapeutischen Arbeit mit sexuell Ausgebeuteten, aber auch mit Holocaust-Überlebenden und Folteropfern. Der Aufbau einer therapeutischen Beziehung ist für den Traumaüberlebenden die eigentliche Therapie (Yassen, in: Pearlman/Saakvitne 1995). Mit dem Ausdruck »stellvertretendes Trauma« benennt man das Trauma des Patienten, das zum Trauma des Therapeuten geworden ist. Der Begriff »sekundärer traumatischer Stress« bezeichnet die Wirkung des Patiententraumas auf den Therapeuten sowie auf die Familie und Freunde des Patienten. Um die besondere Belastung hervorzuheben, die dadurch entsteht, dass der Therapeut mit dem Patienten in einer empathischen Beziehung bleiben muss, wird in diesem Zusammenhang auch von »compassion fatigue« (Mitgefühlsmüdigkeit) gesprochen (Figley, in: Pearlman/Saakvitne 1995, S. 280). Therapeuten müssen Tag für Tag mehrere schwere Übertragungen erdulden. Vielen Therapeuten fehlte die Begrifflichkeit, um belastende Phänomene wie das stellvertretende Trauma und die Mitgefühlsmüdigkeit zu benennen, praktische Erfahrung zur Annäherung an den Hilfesuchenden und ein Team, das ihnen zu verstehen hilft, welche Bedeutung sie als Therapeuten für den Genesungsprozess haben (Pearlman/Saakvitne 1995). Es gibt spezifische Risiken der Gegenübertragung, nämlich wenn der Therapeut zum Schutz vor seiner Hilflosigkeit ein Gefühl der Omnipotenz entwickelt oder sich mit der Wut und Trauer des Patienten identifiziert (Herman, in: Pearlman/Saakvitne 1995). Der Therapeut läuft einerseits Gefahr, eine vermeidende Haltung einzunehmen, andererseits riskiert er, sich zu stark mit seinem Patienten zu identifizieren.

Gleichzeitig muss man die Gegenübertragung des Therapeuten als wichtige Informationsquelle nutzen. Das Augenmerk auf den relationellen Raum zwischen Patienten und Therapeuten zu richten, bedeutet auch, der Geschichte, den Gefühlen, den Werten, der Abwehr und den unbewussten Prozessen des Therapeuten Aufmerksamkeit zu schenken. Dabei stellt sich die Frage nach der Bedeutung der Gemeinsamkeiten respektive Unterschiede zwischen Therapeuten und Patienten für den therapeutischen Prozess, für eine eventuelle Überidentifikation, die die Bearbeitung behindern kann, und für die Kraft des Therapeuten bei der Behandlung.

Die amerikanischen Psychotherapeuten Laurie Pearlman und Karen Saakvitne (1995) beschreiben sieben Komponenten einer relationellen und neuschaffenden analytischen Traumatherapie:

1. Sie betonen die eigene Kapazität des Selbst des Überlebenden, besonders die Affekttoleranz. Überlebende haben oft große Schwierigkeiten, mit ihren emotionalen Erfahrungen umzugehen. Im Zusammenhang mit starken Gefühlen können sie sich überschwemmt oder dissoziiert fühlen oder emotional verstummen.
2. Der Therapeut muss echte emotionale Anteilnahme zeigen. Er darf kein stiller Experte sein, sondern muss offen sein für die eigenen Beobachtungen und die seines Patienten und auch Fehler eingestehen können.
3. Besonders bei traumatisierten Personen ist der Fokus weniger auf die Übertragung als vielmehr auf die therapeutische Beziehung zu richten.
4. Der Therapeut muss beachten, dass sich die Übertragung bei schwer Traumatisierten anders gestaltet als bei sonstigen Patienten.
5. Der Therapeut muss die Rolle der Dissoziation hinsichtlich der Reaktion auf das Trauma verstehen.
6. Der Aufklärung in Bezug auf psychische Mechanismen bei einer Traumatisierung kommt große Wichtigkeit zu, so zum Beispiel was Fragen betrifft wie: Welche Abläufe sind für eine Traumatisierung typisch? Welche Effekte haben traumatische Ereignisse? Wie kann der Betroffene mit seinen Symptomen umgehen?
7. Rahmen- und Grenzverhandlungen: Patienten mit schweren Traumata im Zusammenhang mit Vertrauen und Sicherheit in der Beziehung kämpfen

darum, nicht die Kontrolle über Nähe und Distanz zu verlieren. Sie sind auf unterschiedliche Weise darum bemüht, in der Therapie ihre Furcht und ihr verletzliches Selbstwertgefühl zu beherrschen.

Es ist denkbar, dass eine erfolgreiche Psychotherapie, physische Genesung, reparative Gerechtigkeit und möglicherweise Versöhnung zusammenwirken und für langfristige Sicherheit sorgen. Diese Faktoren unterhalten die Gewalt nicht, sondern wandeln sie um. Hass und Rache sorgen nur scheinbar für Entlastung (Weingarten 2003).

Interview mit einem Traumatherapeuten

Wir befragten einen Traumatherapeuten zu seiner Arbeit (Wretling 2005; sämtliche Interviewauszüge in eigener Übersetzung). Er meint, dass für den Helfer Täterhandlungen am schwersten zu ertragen sind. Solche Handlungen, die begangen wurden, oder mörderische Impulse im Alltagsleben. Das Schwarzweißdenken, das Patienten haben können, wenn sie unbearbeitete Erlebnisse in sich tragen.

»Mir fällt ein Mann ein, der als Junge Opfer extremer Übergriffe vonseiten seiner Mutter wurde. Er hat kein positives Mutterbild. In ihm gibt es kein Umhegen, kein Verzeihen, kein Verstehen.

Wenn ich ihn zurückführe, tauchen meistens Situationen aus der Zeit vor dem Gefängnis auf. Situationen, die von Ausgeliefertsein und Einsamkeit und oft von physischem Schmerz handeln. Nicht selten von den Eltern verursachte Situationen.

Es ist unerhört schwer, sich alles Böse der Welt vorzustellen und jemandem als Helfer und Behandler beizustehen, der in einer früheren Lebensphase enorme Bösartigkeit erfuhr. Ich meine, diese Menschen waren furchtbaren Dingen ausgesetzt. Aber wir vertrauen trotzdem darauf, dass es Gutes gibt, dass ein Heilungsprozess möglich ist. Und wenn man sich dann einer Person annähert, die das Gute nie erlebt hat, die nicht glaubt, dass es Gutes gibt, geht es nicht um ein Reparieren. Dann geht es um einen Aufbau, ja, vielleicht mitten im Leben oder vielleicht später und im Zusammenhang mit einer Exilproblematik. Dann ist es oft so, dass diese Menschen die Wirklichkeit aufteilen, dass sie das Geschehene wiederholen, entweder indem sie selbst erneut zu

Betroffenen werden oder andere Menschen aggressiven Impulsen aussetzen. Sie haben riesige Schwierigkeiten mit zwischenmenschlichen Kontakten, damit, gute Eltern zu sein – wenn es ihnen überhaupt gelang, Eltern zu werden – und damit, ihren Platz in unserer Gesellschaft zu finden, auch im Hinblick auf das Arbeitsleben usw. Etwas in ihren Erzählungen kann Auslöser dafür sein, dass ich mich gefühlsmäßig von der Schilderung entferne.«

»Um welchen Aspekt kann es sich da handeln?«

»Ja, vor allem, wenn es um Schwarzweißdenken geht. Ja, genau … Er, von dem ich zu Beginn sprach, findet, dass alle Frauen geistig beschränkt sind. Und dann muss man aufpassen, nicht selbst damit überschwemmt zu werden. Dann geht es darum, nicht einfach lakonisch beizupflichten, sondern etwas zurückgeben zu können, das dazu beiträgt, dass er über seine eigenen Gedanken reflektieren kann. Aber wenn man die ganze Zeit das Gefühl hat, sich die Zähne daran auszubeißen, passiert es leicht, dass man die andere Position einnimmt und überschwemmt wird oder sich von dem Berichteten entfernt.«

»Du wirst überschwemmt. Derartige Kommentare füllen die Therapiestunde. Was ist dann der nächste Schritt?«

»Es ist unerhört schwer, die Hoffnungslosigkeit in einen Kontext zu stellen und einen Reifungsprozess zu durchlaufen, der dazu beiträgt, dass man Nuancen in diesem Massiven ausmachen kann und dass man zu Dingen, die einem im Leben zustoßen, neu Stellung nehmen kann.«

»Du nanntest subtile Rachehandlungen, erwähntest zum Beispiel die Episode mit der Tochter in der Schule. Ich erinnere mich, dass wir von Racheaspekten sprachen.«

»Ja, aber es geht wohl darum, dass der Patient während seiner Schulzeit selbst eine Episode der Gewalt hatte. Er wurde also in einem autoritären Schulsystem vom Lehrer eine Zeit lang gezüchtigt, was schließlich dazu führte, dass er den Lehrer selbst niederschlug. Und dann dafür bestraft wurde. Ins Gefängnis gesetzt und geschlagen wurde – nicht systematisch gequält, aber geschlagen. Da war der Patient 13, 14 Jahre alt. Und dann, 25 Jahre später in Schweden, ergeht es seiner Tochter in der Schule sehr schlecht. Sie hat Lernprobleme und fühlt sich von ihren Kameraden ausgestoßen. Er vermittelt mir einen Zorn und eine Handlungskraft, dass er sich rächen und hier in der schwedischen Schule auf die Lehrer losgehen wird, die seine Tochter solchen Dingen aussetzen.«

»Was empfindest du, wenn du das hörst?«

»Meine Aufgabe ist es, das anzunehmen und in dem Moment damit fertig zu werden. Es ist wohl nicht meine Aufgabe, ihn darüber nachdenken zu lassen; das ist ein Schritt, der später kommt. Aber ich glaube, das geschieht allzu selten, und man verbleibt in dieser Hasssituation. Es ist schwer, dorthin zu kommen, dass dem Patienten dieser Hass als etwas Eigenes bewusst wird und dass man darüber diskutieren kann, dass die Situation der Tochter andere, konstruktive Komponenten umfasst.«

»Oft ist es ja so, dass du Träger des Hasses deiner Patienten wirst. Was bedeutet das für deine professionelle Arbeit? Spürst du, was du brauchst, wenn du dein Arbeitszimmer verlässt?«

»Ich muss mir ins Gedächtnis zurückrufen, dass mir Erlebnisse aus der Wirklichkeit geschildert werden, dass die Welt der Erzählenden so aussieht; diese Personen können auch in unserer Gesellschaft gekränkt werden.«

»Kommt es vor, dass du jetzt und hier von den Rachefantasien der Patienten erfährst?«

»Ja, es kann sich zum Beispiel um Fantasien von Briefbomben an Beamte handeln. Man muss das auch so zurückgeben, dass der Patient leichter damit umgehen kann. Die Supervision hilft mir dabei, Grenzen zu setzen. Dabei lerne ich auch mehr über die verschiedenen Techniken, die ich anwende; die Freude, die Neugier und das Interesse an meiner Arbeit kommen zurück.

Man muss versuchen, an die Kollegen zu denken, und sich vor Augen halten, dass wir viele sind, die sich darum bemühen, das Böse zu bezwingen. Denn manchmal gelingt es mir in meinem ›einsamen Kämmerlein‹ fast nicht, daran zu glauben, dass meine Anstrengungen wichtig und nützlich sind.

Am schwierigsten ist es, mit unmenschlichen Verlusten, mit unmenschlichem Verhalten umzugehen. Dingen ausgeliefert zu werden, denen ein Mensch einfach nicht ausgesetzt werden sollte: Also diesen kompletten Brüchen mit all dem, was wir nach menschlichem Ermessen brauchen, wie wir nach menschlichem Ermessen miteinander umgehen müssen, damit es uns gut geht; natürlich mit all dem, was hinter Gefängnismauern geschieht, was damit zu tun hat, Menschen planmäßig zu brechen. Alle Formen systematischer Folter wurden im Verlauf der Jahrtausende ja immer mehr verfeinert, um Individuen zu brechen. Und beim Hören wird das ja doch in einen Zusammenhang gebracht. Das wird von einem Staat zu diesem Zweck ausgeführt. Man kann sich professionell verhalten. Aber besonders schwierig wird es, wenn diese Individuen auch mit denselben Methoden von Personen behandelt wurden, die auf ihrer Seite stehen müssten.«

Überlegungen zum Interview

Beim Interview fiel uns besonders auf, wie der Therapeut die Schwierigkeiten bei der Arbeit mit Traumatisierten betonte, die Gefängnis und Folter erlebt hatten. Solche menschenunwürdigen Erfahrungen stellen für die Betroffenen, die bereits von familiärer Gewalt betroffen waren und deshalb besonders verletzlich sind, die Wiederholung eines Bindungstraumas dar. Diejenigen, die in der Gegenwart besonders schlecht mit früheren Erfahrungen von Folter und Gefängnis umgehen können, sind diejenigen, die bei diesen Erfahrungen schwere Kindheitserlebnisse im nahen Umfeld wieder erlebt hatten.

Sind Bindungstraumata eine Folge autoritärer Systeme in bestimmten Ländern? Hat dies zur Konsequenz, dass Traumata von einer Generation auf die nächste weitergegeben werden, mit traumatisierten jungen Eltern, die ihre Kinder misshandeln? Und wie kann man in diesem Fall mit Betroffenen arbeiten, die so tiefe Störungen haben?

Bei der Arbeit mit gefolterten und traumatisierten Flüchtlingen wird dem Therapeuten große Flexibilität abverlangt. Er muss zwischen prozessorientierter Psychotherapie und unterstützender Hilfeleistung inklusive praktischer Maßnahmen pendeln. Die Therapeutenrolle ist eine Herausforderung im Hinblick auf die Gesinnung des Therapeuten. Es ist nur mit Schwierigkeiten auszumachen, wann der Therapeut eine reine Projektionsfläche für die Rachefantasien des Patienten darstellt und wann sich seine Introjektionen der projektiven Identifikationen des Patienten wie Rachefantasien mit seinen (möglicherweise latenten) Ansichten in Bezug auf den gesellschaftlichen Umgang mit Flüchtlingsfragen überschneiden.

Der Traumatherapeut kam im Interview auch darauf zurück, wie wichtig es ist, bei der Arbeit die Hoffnung nicht zu verlieren, und sich mit seinem Supervisor oder mit Kollegen über das Therapeuten-Patienten-Verhältnis auszutauschen.

Besonders schwierig scheint es auch zu sein, Menschen zu behandeln, die in sektenähnlichen Organisationen selbst Täter waren. Müssen sie mit Menschen mit generalisierender und intellektualisierender Abwehr arbeiten, die nicht dazu bereit sind, über die eigene Verantwortung zu sprechen, reagieren Therapeuten oft mit körperlichen Beschwerden wie Magenschmerzen. Eine solche Arbeit kann als übermächtige Aufgabe im Hinblick auf die eigene Gegenübertragung erlebt werden. In diesem Zusammenhang können wir an

Hatzfelds Interviews erinnern, bei denen die befragten Täter Allgemeinplätze landen oder sich hinter der Gruppe, Behörden oder der Regierung verstecken, statt Verantwortung für das eigene Handeln zu übernehmen.

Begriffsmodelle und Rache

Die Wege des Zorns und der Rache werden in meinem, Suzanne Kaplans, Buch »Children in Genocide – Extreme Traumatization and Affect Regulation« beleuchtet (2008, erscheint 2010 auf Deutsch). Dort erläutere ich auch den Affektpropeller, den ich im Zusammenhang mit meinen Tiefeninterviews mit Juden, die den Holocaust als Kinder überlebt hatten, und mit jugendlichen Überlebenden des Genozids in Ruanda, schuf. Mit diesem analytischen Instrument kann die Affektregulierung eines Individuums im Verlauf eines traumatischen Prozesses erfasst werden. Damit wird es möglich, destruktive psychologische Phänomene zu verdeutlichen und gleichzeitig die Möglichkeiten des Raumschaffens aufzuzeigen. Für verschiedene Aspekte der Rachespirale haben wir in diesem Buch Denkmodelle entwickelt, mit denen wir besonders die Dynamik von Rache und Wiedergutmachung veranschaulichen.

Der Entwurf einer Theorie ist der Versuch, die Wirklichkeit zu ordnen. Aber natürlich kann man die Wirklichkeit nicht ein für allemal begreifbar machen. Einerseits besteht das Risiko, dass man, »um eine hübsche Theorie zu bekommen, das Irrationale aus der Psyche wegdefiniert«. Und teilweise »können wir uns nicht in eine traumatische Situation einfühlen – das Traumatische einer Situation ist eben genau das, was an ihr nicht erlebbar ist [...]. Einzig der zerfetzte Rand des Loches – zerrissene Fäden noch sinnvoller Erlebnisse, die ein schmerzliches Nichts umgeben – verleiht dem Trauma Spuren der Begreifbarkeit« (Pösttényi 1996, S. 4–15; eigene Übersetzung). Man entwirft ein Modell dazu, wie man ein Phänomen betrachten und wie man darüber sprechen wird. Vielleicht sieht man auch etwas, das in den bis dahin verwendeten Modellen verborgen geblieben war.

Abschließende Diskussion über das Phänomen der Rache

Tomas Böhm: Für viele scheint es keine Alternative zu Rache zu geben. Aber man weiß ja nicht, wie man selbst reagieren würde: Würde man zum Täter oder vielleicht zum Retter? Das hängt natürlich von den inneren Gegengewichten und von der eigenen Identität im Verhältnis zur Gruppe usw. ab.

Suzanne Kaplan: Das Wort »Gegengewicht« lässt mich auch an die Diskussion über eine »positive Rache« denken! Was macht ein gemobbtes Kind, damit es nicht selbst zum Schikanierer wird? Wie kann man auf eine wohldosierte Weise und mit positiver Selbstbehauptung die Balance wiederherstellen? Kinder erwarten doch, dass Erwachsene ihnen auf der Straße oder in der Schule helfen!

Tomas Böhm: Ja, aktive Zeugen sind wichtig. Die Gesellschaft muss schwächeren Gruppen helfen. Im Bezug auf »positive Rache« glaube ich, dass nicht richtig zwischen Rache und Rachefantasien unterschieden wird. Ich glaube, dass die Fantasie sublimiert wird, während Rache eine unveränderliche Handlung ist. Sie richtet Schaden an und kann nicht sublimiert werden.

Suzanne Kaplan: Vielleicht werden mit »positiver Rache« ja auch Handlungen bezeichnet, die Genugtuung verschaffen, ohne dass dem anderen Schaden zugefügt wird, Handlungen sozusagen, die von der eigenen Aggressivität aufgebaut werden und das Selbstwertgefühl aufblasen. Um seine Fantasien äußern zu können, muss man sich – besonders als Kind – darüber klar sein, dass es möglich ist, über das Geschehene zu sprechen. Das setzt natürlich einen potenziellen Zuhörer voraus, der sich auch auf einen schwierigen Menschen einlässt. Metaphorisch sagt man ja, dass man sich zum Schutz vor innerer Verletzlichkeit ein dickes Fell zulegen muss. Eine solche Dickfelligkeit kann andere aber auch geradezu abschrecken. Je härter zum Beispiel adoleszente Schüler auftreten, desto mehr Verletzlichkeit müssen sie wohl schützen. Daran denkt man vielleicht nicht sofort, wenn man mit so einem Jugendlichen konfrontiert wird. Wie sollen Menschen es also mit Zuversicht wagen, an der harten Schale vorbei zum weichen Kern des anderen vorzudringen, ohne dass dessen Schale noch dicker wird?

Tomas Böhm: Das lässt mich an Emmerich Roth denken, der die »Hasser«, mit denen er arbeitet, zum Reden bringt. Vertrauen und Dialog sind Schlüsselwörter; Härte kann als Verängstigung und Verletzlichkeit angesehen werden.

Suzanne Kaplan: »Positive Rache« ist wohl ein Widerspruch in sich. Allerdings gibt es ein Bedürfnis danach, wieder Selbstachtung zu erlangen und Wut und Enttäuschung in sublimierten – sozial akzeptierten – Formen Lauf zu lassen. Aber das lässt mich auch an die subtile Rache im Alltag denken, der man oft keine Beachtung schenkt. Der eine lässt das schmutzige Geschirr im Spülbecken stehen, und der andere reagiert darauf, indem er am nächsten Tag später von der Arbeit heimkommt. Solche kleinen Rachezwischenfälle summieren sich im Laufe der Jahre vielleicht auf, und am Schluss weiß man nicht mehr, wie alles angefangen hat! Manchmal ist das Erlebnis noch subtiler: Man kann den Prozess nicht nachvollziehen, sondern merkt nur, dass man sich in der Rachespirale plötzlich auf einem anderen Niveau befindet. Was meinst du, sind unsere Gedankengänge zur zirkulären Rache klar geworden?

Tomas Böhm: Ich hoffe es. Aber ich wollte auch noch sagen, dass ja nicht alle Opfer zu Tätern werden, selbst wenn Potenzial vorhanden ist. Wir diskutierten die Bedeutung von Mentalisierung, Raumschaffen und Gegengewichten. Aber eine andere Frage ist die, ob es Gewalt ohne Racheaspekte gibt. Weil Gewalt eine primitive Reaktion ist, die »im Eifer des Gefechts« stattfindet, schafft sie Raum für Rache. Aber was ist mit überlegter Gewalt wie Folter und Völkermord? Dort ist der Racheaspekt wohl verborgener oder hat andere Quellen. Dies sieht man zum Beispiel bei gewalttätigen Ehemännern und anhand der sozialpsychologischen Mechanismen im Iraker Abu-Ghuraib-Gefängnis, wo die Machtmissbrauchenden sich wohl älteren inneren Rachequellen ihres »fremden Selbst« bedienen.

Suzanne Kaplan: Jede Situation ist unterschiedlich stark von Racheaspekten geprägt. Wenn jemand barsch sagt: »Hier dürfen Sie nicht parken!«, kann jemand, der empfindlich ist, das als kränkende Verletzung erleben und sich rächen. Derjenige, der leicht zu kränken ist, hat sich in seinem Leben vermutlich nicht genügend verstanden gefühlt. Er rächt sich durch eine überproportional starke Wut, mit der er den anderen gleichsam zunichtemachen will. Bei Völkermordereignissen entsteht unter den Tätern ein erregter, manischer Rausch, der oft durch Alkohol intensiviert wird. Ich muss an die ruandischen Jugendlichen denken, die uns fragte: »Wie seht ihr Europäer uns? Wie sonderbare Monster?« Es war, als ob das Selbstbild zerstört worden wäre, das Opfer wurde gleichsam dadurch beschmutzt, dass es einen Völkermord erlebt hatte. Aber wenn man erhitzte Personen frühzeitig davon abhalten kann, vorschnell zu handeln, sie beruhigen und zum Nachdenken bringen kann, besteht oft auch die Chance, dass sie auf Rachehandlungen verzichten.

Tomas Böhm: Beim Schreiben erkannten wir Neid als Vergleichsmechanismus, bei dem Kränkung aus allzu großen Unterschieden erwachsen kann, die nicht anerkannt werden. Mit dem Anerkennen der Geschehnisse wird Racheverzicht und Versöhnung möglich.

Suzanne Kaplan: Was sind also unsere Schlüsselwörter? Wir haben versucht, psychologische Phänomene zu beschreiben, bei denen viele Faktoren zusammenwirken – Angst und intensive Affekte wie Demütigung, Gekränktheit und Neid.

Tomas Böhm: … innere Gegengewichte, äußere Hilfe, Anerkennen, horizontale und vertikale Beziehungen, Vorurteile …

Suzanne Kaplan: … Raumschaffen, Mentalisierung und Versöhnung.

Tomas Böhm: Wir haben einen klassischen Dualismus zwischen Individuum und Situation beschrieben – mit Rache im Fokus …

Literatur

Åkesson, P. (2005): Vi krigar mot svenskarna. Unga rånare om hur och varför de begår brott. Research Reports, Network for Research in Criminology and Deviant Behaviour at Lund University, Nr 3.

Alberoni, F. (1991): Avund. Göteborg (Bokförlaget Korpen).

Arriaga, X.; Oskamp, S. (Hg.) (1999): Violence in Intimate Relationships. London (Sage).

Asch, S. (1956): Opinions and Social Pressure. Scientific American 193, 31–35.

Bar-Tal, D. (1998): Societal Beliefs in Times of Intractable Conflict: The Israeli Case. The International Journal of Conflict Management 9, 22–50.

Bar-Tal, D. (2000): From Intractable Conflict through Conflict Resolution to Reconciliation: Psychological Analysis. Political Psychology 21 (2), 351–365.

Bauman, Z. (1989): Modernity and the Holocaust. Ithaka (Cornell University Press).

Beattie, H. J. (2005): Panel on Revenge. Journal of the American Psychoanalytic Association 53, 513–524.

Berg, L. (2001): Rwanda i stort »rättsexperiment«. Stockholm: Dagens Nyheter, 07.12.2001.

Berg, L. (2005): Magiska föreställningar i Rwanda. Stockholm: Dagens Nyheter, 05.10.2005.

Bion, W. (1967): Second Thoughts. London (Mark Paterson).

Bloom, S. (Hg.) (2001): Violence, a Public Health Menace and a Public Health Approach. London (Karnac Books).

Bond, M. (2004): Culture and Aggression. Personality and Social Psychology Review 8, 62–68.

Bracken, P.; Giller, J. & Summerfield, D. (1995): Psychological Responses to War and

Atrocity; the Limitations of Current Concepts. Social Science Medicine 40, 1073–82.

Brounéus, K. (2008): Rethinking Reconciliation. Concepts, Methods, and an Empirical Study of Truth Telling and Psychological Health in Rwanda. Report Number 81, Dissertation, Uppsala University, Department of Peace and Conflict Research, S. 3–74.

Browning, Ch. R. (1999): Ganz normale Männer: Das Reserve-Polizeibataillon 101 und die »Endlösung« in Polen. Reinbek bei Hamburg (Rowohlt).

Burstein, M.; Narrowe, M. & Rubinstein, H. (2006): Denna afton. Stockholm (Hillelförlaget).

Böhm, T. (1998): Att ha rätt. Stockholm (Natur och Kultur).

Böhm, T. (2001): Kärleksrelationen. Stockholm (Natur och Kultur).

Böhm, T. (2003): Mäns våld mot kvinnor. Insikten 5 (12), 20–27.

Böhm, T. (2004a): Wiener Jazz Trio. Nierstein am Rhein (Iatros-Verlag).

Böhm, T. (2004b): Bortresta. Göteborg (Lindelöfs förlag).

Böhm, T. (2005): Nicht wie wir! Psychologische Aspekte zu Fremdenfeindlichkeit und Rassismus. Nierstein am Rhein (Iatros-Verlag).

Böhm, T. (2006a): Passiva åskådare. Hintergrundinformationen für die Ausstellung »Spelar roll« des Forum för Levande Historia, Stockholm.

Böhm, T. (2006b): Psychoanalytic Aspects on Perpetrators of Genocide. Experiences in Rwanda. Scandinavian Psychoanalytic Review 29 (1), 1–11.

Carnahan, T.; McFarland, S. (2007): Revisiting the Stanford Prison Experiment: Could Participant Self-Selection Have Led to the Cruelty? Personality and Social Psychology Bulletin 33 (5), 603–614.

Carp, O. (2006): Barnteater ger hopp i Jenin. Svenska Dagbladet, 23.02.2006.

Columbia Guide to Standard American English, The (1993): http://www.bartleby.com/68/.

Damasio, A. R. (2002): Ich fühle, also bin ich: die Entschlüsselung des Bewusstseins. München (Ullstein-Taschenbuchverlag).

Darley, J.; Bateson, C. (1973): From Jerusalem to Jericho: A Study of Situational and Dispositional Variables in Helping Behaviour. Journal of Personality and Social Psychology 27, 100–08.

Dawes A.; Tredoux, C. & Feinstein, A. (1989): Political Violence in South Africa: Some Effects on Children of the Violent Destruction of their Community. International Journal of Mental Health 18, 16–43.

Die Bibel: Luther-Bibel (1984): http://www.bibleserver.com (09/2008).

Dumas, A. (2007): Der Graf von Monte Christo. Berlin (Aufbau-Verlag).

Durham, M. (2000): The Therapist's Encounters with Revenge and Forgiveness. London (Jessica Kingsley Publ.).

Eliasson, P. E. (2000): Män, kvinnor och våld. Stockholm (Carlssons Bokförlag).
Ferro, A. (2005): Bion: Theoretical and Clinical Observations, International Journal of Psychoanalysis 86, 1541.
Fiske, S. (2004): © Spiegel online.
Fonagy, P. (1998): Attachment, the Holocaust and the Outcome of Child Psychoanalysis: The Third Generation. Paper, präsentiert auf dem 3. Kongress der European Federation for Psychoanalytic Psychotherapy in the Public Sector, Köln.
Fonagy, P. (1999): Male Perpetrators of Violence Against Women: An Attachment Theory Perspective. Journal of Applied Psychoanalytic Studies 1, 7–27.
Fonagy, P. (2004): Affektregulierung, Mentalisierung und die Entwicklung des Selbst. Stuttgart (Klett-Cotta).
Fonagy, P. (2005): Vortrag, gehalten auf dem 44. IPA-Kongress zum Thema Trauma: Attachment Trauma and Psychoanalysis Meets Neuroscience. New Developments in Psychoanalysis, Rio de Janeiro.
Forum för levande historia (2004): Intolerans. Antisemitiska, homofobiska, islamofobiska och invandringsfientliga tendenser bland unga. Brottsförebyggande Rådet. Stockholm (BRÅ).
Freud, A. (1994): Das Ich und die Abwehrmechanismen. Frankfurt am Main (Fischer-Taschenbuch-Verlag).
Freud, S. (1923a): Massenpsychologie und Ich-Analyse. Leipzig (Internationaler Psychoanalytischer Verlag).
Freud, S. (1923b): Jenseits des Lustprinzips. Leipzig (Internationaler Psychoanalytischer Verlag).
Freud, S. (2003): Trauer und Melancholie. Berlin (Volk und Welt).
Garland, C. (1998): Understanding Trauma: A Psychoanalytical Approach. London (Duckworth).
Gellert, T. (2002): Lasermannen. Stockholm (Ordfront).
Gentry J. E. et al. (2004): Training as Treatment. International Journal of Emergency and Mental Health 6, 147–155.
Gilbert, G. M. (1977): Nürnberger Tagebuch. Frankfurt am Main (Fischer-Taschenbuch-Verlag). Zitiert nach: http://de.wikiquote.org/wiki/Hermann_Göring (09/2008).
Glaser, B. (1978): Theoretical Sensitivity: Advances in the Methodology of Grounded Theory. Mill Valley CA (Sociology Press).
Goldschmidt, L. (Hg.) (1897–1935): Der babylonische Talmud. Berlin (Calvary), Leipzig (Harrasowitz), Haag (Nijhoff).
Gourevitch, Ph. (2008): Wir möchten Ihnen mitteilen, daß wir morgen mit unseren

Familien umgebracht werden: Berichte aus Ruanda. Berlin (Berliner-Taschenbuch-Verlag).

Grubrich-Simitis, I. (1984): Vom Konkretismus zur Metaphorik. Gedanken zur psychoanalytischen Arbeit mit Nachkommen der Holocaust-Generation. Psyche – Z Psychoanal 1, 1–28.

Haffner, S. (2002): Geschichte eines Deutschen: Die Erinnerungen 1914–1933. München (Dtv).

Hatzfeld, J. (2004): Zeit der Macheten. Gespräche mit den Tätern des Völkermordes in Ruanda. Gießen (Haland & Wirth im Psychosozial-Verlag).

Heberlein, A. (2008): Det var inte mitt fel. Om konsten att ta ansvar. Stockholm (ICA bokförlag).

Hellquist, E. (1922): Svensk Etymologisk Ordbok (Projekt Runeberg). Lund (Gleerups Förlag).

Helmreich, W. B. (1992): Against All Odds: Holocaust Survivors and the Successful Lives They Made in America. New York (Simon & Schuster).

Hjärpe, J. (2005): Den som behandlas som terrorist blir det. Svenska Dagbladet, 15.07.2005.

Hoffman, E. (1999): The Balm of Recognition. In: Owen, N. (Hg.): Human Rights, Human Wrongs. Oxford (Oxford University Press), S. 274–304.

Holmes, J. (1996): Attachment, Intimacy, Autonomy. London (Jason Aronson).

Hydén, M. (1995): Kvinnomisshandel inom äktenskapet: Mellan det omöjliga och det möjliga. Stockholm (Liber).

Hydén, M. (2005): »I must have been an idiot to let it go on«: Agency and Positioning in Battered Women's Narratives of Leaving. Feminism & Psychology 15 (2), 171–190.

Igra, L. (1983): Objektrelationer och psykoterapi. Stockholm (Natur och Kultur).

Igra, L. (2002): Truth, Justice and Reconciliation. Stockholm International Forum, 23.–24.04.2002.

Igra, L. (2004): Die dünne Haut zwischen Fürsorge und Grausamkeit. Nierstein am Rhein (Iatros-Verlag).

Jonge, K., de (2002): Interim Report on Research on Gacaca Jurisdictions and its Preparations, Penal Reform International Research Team, Kigali.

Jonstoij, T. (2004): Rezension in Dagens Nyheter, 11.10.2004.

Kaplan, S. (2002): Children in the Holocaust. Affects and Memory Images in Trauma and Generational Linking. Doctoral thesis, Stockholm University, Department of Education.

Kaplan, S. (2005): Kindheit im Schatten von Völkermord. Massives seelisches Trauma in der Kindheit und seine Folgen. Nierstein am Rhein (Iatros-Verlag).

Kaplan, S.; Eckstein, H. (2004): Kinderchirurg Dr. Alfred Jahn und die Waisenkinder von Kigali. Nierstein am Rhein (Iatros-Verlag).

Kaplan, S. (2005): Children in Africa with Experiences of Massive Trauma. A Research Review. Stockholm (SIDA Department for Research Cooperation), S. 3–56.

Kaplan, S. (2007): Kinder im Völkermord: Extreme Traumatisierung und der »Affektpropeller«. In: Junkers, G. (Hg.): Schweigen. Ausgewählte Beiträge aus dem International Journal of Psychoanalysis. Band 2. Tübingen (Edition diskord), S. 207–240.

Kaplan, S. (2008): Children in Genocide. Extreme Traumatization and Affect Regulation. London (IPA publications). Erscheint 2010 auf Deutsch im Psychosozial-Verlag, Gießen.

Keilson, H. (2005): Sequentielle Traumatisierung bei Kindern: Untersuchung zum Schicksal jüdischer Kriegswaisen, Gießen (Psychosozial-Verlag).

Kernberg, O. (1997): Wut und Hass: über die Bedeutung von Aggression bei Persönlichkeitsstörungen und sexuellen Perversionen. Stuttgart (Klett-Cotta).

Klefbeck, E.-L. (2004): Extremtraumatisering och skam. Psychotherapieexamensaufsatz. Stockholm (Karolinska Institutet).

Klein, M. (1975): Envy and Gratitude and Other Works 1946–1963. The Writings of Melanie Klein, Volume III. London (Hogarth Press).

Kleist, H. (2008): Michael Kohlhaas. Frankfurt am Main (Fischer Taschenbuch-Verlag).

Klintberg, B., af (1996): Why Are There so Many Modern Legends about Revenge? In: Bennett, G.; Smith, P.: Contemporary Legend. A Reader. New York & London (Garland Publishing), S. 261–265.

Koenigsberg, R. (2004): The Logic of the Holocaust: Why the Nazis Killed the Jews, libraryofscience@earthlink.net

Kotek, J. (2004): The Lessons of Rwanda. A Genocide that Could Have Been Prevented. Paper, präsentiert auf The Kigali 10th Anniversary Conference, Kigali.

Krystal, H. (1988): Integration and Self Healing: Affect, Trauma, Alexithymia. Hillsdale (The Analytic Press).

Lansky, M. (2007): Clinical Topics. Unbearable Shame, Splitting and Forgiveness in the Resolution of Vengefulness. Journal of the American Psychoanalytic Association 55 (2), 571–594.

Laub, D. (2005): From Speechlessness to Narrative: The Cases of Holocaust Historians and of Psychiatrically Hospitalized Survivors. Literature and Medicine 24 (2), Fall 2005, 253–265.

Laufer, M.; Laufer, E. (1989): Developmental Breakdown and Psychoanalytic Treatment in Adolescence. New Haven and London (Yale University Press).

Lemarchand, R. (2004): The Politics of Memory and the Prospects for Reconciliation. Vorlesung, gehalten an The Rwandan Genocide of 1994: Lessons Learned Still to Learn of, 05.–06.05.2004, Danish Institute for International Studies.

Lerner, H. (2001): Wohin mit meiner Wut? Neue Beziehungsmuster für Frauen. Frankfurt am Main (Fischer Taschenbuch-Verlag).

Lewin, K.; Lippett, R. & White, R. (1939): Patterns of Aggressive Behaviour in Experimentally Created »Social Climates«. Journal of Social Psychology 10, 271–99.

Lifton, R. J. (1999): The Protean Self-Human Resilience in an Age of Fragmentation. Chicago (The University of Chicago Press).

Lindqvist, S. (2005): Rezension in Dagens Nyheter, 30.11.2005.

Mamdani, M. (2001): When Victims Become Killers. Princeton University Press.

McDermott, R. (2004): Political Psychology in International Relations. Ann Arbor (The University of Michigan Press).

Meltzer, D.; Williams Harris, M. (2006): Die Wahrnehmung von Schönheit: Der ästhetische Konflikt in Entwicklung und Kunst. Tübingen (Edition diskord).

Melvern, L. (2004): Ruanda: Der Völkermord und die Beteiligung der westlichen Welt. Kreuzlingen, München (Hugendubel).

Milgram, S. (1995): Das Milgram-Experiment: zur Gehorsamsbereitschaft gegenüber Autorität. Reinbek bei Hamburg (Rowohlt).

Mironko, C. (2004): Igitero: Means and Motive in the Rwandan Genocide. Journal of Genocide Research 6 (1), 47–60.

Narrowe, M. (2005): En tretvinnad tråd. Stockholm (Bonniers).

Nathanson, D. L. (1994): Shame and Pride: Affect, Sex and the Birth of the Self. New York, London (Norton).

Pagnier, J. (2004): Gacaca Tribunals. Justice and Reconciliation in Rwanda? Master thesis, University of Amsterdam, Department of Cultural Anthropology.

Pearlman, L. (2004): Präsentation, ISPP (International Society of Political Psychology). Lund, Schweden.

Pearlman, L.; Saakvitne, K. W. (1995): Trauma and the Therapist. Countertransference and Vicarious Traumatization in Psychotherapy with Incest Survivors. New York, London (Norton & Co).

Persson, A. (2005): Bodström besviken över beslutet om Östberg. Dagens Nyheter, 01.06.2005.

Piliavin, I. M.; Piliavin, J. A. & Rodin, J. (1975): Costs, Diffusion and the Stigmatized Victim. Journal of Personality and Social Psychology 3, 429–438.

Pöstényi, A. (1996): Hitom lustprincipen: Dröm, trauma, dödsdrift. Divan 3, 4–15.

Pollack, M. (2004): Der Tote im Bunker: Bericht über meinen Vater. Wien (Zsolnay).

Raakil, M. (2000): Treatment for Men Battering Their Partners. Beyond Psycho-Educational Programs. Unveröffentlichte Abhandlung.
Rakita, S. (2003): Rwanda Lasting Wounds: Consequences of Genocide and War for Rwanda's Children. Human Rights Watch 15 (5), 1–74.
Reich, W. (1934): Was ist Klassenbewusstsein? Ein Beitrag zur Diskussion über die Neuformierung der Arbeiterbewegung. Kopenhagen, Paris, Zürich (Verlag für Sexualpolitik).
Reich, W. (1971): Die Massenpsychologie des Faschismus. Köln (Kiepenheuer & Witsch).
Rodenbeck, M. (2005): The Truth about Jihad. New York Review of Books, 11.08.2005.
Rokeach, M. (1960): The Open and Closed Mind. New York (Basic Books).
Rosen, I. C. (2007): Clinical Topics. Essay: Revenge. The Hate That Dare Not Speak Its Name: A Psychoanalytic Perspective. Journal of the American Psychoanalytic Association 55 (2), 585–620.
Roslund, B. (2004): Osannolikt att 52-åringen berättar. Interview, Sydsvenska Dagbladet, 25.11.2004.
Roth, E. (2005): Emerich är mitt namn. Hatet, förnedringen, kärleken. Stockholm (Carlsson).
Schacter, D. (1999): The Seven Sins of Memory: Insights from Psychology and Cognitive Neuroscience. American Psychologist 54, 182–203.
Schacter, D. L. (2001): Wir sind Erinnerung: Gedächtnis und Persönlichkeit. Reinbek bei Hamburg (Rowohlt).
Schore, A. N. (2003): Affect Dysregulation and Disorders of the Self. New York, London (Norton & Co).
Shakespeare, W. (2008a): Romeo und Julia. Weinheim/Bergstraße (Deutscher Theaterverlag).
Shakespeare, W. (2008b): Hamlet. Weinheim/Bergstraße (Deutscher Theaterverlag).
Socarides, C. (1966): On Vengeance. The Desire to »Get Even«. Journal of the American Psychoanalytic Association 14, 356–375.
Staub, E. (1989): The Roots of Evil. Cambridge (Cambridge University Press).
Staub, E. (2000): Genocide and Mass Killing: Origins, Prevention, Healing and Reconciliation. Political Psychology 21 (2), 367–382.
Staub, E. (2003): The Psychology of Good and Evil. Cambridge (Cambridge University Press).
Steiner, J. (1996): Revenge and Resentment in the »Oidipus Situation«. International Journal of Psychoanalysis 77, 433–443.

Stover, E.; Weinstein, H. M. (Hg.) (2004): My Neighbor, My Enemy: Justice and Community in the Aftermath of Mass Atrocity. Cambridge (Cambridge University Press).

Suedfeld, P. (1996): Thematic Content Analyses: Nomothetic Methods for Using Holocaust Survivor Narratives in Psychological Research. Holocaust and Genocide Studies 2, 168–180.

Summerfield, D. (1998): Children Affected by War Must Not Be Stigmatised as Permanently Damaged. British Medical Journal 317, 1249.

Sundh, O. (2003): Seminar über Dissoziation im Rahmen der Seminarserie »Trauma, teori och krisbehandling«, Ericastiftelsen.

Svenska Dagbladet (2005): Främlingen kan bli din vän. Svenska Dagbladet, 09.12.2005.

Swartz, R. (2004): Sonen till en förövare söker svar. Svenska Dagbladet, 26.11.2004.

Valentino, B. (2000): Final Solutions: The Causes of Mass Killing and Genocide. Security Studies 9 (3), 1–62.

van der Kolk, B.; McFarlane, A. & Weisaeth, L. (2000): Traumatic Stress: Grundlagen und Behandlungsansätze; Theorie, Praxis und Forschungen zu posttraumatischem Streß sowie Traumatherapie. Paderborn (Junfermann).

Varvin, S. (2003): Mental Survival Strategies after Extreme Traumatisation. Köpenhamn (Multivers Academic).

Varvin, S. (2004): Dissociation. Unowned Experience. Trauma and the Mind. Vortrag, gehalten auf dem EPF-Kongress in Helsinki, Finnland.

Varvin, S.; Volkan, V. (Hg.) (2003): Violence and Dialogue. London (International Psychoanalytic Library).

Volkan, V. (2005): Blindes Vertrauen. Gießen (Psychosozial-Verlag).

Waller, J. (2002): Becoming Evil. How Ordinary People Commit Genocide and Mass Killing. New York (Oxford University Press).

Weingarten, K. (2003): Common Shock. Witnessing Violence Every Day. How We Are Harmed, How We Can Heal. New York (Dutton Penguin Group).

Weintrobe, S. (2005): Panel on Prejudices. Rio de Janeiro: IPAC.

Wiesenthal, S. (1995): Recht, nicht Rache. Frankfurt am Main, Berlin (Ullstein).

Winnicott, D. W. (2006): Vom Spiel zur Kreativität. Stuttgart (Klett-Cotta).

Wirsén, C.; Wirsén, S. (2004): Små flickor och stora. Stockholm (Bonnier Carlsen).

Wretling, O. (2005): Stiftelsen Röda Korsets Center för torterade flyktingar. Interview.

Wurmser, L. (1997): Die Maske der Scham: Die Psychoanalyse von Schamaffekten und Schamkonflikten. Berlin (Springer).

Yllö, K.; Bograd, M. (Hg.) (1988): Feminist Perspectives on Wife Abuse. London (Sage).
Zimbardo, P. (1999): Psychologie. Berlin et al. (Springer)

http://de.wikipedia.org/wiki/Rache (06/2008)
http://www.bibleserver.com (09/2008)
http://www.bra.se (09/2008)
http://www.krf.se (02/2006)

Dokumentarfilme

Dones, Elvira: Inchiodato. Switzerland 2004, Schweizer Fernsehen, Zurich.
Fauli, Søren: Min morfars morder. Denmark 2004, Tju Bang, Copenhagen.

Spielfilme

Abu-Assad, Hany: Paradise Now. Palestine/France/Germany/Netherlands/Israel 2005, Augustus Film, Haarlem.
George, Terry: Hotel Rwanda [Hotel Ruanda]. UK/USA/Italy/South Africa 2004, United Artists, Century City/California.
Kershner, Irvin: Star Wars: Episode V: The Empire Strikes Back [Das Imperium schlägt zurück]. USA 1980, Lucasfilm, Presidio of San Francisco/California.
Kurosawa, Akira: Shichinin no samurai [Die sieben Samurai]. Japan 1954, Toho Company, Tokio.
Reynolds, Kevin: The Count of Monte Cristo. [Der Graf von Monte Christo]. UK/USA/Ireland 2002, Touchstone Pictures, Burbank/California.
Robbins, Jerome; Wise, Robert: West Side Story. USA 1961, The Mirisch Corporation, Los Angeles/California.
Spielberg, Steven: Schindler's List [Schindlers Liste]. USA 1993, Universal Pictures, Los Angeles/California.
Spielberg, Steven: Munich [München]. USA 2005, DreamWorks, Glendale/California.
Verhoeven, Paul: Basic Instinct. USA/France 1992, Canal+, Issy-les-Moulineaux.

Psychosozial-Verlag

Svenja Taubner

Einsicht in Gewalt

Reflexive Kompetenz adoleszenter Straftäter beim Täter-Opfer-Ausgleich

2008 · 349 Seiten · Broschur
ISBN 978-3-89806-878-9

Das Thema Jugendkriminalität führt oft zu hitzigen Diskussionen, in denen jedoch das Verständnis für die individuellen Schicksale der Betroffenen verloren geht. An der Schnittstelle von Kriminalwissenschaften und Psychologie stellt dieses Buch Einzelfallanalysen von gewalttätigen Jugendlichen mit einer oftmals traumatischen Geschichte ins Zentrum der Untersuchung.

Am Beispiel des Täter-Opfer-Ausgleichs wird mit Methoden der psychoanalytischen Psychotherapieforschung und Bindungsforschung die Auseinandersetzung junger Männer mit ihren Gewaltstraftaten beschrieben. Svenja Taubner arbeitet heraus, dass einseitige Täterzuschreibungen einem Lernprozess entgegenwirken, und stellt Vorschläge für Entwicklungsmöglichkeiten dar.

Michael B. Buchholz, Franziska Lamott, Kathrin Mörtl

Tat-Sachen

Narrative von Sexualstraftätern

2008 · 525 Seiten · Broschur
ISBN 978-3-89806-881-9

Sexualstraftaten erwecken im Beobachter Angst und Unverständnis zugleich. Genauso erschreckend ist der Mangel an hochwertigen Auseinandersetzungen mit dem Thema. Noch nie sind therapeutische Prozesse mit Sexualstraftätern so genau analysiert worden wie in diesem Buch. Die Autoren gehen das Thema mit modernsten sozialwissenschaftlichen und psychologischen Methoden an. Gruppentherapiesitzungen wurden nach einer neuartigen Kombination von Konversations- und Metaphernanalyse vor dem Hintergrund eines psychoanalytischen Grundverständnisses ausgewertet. Die Leser erhalten Einblicke in Biografiemuster, Täuschungsstrategien und Aufdeckungshilfen, Zweifel und Rechtfertigungen, die Mühen der Einsicht und die mühsame Arbeit am Sinn.

Walltorstr. 10 · 35390 Gießen · Tel. 0641-969978-18 · Fax 0641-969978-19
bestellung@psychosozial-verlag.de · www.psychosozial-verlag.de

PSYCHOSOZIAL-VERLAG
ANALYSE DER PSYCHE UND PSYCHOTHERAPIE

Wolfgang Berner

Perversion

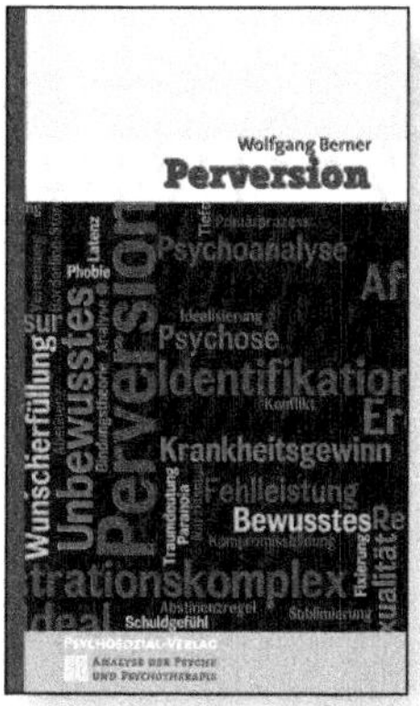

2011 · 139 Seiten · Broschur
ISBN 978-3-8379-2067-3

Das Studium der Perversionen eröffnete Freud tiefe Einsichten in die Funktionsweise von Sexualität und Erotik, die für seine Theoriebildung über die menschliche Psyche von entscheidender Bedeutung waren. Viele dieser Einsichten haben bis heute ihre Gültigkeit, viele wurden inzwischen ergänzt und differenziert. In dem Band wird gezeigt, dass und wie die klassische Psychoanalyse – etwa bei Fetischismus, Exhibitionismus oder Sadismus – hilfreich sein kann. Es werden die für eine Perversionstherapie notwendigen Parameter betrachtet und auch weitere Therapieformen vorgestellt.

Hans Sohni

Geschwisterdynamik

Erscheint im Oktober 2011 · ca. 140 Seiten
Broschur · ISBN 978-3-8379-2117-5

Mit Geschwistern verbindet man die Vorstellung von tiefer Verbundenheit, aber auch von Rivalität. Sie sind in Mythologie und Märchen, in Romanen und Filmen allgegenwärtig. Bis in die 1980er Jahre wurden Geschwisterbeziehungen beinahe vollständig aus dem psychoanalytischen Diskurs ausgeblendet. Dem setzt Hans Sohni eine psychoanalytische Entwicklungspsychologie lebendiger Geschwisterbeziehungen entgegen. Er beleuchtet den Einfluss des Geschwisterstatus auf die Persönlichkeitsentwicklung und untersucht die Dynamik von Abgrenzung und Bezogenheit.

Die kompakten Bände der Reihe »Analyse der Psyche und Psychotherapie« widmen sich jeweils einem zentralen Begriff der Psychoanalyse, zeichnen dessen historische Entwicklung nach und erläutern den neuesten Stand der wissenschaftlichen Diskussion.